日本的迷失

崩溃：1996~1998

検証経済失政—誰が、何を、なぜ間違えたか

[日] 轻部谦介　西野智彦——著　兴全基金管理有限公司——译

中信出版集团 · 北京

图书在版编目（CIP）数据

日本的迷失·崩溃：1996—1998 /（日）轻部谦介，（日）西野智彦著；兴全基金管理有限公司译 . -- 北京：中信出版社，2018.9（2025.5重印）

ISBN 978-7-5086-9302-6

I. ①日… II. ①轻… ②西… ③兴… III . ①经济－研究－日本－ 1996-1998 IV . ① F131.3

中国版本图书馆 CIP 数据核字 (2018) 第 172610 号

日本的迷失·崩溃：1996 ~ 1998

著　　者：[日] 轻部谦介 西野智彦
译　　者：兴全基金管理有限公司
出版发行：中信出版集团股份有限公司
　　　　　（北京市朝阳区东三环北路27号嘉铭中心　邮编　100020）
承 印 者：北京通州皇家印刷厂

开　　本：787mm×1092mm　1/16　　印　　张：22.25　　字　　数：198 千字
版　　次：2018 年 9 月第 1 版　　印　　次：2025 年 5月第 8 次印刷
京权图字：01–2018–5967
书　　号：ISBN 978–7–5086–9302–6
定　　价：69.00 元

«« 序一

彼时彼地，日本经济“迷失的 20 年”告诉了我们什么

日本经济泡沫破灭及随后“迷失的 20 年”，是 20 世纪最重要的经济事件之一，也是各国经济学者研究的热点领域。中国和日本作为毗邻的亚洲经济大国，在经济发展路径和模式上具有诸多相似之处，而日本的这一段历史经验正可以作为中国经济发展的“他山之石”和“前车之鉴”。

第二次世界大战后的日本及改革开放后的中国，均经历过经济增速年均逾 10% 的增长奇迹，也都有一个“下台阶”的过程。20 世纪 50 ~ 60 年代，日本经济增速年均 10% 左右，在 70 ~ 80 年代下降到年均 5% 左右，90 年代以来再下降到年均接近零的水平；而中国在 2008 年的金融危机冲击后，也告别了之前两位数的经济高增速，进入 6% ~ 7% 的中速增长阶段。从经济增长模式来看，投资和出口在中日两国经济崛起的过程中都发挥了重要作用，而持续大量的贸易顺差和国际资本的不断涌

入，也为两国带来了大量的外汇储备，给本币带来了较大的升值压力，伴随着本国相对宽松的货币政策，存在资产泡沫化的隐患。

如今，中国也正面临着当年困扰日本的资产泡沫问题。1989 年年底，日经指数创下 38 957 的高点后泡沫破灭，日本股市从此进入漫长熊市，房地产在稍后一两年也步后尘进入持续下跌阶段；而中国在经历了 2008 年的股市泡沫破灭及 2015 年的股灾后，人们对于股市的暴涨暴跌已经心有余悸，但是房产泡沫仍然居高不下。在人口老龄化、产业结构转型、大规模海外投资以及金融业放松管制等方面，中国也日益呈现与当年日本相似之处。从整体来看，在中国经济研究中了解和借鉴日本发展历史是很自然的，也是很有必要的。

在对日本经济历史的研究中，有一类观点注重强调中日两国在社会制度、国土规模、城乡结构、经济发展阶段、人均收入水平，以及政府对金融市场的把控力度等方面的诸多不同，认为中国不可能遭遇和日本一样的泡沫经济问题或是日本的经验对中国没有借鉴意义。这种观点我们并不认同，世界上不会有两个国家的情况完全相同，历史上也不会有两次事件完全相同，如果简单强调不同点而无视相似性和共同规律研究，甚至放弃学习这么宝贵的经验教训，并不是一种理智的选择。

同样，也有部分观点满足于一些学者总结出来的结论，比如把日本资产泡沫的出现和破灭简单归咎于“被迫”接受《广场协议》，让货币快速升值，或者还有随后宽松的货币政策和过早的利率市场化，并认为中国只要不犯这些错误就足以避免走上日本经济的“老路”，这恐怕也是一种过于理想的判断。

事实上，日本资产泡沫的出现和破灭是非常复杂的经济现象，受到各种各样盘根错节、彼此关联或是互相抵消的因素的影响。时至今日，学界和业界仍然存在很多争论，也仍然有许多困惑有待厘清。从曾经全世界普遍看好的“日本奇迹”，到后来“迷失的20年”，几乎没有人能预见到这样的剧变，这一切究竟是什么原因所致，是否存在走上另外一条持续繁荣的道路的可能性，这些问题不仅使其他国家的学者陷入困惑，日本学界自身也无法给出满意的答案。在种种学术争论中，如果缺乏足够的关于当时具体历史事件和过程的记录资料，那么争论就变成了“空中楼阁”，对外国研究者而言尤为如此。

当然，如果站在当今的时点，给出一种“事后诸葛亮”式的评价，对于当时历史的亲历者也并不公允。比如回看1992年日本大藏省对于银行资产负债表的评估，当时日本的银行向企业提供长期贷款时，大多要求以土地作为抵押，似乎很容易看出当政者低估了后续房价下跌的影响，对金融系统危机的认识和把握不足。然而中国的房价在10年前就不断有海内外经济学家看衰，在房产泡沫的质疑声中房价又不断上涨了数倍，我们的金融部门和管理层这10年及现在又该如何看待和判断我们的房地产业为好？克劳塞维茨（Clausewitz）说过，评价战役指挥的得失不应简单地以成败论英雄，而应该还原到当时的环境、资源和信息条件下来观察和评判。我们相信，要想了解日本到底发生了什么，监管政策应对是否恰当，金融机构做错了什么，也必须回到彼时彼地，通过大量原始资料的整理，还原当时的市场条件、国内外环境和金融经济情况，进行抽丝剥茧的分析，才能够做出比较准确的评价，得出比较客观的结论。

该书作者西野智彦致力于站在“当政者”的视角，以近乎纪录片式的表述方式，展现当时日本政府官员、中央银行及金融机构的决策和博弈，媒体的报道、社会舆论的反应，以及政治人物的应对和互动。可以说，这本书以详尽的调研和细腻的文笔让读者有身临其境之感，提供了宝贵的历史资料。市面上已有不少分析日本泡沫经济的文章和书籍，这本书的珍贵之处在于提供了大量第一手的原材料，供大家仁者见仁、智者见智地进行分析和思考。

值得一提的是，目前关于日本泡沫经济的研究绝大多数关注的是泡沫前和泡沫中，分析重点几乎都放在日本资产泡沫为什么会发生以及如何规避泡沫的发生，而该书则聚焦于资产泡沫破灭后，政府管理部门如何收拾随之而来的混乱局面，如何应对金融机构的各种困境，以及如何周旋于社会舆论的种种非议之中，相关人士在对金融政策进行斟酌决断的过程中，不可避免地受到政治选举和政治人物的干扰，导致不断修改方案。事实上，几百年来人类经济发展的历史一直与经济泡沫的不断出现和破灭相伴而行，但泡沫导致的结果却大相径庭。比如同样是大型资产泡沫，1929 年的美国股市泡沫破灭导致了全球经济长期萧条，2008 年的房地产泡沫破灭导致全球经济衰退，但 2001 年的互联网泡沫破灭却只造成了经济短暂且较轻微的衰退。美联储前主席艾伦・格林斯潘（Alan Greenspan）就一直认为，泡沫无法避免，管理当局也很难较好地预测泡沫和控制泡沫，最重要的是泡沫破灭后如何有效应对。如果说中国的资产泡沫形成已成事实，未来的泡沫破灭恐怕也难以避免。对于中国现在来说，更重要的大概不是争论经济有无泡沫，泡沫有多大，我们应该花更多精力，把研究和关注的重点放在泡沫破灭后的应对措施上，尽量减少冲击造成的不利影响和损失，也尽量规避政策应对可能发生的错误，让中国经济顺利地迈过这个坎，避免像日本那样出现经济长期停滞的结果。该书在这些方面可以给我们提供许多借鉴和帮助。

作为一家公募基金公司，兴全基金管理有限公司在不断学习和研究的过程中，也致力于引入一些对行业发展或投资理念有益的书籍，曾翻译出版了《台湾股市大泡沫》《社会责任投资》《掘金绿色投资》等专业书籍，同时赞助出版了《穷查理宝典：查理·芒格的智慧箴言录》《滚雪球：巴菲特和他的财富人生》《邓普顿金律：21 个成功和快乐之道》等经典书籍。投资是一个喜欢历史的行业，规律时常隐藏在历史和案例中，正如马克·吐温（Mark Twain）所说："历史不会重复，但总会惊人的相似。"我们推动翻译出版的这本《日本的迷失·崩溃：1996 ~ 1998》，正是这样一本有着历史借鉴意义之作，期待读者能从中有所收获。

感谢蒋璐临、杨岳斌、程亮亮、李小天、郭贤珺、田雨松、王彤彤、林丽民、向若琛、张鸣宇、孙雯雯、夏凡等人对该书翻译出版做出的突出贡献。

杨东[①]

① 杨东，兴全基金牵手公益特邀顾问，兴全基金管理有限公司原总经理，具有 25 年证券和基金行业投资及管理经验，在投资界具有良好的口碑和相当大的影响力。

《 序二

日本是中国的一面镜子

日本是中国的一面镜子。

或许，中日两国都照在同一面镜子里。在面临来自西方世界的不断挑战，实现自身现代化的过程中，中日两国时不常地照在同一面镜子里。这种叠影和反射，以前多次发生过，以后或许还要不止一次地发生。

发展轨迹如此相似的国家世界上还真不多。仅就“二战”后的日本经济发展历程来看，日本历经1964年的东京奥运会和1970年的大阪世博会，向世界展示了战后复兴和经济高速增长的成果，并且国民生产总值（GNP）在1968年超过当时的西德，成为世界第二经济大国，一直到2010年被中国超过为止，当了42年世界第二。

这期间，日美经贸关系面临过一系列的挑战。首先是一系列的日美贸易摩擦。20世纪70年代以来，日美纺织品摩擦、日美钢铁摩擦、日美汽车摩擦、日美半导体摩擦等接踵而至。贸易摩擦之后，随之而来的是1985年的《广场协议》导致日元急剧升值。与此同时，日本对海外直接投资激增，其中包括海外并购和绿地投资，迄今为止日本已经连续25年成为世界最大的债权保有国。

在这个机遇与挑战并存的历史进程中，两个沉重的话题是不可回避的：其一就是本书的核心问题，即泡沫经济的崩溃及其善后处理，以及之后长达20余年的通货紧缩，被称为“失去的20年”；其二是现在进行中的“老龄化和少子化”，以及相伴而生的沉重的社会保障负担问题。

通过对日本经济半个世纪以来发展历程的简要回顾，我们不难发现，中国经济发展正在面临或将要面临的许多难题，日本在不同程度上都经历过，包括对美经贸关系，日本都有过正反两方面的经验和教训。

在此再举一例。2018年中美贸易战打响时，美国制裁中兴通讯公司，震动全国；1987年日美贸易战正酣时，美国引爆“东芝公司违反巴统输出事件”，震撼朝野，以至时任日本首相中曾根康弘不得不向美国道歉。两个事件都是在对美贸易纷争的背景下发生的。

由此我们可以说，中日两国的可比性是很高的，尤其在经济发展路径和发展策略方面。同时，中日经济在许多领域的战略互补性也很强。平心而论，日本相对于中国，是一个不可多得的参照系。但就现在的两国关系而言，确实不尽人意。

日本的泡沫经济及其崩溃

关于“泡沫”这个词的定义，应该提到美国麻省理工学院经济系教授查尔斯・金德尔伯格（Charles Kindleberger，1910～2003），他是知名的国际货币问题专家，也是“二战”后著名的“马歇尔计划”的天才构想者和主要构建者。金德尔伯格曾担任美国经济学会会长，出版了《疯狂、惊恐和崩溃：金融危机史》等名著。他认为：

“‘泡沫状态’这个名词，简单一点说，就是一种或一系列资产在一个连续过程中陡然涨价，开始的价格上升会使人们产生还要涨价的预期，于是又吸引了新的买主——这些人一般只是想通过买卖谋取利润，而对这些资产本身的使用和产生盈利的能力是不感兴趣的。随着价格的上涨，预期常常发生逆转，随之而来的就是价格暴跌，最后以金融危机告终。通常所谓‘繁荣’的时间要比泡沫状态长一些，价格、生产和利润的上升也相对温和一些。以后或是发生以暴跌（或恐慌）形式出现的危机，或是以繁荣的逐渐消退终结而不发生危机。”①

金德尔伯格在此强调了泡沫是一个资产价格从持续上涨到暴跌的过程，而且强调了“预期”在这一过程，尤其在价格逆转过程中的重要作用。简而言之，泡沫经济可以归纳为，虚拟资本的过度增长以及相关交易量的持续膨胀日益脱离实物资本的增长和实业部门的成长，导致金融证券和房地产价格飞涨、投机交易极为活跃的一种经济现象。泡沫经济是由金融投机引发的，表现为大量资产价格飙升到远远脱离其“内在价值”的程度，然而，其中隐藏着资产价格狂跌并引起市场崩溃与经济萧条的可能性。

在这里顺便提一下，美国哈佛大学肯尼迪政府学院原院长约瑟夫·奈（Joseph Nye）教授去年在法国新闻网发文《金德尔伯格陷阱：特朗普的中国挑战》认为，总统特朗普在制定对华政策时，应该当心陷阱和难题，这有前车之鉴。其一是著名的“修昔底德陷阱”，但更需要注意

---

① 摘自金德尔伯格的《新帕尔格雷夫经济学大辞典》。

的是“金德尔伯格陷阱”。这让人们又想起了金德尔伯格。

日本的泡沫经济是日本在20世纪80年代后期到90年代初期出现的一种经济现象，这是日本在“二战”后仅次于60年代经济高速增长的第二次大发展时期。根据不同的经济指标，这段时期的长度有所不同。但是从严格意义上说，一般是指1986年12月到1991年2月之间的4年零3个月的时期。

泡沫经济期间，日本名义GDP（国内生产总值）增长了37%，六大城市商业地价指数增长了3倍，东京证券综合股价指数（TOPIX）增长了1.6倍。至1991年，日本人均GDP已经超过了美国，GDP总值占世界13%。

这次经济浪潮得到了大量投机活动的支撑。因此随着90年代初泡沫的破裂，日本经济出现了大倒退，此后进入“平成大萧条”时期，拉开了后来被称为“失去的20年”的序幕。至1992年8月，日经225指数跌至14 000点，距此前峰值38 000点下跌了近60%。到2000年，日本主要城市的土地价格指数仅是1990年的1/3。股市房市，双双大跌，可谓哀鸿遍野。

泡沫经济崩溃的后果主要体现在如下几个方面：

首先是房价的大幅下跌和楼市的崩盘导致许多居民弃房断供。这些留给银行等金融机构的房地产价值也同样缩水，贷款回收情况恶化，导致银行自有资本金减少，资产严重缩水；而直接投资地产和股市的金融机构也遭受损失，包括银行在内的诸多金融机构面临破产。

其次是商业银行惜贷，信用快速萎缩。1992 ~ 1995年，日本商业银行的不良贷款率从2%上升至14%的高位。为了修复资产负债表和维持资本充足率，商业银行选择增持现金和低风险资产，缩小贷款规模，惜贷和信用萎缩相继发生。

再次是资产负债表恶化，金融机构破产。1991～1994年，发生了釜石信用金库、东洋信用金库、三和信用金库以及东邦相互银行等金融机构倒闭事件。1995年，兵库银行陷入了经营困境，1996年，太平洋银行等6家银行破产，1997年，三洋证券倒闭，北海道拓殖银行被北洋银行和中央信托银行所兼并。同年11月，名列日本四大证券公司之一的百年老店山一证券，也在迎来创业百年诞辰之际宣告破产，给日本经济和整个社会带来了巨大震荡。后期的这些破产案例在本书中都有具体翔实的表述。

日本泡沫经济形成的原因是复杂的，包括经济制度、产业结构和具体经济政策等层面，但回到其定义，泡沫经济的实质是大量过剩资金追逐相对稀缺的投资机会造成的资产价格膨胀，因此这个故事将主要在宏观经济层面展开。

在日元大幅升值的前提下，日本政府和中央银行误判形势，一方面放松银根、推动货币宽松政策，同时进行金融体制改革，发布了一系列诱导性政策，使得大量社会闲散资金进入市场，这是导致泡沫经济发生的主要原因，或者说是内因。另一方面，以美国为首的西方工业国家为了解决对美贸易赤字问题，以《广场协议》为契机共同推动日元和马克对美元的升值，协同介入外汇市场，使得日本国内市场的可流动资金进一步增加，而日元升值则是触发日本泡沫经济形成及其崩溃的导火索，或者说是外因。外因通过内因起作用，由此产生了共振效应。

“卖了日本，可以买下整个美国”

在日本经济的鼎盛期以及后来的泡沫经济崩溃时期，我正在东京大学攻读经济学博士学位，目睹了万民炒股、楼市沸腾的盛世景象。

日本宽松的货币政策促使流动性异常充足，而且日元在汇市是强势货币。日本人把这种充足的流动性用于金融市场，自此日本的房市和股市一飞冲天。1985～1989年日本股市总资产从242万亿日元飙升至630万亿日元，增值额几乎相当于一年的GDP总额；全国地价平均上升了84%，土地资产增值额是GDP的3.7倍。

日本人还是“爆买”的始祖。日本国际航班上坐满了去欧美爆买名牌的人，资产升值给日本人带来了巨额财富。日本人大量购买美国、韩国、东南亚的房地产，就连美国的标志性建筑洛克菲勒中心也被日本人买走了。时至今日，我仍然清楚地记得日本当时一种形象的说法，说是“卖了日本，可以买下整个美国”。

而后者的国土面积是前者的25倍！由此可见当时日本的房地产价格飙升得何等疯狂。

本书聚焦的1997年对日本来说是一个特殊的年份。一方面，泡沫经济的善后处理进入深水区，大藏省（现在的财务省）和日本银行如履薄冰，使尽浑身解数解救陷入经营困境的银行和证券公司，以避免金融机构倒闭带来的整个金融系统大震荡。另一方面，以桥本龙太郎首相（已故）为领班的内阁锐意推进金融大改革，号称日本版“金融大爆炸”，意在优胜劣汰，提高日本金融业的国际竞争力；同时还要追求大幅度削减财政赤字，实现财政健全化的目标。

然而，国际大环境对日本国内财政金融政策的实施来说并不理想，甚至可以说适得其反。克林顿政权主管美国财政部的鲁宾和萨默斯两巨头对日本的紧缩财政政策以及相关经济政策颇有微词，不时掣肘。

顺便提一下，由高盛集团董事局主席转任财政部部长的罗伯特·鲁宾（Robert Rubin）在主管财政部期间受到诸多批评，被认为是华尔街金融集团利益的代言人，未能抑制场外金融衍生品的疯狂扩张。特别是他在任期内未能制止 1999 年废除《格拉斯 - 斯蒂格尔法案》（Glass - Steagall Act）的举措，为后来号称“百年不遇”的国际金融危机埋下了伏笔。这部 1933 年施行的法案将商业银行和投资银行的活动分离开来，该法案出台的背景恰恰是对 20 世纪 30 年代经济大萧条的反思。持反对意见者说：“从某种程度上说，鲁宾在 20 世纪 90 年代所推动的转变无疑种下了经济崩溃的种子。”

从日美经贸关系后来的发展及其结果来看，日本政府推进的金融自由化以及由此产生的金融系统大动荡为美国金融资本大举抄底日本金融行业提供了天赐良机，大量历史悠久的日本金融机构被美国资本兼并重组，其后遗症延续至今。这个惨痛的教训应该成为中国及其他后发国家的一个“前车之鉴”。

本书中登场的日美两国主要人物，对我来讲并不是历史人物，而是日常出现在各种新闻媒体上活生生的现实人物。我从 20 世纪 90 年代起成为美国麻省理工学院兼职研究员，一做就是 18 年。之后，我在哈佛大学访学期间，还见到了本书中的一个重要人物、由克林顿政权的财政部部长转任哈佛大学校长的劳伦斯·萨默斯（Lawrence Summers）。克林顿班子里这几位强势的美国精英对日本及其他亚洲国家经济政策介入的强度及其影响力是不可低估的，尤其是在 1998 年亚洲金融风暴期间以及之后日本为了救市而倡议创建的“亚洲货币基金”（AMF）构想中，无不受到美国的掣肘和牵制。

回顾日本泡沫经济的历史，货币政策可以说是这场危机的背后推手。《广场协议》后过度的货币宽松政策以及连续的大放水，产生大量过剩流动性，涌入地产和股市，M2（广义货币）增速远远超过实体经济需求，催生了巨大的资产价格泡沫和高杠杆。而一旦货币政策转向，信用扩张无法持续，泡沫开始破裂，经济受到重创，而且影响非常深远。加上日本人口红利消失，技术创新速度放缓，长期经济增速潜力下滑，这场由货币政策推动的危机最终却无法只依靠货币政策和财政发力来解决。宏观决策层面的失误和教训也应该成为后发国家的另一个“前车之鉴”。

日本泡沫经济对中国的启示

回观中国，2010年以后中国叠加人口红利消失，2008年次贷危机后为了刺激经济而大量投入的投资造成制造业产能过剩，经济增速面临下台阶，亟须去产能、去库存、降杠杆。中美贸易战也正是在这样一个时期爆发并不断升级的。

那么，日本的一些精英是如何看待中国的呢？中国的泡沫经济和当年的日本有什么不同呢？在此简单介绍一下日本著名银行家西川善文的观点。西川先生是日本三井住友银行原行长，曾担任日本全国银行协会会长，被称为“最后的银行家”。在小泉纯一郎任首相期间大力推进“邮政民营化”政策时，西川先生应邀出任新成立的“日本邮政株式会社（JP）”首任总裁，结束了长达130年之久的日本邮政国营化的历史，可见小泉首相对他的信任。我与西川先生在东京曾经有过一面之交。

西川先生认为中国有其与众不同的乐观因素，可以说，独特的“中国特色市场经济”正在迎来关键时期。主要特征有三：

其一，中国的影子银行与日本的经济泡沫的确存在相似之处，但巨大差异在于，与日本相比，中国的国土面积和人口规模更加庞大，而资金正流向地方开发项目。资金并不是像日本那样集中于城市地区的房地产开发，而是可能分散于各种基础设施投资。因此，总量限制导致的逆回转效应如何演变，眼下难以判断。同时，地方政府和主要国有企业均在中央政府的掌控和严密监视之下，这一点与日本有所不同。

其二，日本的金融政策过去被称为“护送船队方式”，银行给人的印象是完全听从政府的要求，但实际上却未必如此。即使政府要求银行“减少对房地产的融资”，业绩较差的银行也会逃避当局的监管，找出提供融资的方法。但是，中国可能不会如此。中国有能力把完全听从中央指示的原则渗透到银行终端。在金融政策方面，中国特色的市场经济或许比自由主义经济更有效果。

其三，将20世纪90年代的日本和现在的中国进行比较，可以发现中国仍然处于发展阶段，这也是非常明显的差异。虽然说近来经济增长连续放缓，但仍然处于发展阶段，居民收入也将进一步增长，这是任何人都承认的事实。除了房地产以外，吸收资金的余地依然很大。

纵观当今中国经济现状，一方面，地产复苏，通胀担忧不断，货币宽松政策推动大量流动性进入实物资产，地方债务隐患时隐时现。另一方面，中美贸易战硝烟正浓，外部不确定性有增无减，这与当年日本泡沫经济颇为相似。日本的经验和教训均表明，倚靠货币政策并不能解决经济增速下滑的根本问题，货币宽松政策刺激需求，会推升杠杆，增加国民经济的系统性风险。唯有加大改革的力度和深度才是推动经济结构转型、实现可持续发展的长久之计，中国的经济政策最终还是要回到供给侧改革的治本之路上来。

上述关于日本泡沫经济的概述及相关解读，意在提供一个相对广阔的视角，为本书写作的时代背景及其现实意义，做一个独立的诠释。关于日本如何在宏观决策和企业战略层面进行泡沫崩溃后的处理，以及当时日本所面临的外忧内患，本书都有翔实而生动的纪实体描述，可读性很强，笔者也是一读到底、不忍释卷，同时感慨无限。

经在北京大学任教的朋友介绍，译者兴全基金管理有限公司2017年特意派人来日本考察，并邀请我以“日本泡沫经济对中国的启示”为主题做了专题讲座。此次他们选择翻译的“日本的迷失”系列（原版由日本岩波书店出版发行，中文版由中信出版集团出版发行）题材很好，为国人研究日本泡沫经济的历史及其惊心动魄的内幕留下一份全景式的珍贵记录。他山之石，可以攻玉，未雨绸缪，防患未然，在此特将本书推荐给关心这一主题的广大读者。

李春利

«« 前言

1997 年大概会是第二次世界大战后经济史中被长久记忆的一年。以个人消费低迷为主要体现，经济崩溃，大型金融机构破产，日本经济出现了从未有过的连续两年负增长。① 直到现在，这些衰退所带来的后遗症都还影响着日本的方方面面。

从 1997 年 1 月起，日本政府就开始了关于财政结构改革的讨论，最终在 11 月出台了《财政结构改革法》，并将其作为行动规范，这也在一定程度上束缚了之后的政策选择。此外，政府在 4 月提高消费税税率的同时，又废除了特别减税制。而且，自 9 月开始，患者负担的医疗费增加，其中共产生了 9 万亿日元的增加额。

虽然因不良债权问题，经济崩溃的定时炸弹已经启动，但是标榜"改革"的政府在采取这些财政和税制措施之外，还想要实施金

① 2000 年 10 月，经济企划厅公布了改变国内生产总值计算方法后的经济增长率修正值，1997 年度的实际增长率从 -0.1% 改到 +0.2%。之后陆续有人质疑这个修正值与实际不符。

融大改革。

结果，受大型金融机构破产、个人消费水平急剧下降的影响，1997年下半年日本经济全面崩溃，银行滞贷，大量企业倒闭，众多家庭的生活遭到破坏。警察厅的统计显示，因长期经济萧条以及裁员的影响，日本自杀人数激增。经济一词本来源于“经国济民”（治国救民的意思），却引发了与这个理念完全相反的问题。

当时，提出这些政策的执政者满怀自信，认为这些政策是完全正确的，对日本的发展来说必不可少。他们认为改革能顺利解决不良债权问题，若不进行财政结构改革，将来日本会陷入危机；坚决实施金融大改革是很重要的；提高消费税税率对即将到来的老龄化社会来说是必要的。

这些执政者没有总结产生泡沫的经济政策的谬误，也没有评估经济崩溃所带来的影响程度，只强调了每个理论各自的正当性。

虽然每一步骤都看似正确，但最终结果并不理想，除了破坏平静的生活并把日本逼入濒临混乱的境地之外，没有带来任何福音。

不过，我们并不是经济学家，也没有试图用学术逻辑来解读事态的发展，或是站在某个特定的立场来指责或抨击他人。

我们作为近距离观察政策出台的记者，必须要思考能从这些经济政策的发展中解读到什么，不是简单地贴上“政策失败”“政府判断错误”这样的标签，而是仔细入微地验证和剖析执政者的所作所为，研究他们为什么会“判断失误”。因为政策作为国家意志的反映，其效力是直接影响国民的。

在“解读”之前，先要查证“发生了什么”。只关注如同“大本营战报”[①] 一样的表象是不可能解读到政策真正的含义的，并因此做出片面认定是不公平的。若是不查证谁想了什么、做了什么，是得不到真实答案的。

为什么在这个时候选择了财政结构改革这条路？为什么要废除特别减税制？为什么传播金融机构不良债权相关信息的途径如此之少？为什么大型证券公司和银行轻易地就破产倒闭了？本书将会对各项政策的发展进行周密的查证。另一方面，我们要有这样一种问题意识，即在国家意志的形成过程中，会不会存在什么缺陷。

根据议院内阁制，决定政策的是作为政治家集团的内阁。但是，现实却是：以大藏省（后改为财政省和金融厅）为首的官僚集团进行强烈的政策诱导。日本统治机构中还存在自民党族议员这种定位不清晰的人员。

财政重建的必要性如上所述，金融大改革也是时代所趋。但是，我们推测：当一定程度上方向正确的政策汇集时，合成谬误就产生了。然而在这一背景下，政策出台过程不透明、负责人不明确，而且不存在牵头组织、统筹考察整个过程的部门。当今国家意志的决定方式仍然存在一些问题。

通过查证我们发现：在官僚机构中即将形成的政策会回流到内阁[②]，

---

① “大本营”是甲午战争到太平洋战争之时设置的日本军最高统帅机构，是发布天皇命令的最高司令部。

“大本营战报”是指由大本营公开发布战况。初期还比较正确，但自从战况受挫的珊瑚海海战（1942 年 5 月）开始，战况发布就弄虚作假，之后不管战况怎样恶化，大本营都进行虚假发布。所以，“大本营战报”常常用来讽刺当权者发布不可信的信息。——译者注

② 在民主政治当中，由选举产生的政府官员称为政治家，比如国会议员、内阁大臣；通过公务员考试成为公务员逐级晋升的政府官员称为官僚。日本的国家政策一般由内阁向国会提交，经国会审议表决通过后成为法案，下发至内阁各省、厅实施。也就是说，日本的大政方针是由政治家制定的，但具体实施是由官僚来进行的。——译者注

但官僚与内阁之间缺乏有效的信息交流。同时，因为中央官厅（霞关）在判断或是制定政策时，会把“维持组织”这一要素也考虑进去，这往往与“原来的政策目标”相违背，而官僚和中央官厅又都不能从整体把握所制定的政策对实体经济产生的影响。

经济政策的目标是实现“稳定、可持续发展”。财政政策和金融行政也应该以此为目标，在各国利益互相牵制、市场发展错综复杂、电子信息传播网遍布全球的今天，“可持续发展”是首先必须确保的，这是一个常识。但是，日本的现状却是连“可持续发展”都做不到，经济结构已经完全扭曲了。

现实暂且写到这里。在那些日子中，每位国民解读到的东西应该都有所不同。置身于传媒行业的我们也不过是提供一些判断的材料罢了。

本书的作者西野和轻部曾经是同事，在 1987 年到 1995 年间就职于同一家公司，但他们现在就职于不同的公司。本书由西野执笔，此外他还负责采访工作，其余的都由轻部负责，虽说两人以前是同事，但现在所属公司却是竞争关系。他们对各自收集的信息建立了严密的防火墙，甚至连信息源都无从知晓，但他们仍然坚持完成了这本书。

他们在进行采访、信息交换和对接的时候，都不能涉及与信息源有关的事。当然贯穿这本书的核心思想是两个人反复讨论的结果，这个核心思想作为黏合剂，把二人零散的报告整合了起来。因此，若书中有不属实的地方，则是相应笔者的责任。并且在没有特别说明的情况下，文中的头衔沿用了当时的名称，而且省略了敬称。

1999 年第一季度、第二季度 GDP 增长，大型金融机构的新设立，这些都是日本经济转变的预兆。随着新世纪的到来，日本制定政策的形式很可能发生巨大变化。

从 1997 年的教训中能学到些什么？怎样判断今后的经济政策？若是读者能从本书中得到启发，那将是我们的荣幸。

«« 目录

第一章

预兆

为何危机意识如此淡薄

组阁后，第二届桥本内阁的阁僚合影

（东京·首相官邸，1996年11月7日）

1996年11月·大藏省——新大臣决议的转变

窗外是穿梭于首都高速路的车辆。

1996年11月7日，临近下午5点，国会议员都挤在赤坂王子酒店2楼的清和会会长办公室。

“组阁会议几点可以结束？”

“快了吧。”

男人们的声音从小小的会长办公室传到了秘书们所在的休息室。也许是错觉，这些声音中都透露着一种期待的喜悦，时而还能听到大笑声。

三家博坐在这些议员中间，他担任过运输大臣、通产大臣、外务大臣等职务，曾在1991年参加过自民党的总裁选举。

墙上挂着福田赳夫和安倍晋太郎微笑的照片。三家是自民党中最高级别派系——清和会的第三代会长，也是这间会长室的主人。

这一天，在首相选举中胜利的桥本龙太郎开始了第二次执政之路。

早在数日前，桥本就拜托三冢接任大藏大臣一职。

“趁如今经济还有余力，一定要进行财政重建，否则日本将万劫不复。请一定助我一臂之力。”桥本说道。

包含三冢在内，桥本从三冢派中已经选取了4人进入内阁。11月7日傍晚组阁开始后，首相官邸一定会首先打来电话，所以他们只要等待就好了。

三冢的政务秘书西村明宏一副忐忑不安的样子，一边在L形的会长室和休息室之间来回踱步，一边思考现在该做些什么，如果官邸打来“入伙”电话，自己该如何应对，同时还一直环视周围。

西村在研究生期间学习了政治学，此后作为政务秘书进入三冢办事处。从学术界跳到以永田町为中心的政治界，西村惊愕于这两个领域的巨大差异。对于他来说，自己的上司成为大藏大臣后，自己也极有可能作为秘书，出现在政策审议的现场。

首相官邸打来的电话让这个年轻的秘书兴奋了起来。

“官邸来的电话。”

——终于来了。

挤在狭小的会长室等电话的大家都这么想。

“好好，我这就过去。”

这样的“入伙”电话通常是首相的秘书官打给阁僚候选者。当时也是如此，桥本负责政务的秘书官传达了让三冢去一趟首相官邸的消息。

虽然是形式化的流程，但是这个瞬间对政治家来说，无论体验多少次都是兴奋喜悦的。

“喂，西村，我们走。”

西村把准备好的公文包夹在腋下，跟在三冢的后面走出了房间。

“恭喜您！”

“请您慢走。”

议员们嘹亮、振奋人心的声音让三家绽开了笑脸。

就任大藏大臣意味着这位老牌政治家距离掌握政权更近了一步。作为清和会上一任会长的安倍本是以接任竹下为目标的，却因病倒下了。因此，自从1978年福田卸任首相以来，清和会再也没有出过首相。

安倍去世后，三家赢得了权力斗争的胜利，并于1991年就任会长一职。党内认为他作为候选人，已经具备非常深厚的资历了。

桥本政权将会全力重建财政。这或许是政权的支柱政策，因而才配备了三家这样的重量级人物。如果这一目标完成，将会是桥本的功劳，同时也会是三家的功劳。桥本不可能一直担任首相，这样一来，一直支持桥本政权，即竹下派政权并立下功劳的三家成为下一任首相的概率就会非常高。

清和会的议员们都热切希望他们的上司当选首相，因为这件事对他们自己也是大有裨益。

“如果三家作为大藏大臣，能够实现财政重建的目标，那么当上首相的希望会很大。”

政务秘书西村是这么想的。

从赤坂王子酒店到首相官邸，开车只要几分钟。坐在后座的西村看着与自己并排而坐的三家，在这个第四次进入内阁的资深政治家身上，完全看不到任何自视甚高的样子。

车子准确地停在首相官邸正门玄关的停车廊。在闪光灯的照耀下，三家慢慢地从车里下来，走进首相官邸。从另一侧车门里下来的西村迅速跟上三家。

首相官邸内也沉浸在组阁的热烈气氛中。

三冢和桥本在首相办公室进行了简短的交流。在此之前三冢和桥本未必是相处融洽的，但是政治的世界就是不管是什么样的对手，必要的时候也能携起手来。

“虽然不容易，但是，拜托了！”

“我定当全力以赴。”

走出办公室，这次等待三冢的是大藏省的官员。

“大臣这边请。”

他们让三冢坐在官邸某房间的圆桌旁，事务秘书长简单地说了贺词，向三冢介绍在他手下任职的官员，并向三冢说明现在大藏省各事项进行的情况，以及在记者会上可能会被问到的问题。

一直以来，在大藏省，为新上任大臣解说被称为“侍讲注意事项”。参加过“侍讲注意事项”的官员解释道：“在非常短的时间内，向新任大臣讲解记者会提问什么内容，让我们感到很为难。”

听完说明的三冢马上就参加了在首相官邸召开的就职记者见面会，之后又回到酒店的事务所换上礼服，晚上7：30又去了首相官邸。

自此他便成了“大藏大臣三冢博”，专车换成了大藏大臣使用的丰田世纪（专供日本皇室、高级领导人使用），并且配备了警卫，日常公务出行都是由大藏省出身的事务秘书官陪同在侧。

三冢完成皇居内举行的认证仪式，并参加了首次内阁会议后，到大藏省上班时已经快夜里11点了。

三冢进入了大藏省2楼的大藏大臣室。他任运输大臣、外务大臣时，因预算磋商等工作已经来过这里几次了。三冢平时就倡导这样的理念，即“所谓的政治家就是抓住一切希望，全力以赴，并且认为一切境遇都是机遇”。如今，他把自己成为这个房间的主人这件事当作有重大意义的“机遇”。

过去坐在这个位子上，最终升到首相、总裁位置的政治家有很多，比如田中角荣、竹下登。被自己尊为师长的福田赳夫、上一任自民党独立执政的首相宫泽喜一，以及邀请自己做大藏大臣的桥本都是把这个房间作为根据地，然后期待着“下一步”。他们都是从大藏大臣向前迈进的。

政务秘书西村也确实感受到自己的上司离政治家的最终目标——首相官邸更近了一步。

之后，大藏官员向三家统一介绍了大藏省的事务次官小川是等人。三家对小川以下的官员说明了自己的执政原则：如果大体上能得出结论，那就必须照做，即使是金融检查的分离这样严肃的问题。

第二届桥本内阁组建后不久，大藏省就反对金融检查部门从大藏省分离出去的政治决议。但是，作为党内实力派系首领的三家希望大藏省的官员要懂得自制。

对兼任自民党政务调查会会长的三家来说，大藏省果然是“官厅中的官厅”。

他说：“我知道大藏官僚的机敏和智慧，不管是对执政党、在野党（没掌握政权的政党）还是经济界，他们都是少见的精于事先斡旋的团体。他们有强烈的使命感，认为如果自己不有所作为，那么国家就不能进步。但是，有三权分立这样的基本框架，若执政党总是在官僚的屁股后面不情愿地跟随，将会导致政治不信任的蔓延。”

三家常在会议中使用“政党政治”这个词。他认为决定重大决策的是政治，特别是掌握政权的政党的决定；政治家不该跟在官僚的屁股后面追捧迎合，而应当有自己的决断，这是他自负的表现。三家也想在大藏省的行政工作中贯彻“政党政治”。①

三家下班时已近凌晨1：40了。车在首都高速路上飞驰，驶向三家在世田谷的家。

坐在后座的三家向旁边的西村说道：

“虽然不容易，但还是拜托了！”

上司说的似乎是正确的。西村这样想道。在此之前，西村作为政务秘书时，相对比较自由，除了每天早上例行的政务情况报告以外，并不需要与三家寸步不离。

但是作为大藏大臣的秘书，情况似乎完全不同。处理陈情问题，调整政务关系、日程，这些都是西村的工作。早上他必须从自己川崎的家到世田谷接三家，晚上要陪同三家回到私宅之后才能回家。

虽然家人总嘱咐不要累坏了身体，但是生活似乎发生了巨变。三家志在夺取首相、总裁之位，可以说，没有比这更令人兴奋的事情了。西村虽然很困，但是兴奋的感觉仍旧难以平复。

然而，三家的第一个工作既不是重建财政，也不是处理税制问题，而是处理他并不擅长的金融破产。

① 大藏省在经济政策的基础上，集中精力于“应该做决定的事”，三家提出的“政党政治”很难实现。大藏省各局要准备向新上任的大臣进行说明，统计、主税、理财等各局依次向坐在大藏省2楼大藏大臣办公室的三家汇报重要工作。理财局官员拿着厚厚的资料进行了详细说明，从国债发行的现状、财政投融资制度的要点到纪念币的发行。官员们的说明涉及多方面，这个新上任的大藏大臣很多时候要表现出点头理解的样子。三家扶正眼镜，用粗的红色铅笔在说明资料上画下横线，不时记录一两句，这样的行为从以前到现在没有改变过。三家上任后，在大藏大臣办公室前的秘书室里储存了好几盒这样的红色铅笔。

11 月 8 日早上，银行局局长山口公生一行人做好准备，等着来局里的三家。这一天，大阪府向存款额为 313 亿日元的三福信用合作社发布了停业命令。三家的首个工作是出席这个破产处理的说明会。

三福信用合作社的停业指示本来计划在傍晚发布，说明会预定在下午举行，但是当天的晨报已经报道了破产处理的方针，因此不得不提早了半日。

对信用合作社负有监督责任的不是大藏省，而是都道府县。但是涉及破产处理的时候，因为担心影响整个金融体系，所以大藏省银行局作为都道府县的顾问，实质性地掌控处理方案。当然，这一切都必须让大藏大臣知晓。

组阁后的第二天就有预约好的访客一个接一个地来祝贺三家就任大藏大臣。新旧大藏大臣的交接仪式、给职员们的训示等仪式也是接踵而至。上午 10：20，日本央行总裁松下康雄也来拜访。新大臣的日程表里几乎没有空白的地方。

但是维持信用秩序的相关工作是优先级最高的。

银行局的说明会被迅速安排在上午 10：22，金融管理专家们硬挤到大藏省的大前辈——松下总裁的前面，并获得了仅仅 9 分钟进入大臣室的时间。

“就要破产处理了吗?”一个秘书官苦笑道。因为这个说明会，日本央行总裁和三家的碰头在短短 3 分钟礼节性的寒暄后就结束了。

对于把财政重建作为最重要工作的三家来说，在上任伊始出现的破产处理不过是毫无价值的琐碎报告事项中的一个罢了。结果这却成了之后事件发展的序幕。

此时，对大藏省官员来说，金融是一个尖锐的政策课题。

随着1994年年末两大信用合作社破产，金融体系出现问题之后，又出现了大和银行纽约分行的巨额损失事件，以及与住宅金融专门公司（非银行金融公司之一，由城市银行、长期信用银行、信托银行、地方银行、人寿保险公司、证券公司等出资设立的住宅贷款专门公司，简称住专公司）的处理有关的公共资金导入问题，这些逐渐演变成行政不信任。大藏省的金融管理变成了执政党和在野党以及大众媒体抨击的对象，追求财政和金融监管分离的“大藏省解体论”迅速发酵。

1996年年初，大藏省让大臣官房（处理机密文书、人事等综合事务的部门机构）集结各局的科长、企划官等，探讨今后金融行政何去何从。

为了再次激活远落后于欧美的日本金融证券市场，需要采取什么政策呢？讨论范围除了银行、保险、证券行业市场化的程度，应该修订的制度，还延伸到了外汇法（《外国货币兑换法》和《外国贸易管理法》）和会计制度改革。

但是，参加过这个讨论会的一个官员证明：“这个项目团队从1996年下半年开始演变成讨论如何阻止财政和金融监管分离。”

这个团队最终得出的结论是：“大藏省的金融管理工作积压如山，未到变动组织结构的时候。”

这个团队的一个核心成员把堆积如山的工作总结起来，取名为“日本版金融大改革”。这个构想在1996年的夏天由大藏省出身的秘书官传达给首相官邸的桥本。

虽然身边的人进言，“市场化会有危险”，但是桥本却透露出“这样做很好，如果按照现状发展，日元将会变成二流的货币”的意思。

回过头来看，桥本说过：“在欧洲统一货币已成定局时，为了不让日元变成地区性通货，应该怎么做呢？如今的系统不管用，市场和国家的制度都必须改变。而且这种改变本应该更早一点开始。”

1996年11月11日，组建内阁4天后，桥本把三冢叫到首相官邸，向他传达了以“自由、公平、全球化”为口号的日本金融大改革政策。这个效仿英国证券市场大改革的政策成为推进改革路线的第二届桥本政权的宣传材料。

但是，金融大改革兼具副作用，① 即通过自由化和效率化淘汰经营效率落后的金融机构，会导致金融秩序一时的不稳定。因此，避免出现金融危机的万无一失的安全保障体系是必不可少的，但是当时大藏省核心领导的危机意识却并不强烈。

一名官员回顾道：“当时的银行局说明，虽然隐瞒了不良债权的问题，但是不用过分担心。不良债权的处理和金融大改革是可以同时进行的。”

三冢也回顾道：“金融大改革并不会让银行的处境变得困难，期待金融机构的重生也不会对个别银行或者不良债权产生什么影响。”连指示金融大改革的桥本也说道：“个别金融机构出现问题时，都会有报告送来，但从未有关于整个金融体系的报告。即使不断追问到底有多少不良债权，最终也无法得到确凿的答案。”

当初银行局内部对金融大改革也是谨慎小心的，② 后来局内讨论得

---

① 桥本强调要反复说明金融大改革也有痛处。但是，关于没有事前准备好保障措施的理由，他说问题没有显现的时候，如果过分强调安全保障防范政策，媒体会疑神疑鬼，只会毫无帮助地扩大不安。

② 在桥本提出金融大改革的前不久，事务次官小川是及部下在大藏省召开了领导层会议。据出席者说，席间证券局局长长野庞士、国际金融局局长榊原英资等主张实施积极的金融大改革，银行局局长山口公生则是到最后都持消极意见。

出“在金融大改革中正面效益增加，也会有助于不良债权的处理”的意见，他们还经常使用“中央棒球联盟加入七球团，观众数也会增加”［中央棒球联盟（central league）是日本职业棒球联盟之一，七球团是太平洋棒球联盟里的7支球队］这样的比喻。

但是在支持金融大改革的当局者中，没有一个人预料到市场淘汰的威力和速度。更可怕的是，当局者们只顾考虑金融大改革的整合性，认为必须加快金融淘汰的进程。

11月13日夜，正好是第二届桥本内阁组建后的一周，因为猛烈台风的靠近，关东地区遭受强风袭击。

在大藏省4楼的银行局中小金融科里响起了急促的电话铃声。

“我已经和会计师事务所（审计部门）沟通过了，依然还是用中期报表的方法来进行统一处理。”

电话的那头是和歌山第二地方银行①，即阪和银行的行长新居健。

中小金融科的负责人们慌忙联系银行局局长山口公生等官员，请求他们的指示。消息也传到了日本央行的信用机构局（现在的金融机构局，主要负责以维护信用秩序为目标的基本工作策划和立项，考察及调查其他金融机构业务和财产状况等）。

会计师事务所对这样的破产处理是赞同的。

当局者中的一个人清楚地记得这个后来左右银行管理工作的通知。一个在第二次世界大战后史无前例的绝密计划，不仅对信用合作社，而

① 第二地方银行是对1989年2月以后，相继转化为普通银行的旧相互银行的称呼。为了和现存的地方银行区别开，被称为“第二地方银行”。至1997年3月末有65家，因经营破产等原因，到1999年4月1日为止减少到了60家。阪和银行前身是兴纪相互银行。

且对银行都发布了停业命令，在这个瞬间启动了。当然，桥本和三家都对这些并不知情。

阪和银行是一家以和歌山县为中心、拥有53家分行和5 000亿日元存款的中小银行。这家银行因经济泡沫破裂而深受其害的事并没有事先走漏风声，最终在11月5日，其发表了1996年9月中期报表的预测修正案，之前多数金融业内人士认为其至少可以存活到第二年春天。

之所以突然转向破产处理，是因为负责阪和银行的朝日会计师事务所改变了之前的方针，强烈追求不良债权的统一处理。

朝日会计师事务所的注册会计师在11月13日从出差地澳大利亚回国后，立刻在关西空港（关西机场）附近的酒店里约见了新居行长，告诉他无法收回的不良债权全部采用中期报表的方式来统一处理。

在11月5日公开的中期报表的预测修正案中，阪和银行的日常亏损为2.8亿日元，按照会计师事务所的指示处理不良债权后，亏损额达340亿日元。资本全部被吞噬，很明显是陷入了资不抵债的境地。新居行长极不情愿地接受了这个“死刑宣判”，并向中小金融科打去了表示悔恨的电话。

会计师事务所一方面承认中期报表的预测修正案，另一方面到了关键时刻又改变主意推翻它。一名金融当局者证实道：“在这背后，亘重的压力来自大藏省主导的阪和银行审查结果。”

大臣官房金融审查部早在1996年夏天的审查中，就认定阪和银行的财务状况是“只偿还了第四类（无法回收）债权就陷入了资不抵债的境地”。中小金融科考虑到与金融大改革的整合性，也早早地确定了不会批准资不抵债银行继续存在的方针。

10月的某一天，银行局官员向阪和银行和朝日会计师事务所传达了审查结果的要点，指示道：

“请好好处理第四类债权问题，是在这期间进行一揽子处理，还是放到来年3月再处理，交由你们判断，但无论何时处理都要进行负债决算。”

收到当局的通知，阪和管理层和朝日会计师事务所召开了紧急会议。阪和方对中期报表期间的统一处理面露难色，朝日会计师事务所坚持认为不能无视审查结果，双方互不相让。最后，无奈之下，双方互相退让达成协议，即暂缓用中期报表来进行无法回收债权的统一处理，剩下的不良债权全部作为“特别记载事项”计入审计报告中的“备注”一栏。经过努力，阪和银行终于在11月5日发表了预测修正案。

听到这个妥协方案的当局负责人虽然表示疑虑，但又认为“既然朝日会计师事务所认为是可行的，那么不可能在中期报表期间进行破产处理”。

一个负责人回忆道：“破产处理的壁垒很坚硬，包括官员在内都认为仅靠审查结果是不能强制实行的。因为银行法赋予的行政权限有限，所以不得不谨慎地行使这个权限。”听说朝日会计师事务所同意了预测修正案的消息，不少人都产生了“拖延至明年”的想法。

但是，当时参与妥协方案讨论的朝日会计师事务所对此感到一丝不安与困惑。

由银行局来指导、认可问题银行决算的决算认可制度在1996年9月末已被废止，会计师事务所必须负全部责任。在知道资不抵债这个审查结果后，还要帮银行维持运转，将来若是损失扩大，会计师事务所可能会成为被诉讼的对象。事实上，一家住专公司——日本金融住宅在破产之后，朝日会计师事务所就成了股东们提起损失赔偿诉讼的被告之一。

通常来说，与针对一般事业法人的监察相比，针对银行的监察历史尚浅，在事实上依附于银行局的监督方针和审查结果。由注册会计师构成的会计师事务所需要大藏大臣的认可和监督，① 虽然要尊重其专业独立性，但是也不能无视官厅的意见。②

实际上，在 11 月 5 日的预测修正案发表之后，朝日会计师事务所的领导们去澳大利亚出差一周，在这期间，他们在宾馆里接了好几个从东京打来的国际电话，并进行了长时间的商讨。他们回国后，就立即转变方针并说服了新居行长。

关于这件事，银行局官员强烈否定了大藏省的参与，“我们不知道在澳大利亚发生了什么，只知道会计师事务所擅自地走偏了。”

但是，一个当局者证实道：“我记得曾向偏离方向的会计师事务所进言说‘必须采取正确的决算’。”另外，也有相关人士说：“会计师事务所到了最后关头似乎害怕了。”也有可能存在领会大藏省意思的第三人向出差中的会计师事务所建议及早统一处理。

朝日会计师事务所同意破产处理之后，银行局在第二天，即 15 日撰写了以“阪和银行的状况和其影响”为题的绝密记录。

这份记录清楚记载了第二次世界大战结束以来初次发布的停业指示的方针，并早早地定下了对外公布的时间。③ 至少当局者们当时对阪和银行的破产处理抱有非常强烈的意愿，在朝日会计师事务所同意的前提

---

① 参照日本《公认会计师法》第 34 条的第 7 款。

② 对于会计监察的信赖也在那之后逐渐被动摇。1999 年春被揭露的日本长期信用银行、日本债券信用银行粉饰财务报表事件中，一直表达“合理”意见的会计师事务所也出现了责任履行问题。另一方面，由于会计师事务所认定结算为不合法，最终东邦人寿保险在同年 6 月破产。

③ 机密记录里写着公布预定日是 11 月 22 日。实际上，新闻报道比预定日期早了一天，在 21 日就被公布了。

下，下定决心进行破产处理，这一点是毋庸置疑的。

阪和银行的工会在次年向大藏省提出申述异议的呈报书中，对大藏省和朝日会计师事务所的关系做了如下记述：

“中期报表发表的前几天，朝日会计师事务所的态度突变，开始坚持主张根据贵省（大藏省）的审查结果，所判定的不能回收的债权要全部偿还。会计师事务所基于对贵省意向的全面尊重，让我们一再修正决算。”①

“大藏省认为，在金融机构破产的时候不该延迟处理，而是应该快速地应对，这关系到我们国家金融体系机能的尽早恢复。”

11 月 21 日上午 10 点，针对阪和银行发布第二次世界大战结束以来初次发布的停业指示的方针，三冢用特有的抑扬顿挫的语调发表了大臣讲话。

在说到“不该延迟处理”这句话时，三冢提高了声调。三冢回忆起那时他还不知道阪和事件，但这至少在当时成了宣传金融大改革时代破产处理的第一战。桥本满意地说：“这个应对方式说不上好，但是很恰当。”

的确，阪和银行的破产处理采用的是史无前例的大胆手法。第一，阪和银行不是因所谓的资金筹措破产，而是第一个因行政命令而进行破产处理的案例；第二，阪和银行没有按照惯例寻找“接收银行”，而是新设立一个以保护存款人为目的的“清算银行”。

在 1989 年以后（平成时期）发生的金融机构经营破产几乎毫无例外地都是因为资金筹措问题。被疯传经营困难的经营者面对存款流出，困于资金运转的艰难局面而出现想要放弃继续经营事业这个想法时，第一次将重心转移到破产处理上面。反过来说，通常我们认为，不管经营

① 摘自 1997 年 2 月 24 日的《日本金融报》。

状况恶化得多严重，只要资金能回笼，银行局是不会介入的。当时的状况推翻了常识。

另外，设立不继承金融机构职能、专门整理、进行结算、退还存款的清算银行，这样的想法是史无前例的。大型报刊也正面评价此举，可以作为以市场原理为中心的金融改革的第一步。①

但是，银行局的官员们回忆道："我们不是不寻找接收银行，而是找不到。"

据相关人士说，银行局在 1996 年秋天暗中试探过若干个大银行，问他们如果要设立处理阪和银行等问题银行的接收银行，是否愿意出资。但是，因为处理住专问题而遭受损失的大银行与银行局的关系已开始降温，对这个想法的态度很冷淡。就像处理东京协和和安全两个信用合作社事件时的东京共同银行那样，请求日本央行直接出资的提案，遭到害怕承担损失的日本央行方面的强烈反对。

最重要的是大藏省的负责人自身表现出了基本放弃的态度，阪和银行存在与暴力团体相牵扯的非法融资，又发生了副行长被射杀事件，面对在这些阴影笼罩下的阪和银行，大藏省不可能伸出援手。

其间，虽然不想承担损失，但是急于处理问题银行的日本央行提出了一个方案，即由日本央行出资设立清算银行。

日本央行在当时正在进行《日本银行法》修正讨论②，表示"中央

---

① 摘自 1996 年 11 月 22 日的《日本经济新闻》。

② 1996 年春，由执政党主导开始修改第二次世界大战时制定的《日本银行法》，提高独立性。拿到同年秋天中央银行研究会的报告书之后，《日本银行法》在 1997 年的国会例会上实现了时隔 56 年的根本修正，法条与金融政策相关的独立性和透明性提高了，但是距离完全独立依然很远。详见山腋岳志《日本银行的真实》（钻石社）。

银行的资金是以流动性供给为原则的，我们是不会出借有无法回收风险的资金的”。但是，假设把有无法回收风险的贷款债权卖给存款保险机构，设立仅以保护存款人为目的的新银行，资产以现金的形式存在，这样的话，理论上产生损失的风险会变成零。如果以这种方式实行的话，日本央行可以考虑出资。

接受提案的大藏省官员也证实道：“哪家银行也不肯做接收行，都不同意出资捐献，以至于束手无策，连保护存款人都变得不可能。于是我认为应该考虑到最坏的情况，必须设立存款人特别保护银行。”

一个负责人记得最后在9、10月份，在银行局和日本央行信用机构局的协商下，大体确定了日本央行出一部分资金，建立新银行的方案，而资金来源是日本央行在处理住专问题时筹集的“新金融稳定基金”。

新银行计划也用于处理阪和银行以外的银行问题。银行局局长山口在21日的记者见面会上说明：“不否认新银行成为今后处理问题银行接收银行的可能性。”相关负责人也回忆道：“他们也设想过迟早将以分行的形式推广到全国。”

在处理破产的当口，对于四处奔波寻找接收银行的银行局来说，不管是哪种形式，能找到“最后的依靠”还是意义重大。“这对银行行政工作来说是一个重要的转折点。”一位银行局官员追述道。

“问题银行的处理以后不要再拖延了”，在11月14日被撰写的银行局的绝密记录里有这样的记述。

“万一波及阪和以外的银行，就现状来说，除一部分金融机构外，要让其他现有金融机构成功合并，甚至成为营业让渡的接收机构，这样的可能性很小。因此，如果其他银行也涉及存款流出的状况，要同样采用发布停业指示的方式进行整理清算，所以必须做好今后也会发生这种事的准备。”

新银行名为“纪伊存款管理银行”，在第二年春天正式成立了。

但是，阪和银行内部发生了意想不到的混乱。

意想不到的停业命令使得820位员工面临失业的危机，因为作为接收银行的纪伊存款管理银行并不实行融资、结算等日常银行业务，完成存款的退款就解散了。

“为什么救济了兵库银行却清算了阪和银行?”

工会的愤怒越过管理层，传到了大藏省。

对于在1995年夏天经营破产的旧兵库银行，银行局向金融界和当地财界征求捐款，更是请求日本央行发放后偿贷款并设立了永久性的接收银行（绿银行）①。银行的业务全部被延续下来，员工虽然被削减了薪水，但是保证了雇用。阪和银行的员工表达了对为什么偏偏弃阪和银行于不顾的不满。

大藏事务次官小川是在阪和银行破产当日的见面会上说：“其他金融机构进行业务交接或者采取合并的方式可以保障事业的可持续性，这是我们所希望的，但是也有无可奈何的情况。”

在阪和银行事件中，确实苦苦寻找了接收银行，但是没有从金融界得到任何帮助。然而，因为有一年半以前解救兵库银行的对比，银行局被指责为行政工作采用双重标准，这让其感到很苦恼。

日本央行总裁松下康雄12月2日在出差地大阪进行了这样的说明：

---

① 绿银行是作为大藏省的调解者，接收1995年夏经营破产的旧兵库银行的业务而被设立的。银行局当时夸口要让新银行在10年内步入正轨。但是，因为旧《存款保险法》的制约和不得不接收一部分不良债权，绿银行仅仅两年就破产了，使用了1万亿多日元才将它和阪神银行合并。

“目前为止的破产事件中，偶尔会有大规模的金融机构倒闭，大家必须考虑大灾害之后的援助体制，当地也会为新金融机构出资。但很遗憾，阪和银行事件并不具备这样处理的条件。”①

总而言之，这都说明了救助在阪神大地震中受灾的居于第二地方银行（1989年后由互济储蓄银行转变为普通银行的银行，简称第二地银）之首的兵库银行与第二地银中小银行的阪和银行的立场是不一样的。

阪和银行工会更加愤怒了，管理层和当地企业，甚至当地选出的政治家都加入援军的队伍中，危机之火不可遏制地蔓延开来。

12月13日，星期五，银行局感到了预料之外的恐惧。

阪和银行代理行长渡部善治在电话里央求道：“工会说他们坚决罢工，快要压不住了。”

金融机构破产，在向接收银行转让业务之前，存款的退款业务是交给破产金融机构的工作人员处理的。如果他们断然罢工，窗口业务会瘫痪，一部分存款支付会停止，可能会演变成《存款保险法》中的保险事故，发生挤兑，如果那样的话恐怕会转变成存款限额保护。对银行局来说，意料之外的存款限额保护意味着“金融行政工作的失败”。

所谓的存款限额保护，就是在保护小额存款人的同时，以整理、结算破产金融机构为目的的《存款保险法》中的一种破产处理制度。像普通存款、定期存款这种成为保险对象的存款，将会以1 000万日元为上限，发还给存款人。

超过1 000万日元的部分与一般债权的处理方式相同，根据破产金

---

① 摘自1996年12月3日的《日本金融报》。

融机构承担损失的比例（结算比例）扣除。存款超过1 000万日元的大客户多是负担能力强的资本家和风险能自担的专业投资人。进行资本削减的原因是，目前进行全额保护只能助长道德风险（指因存在保险等规避风险的手段及机制而不努力规避风险，反而使发生风险的可能性增大的情况）。

但是，大藏省担心1994年年底东京协和、安全两个信用合作社的破产可能引发金融动荡，于是在1995年6月未经合法手续，利用行政权限，发表了冻结存款限额保护5年的方针。

银行局官员解释说，如果执行不冻结存款，只限额保护的政策，逃得快的大客户就会一个接一个地从问题金融机构中撤出，金融体系就会崩溃。这背后存在的问题是：金融机构的信息不公开，存款人也没有追究自己责任的环境，同时还有邮政储蓄这种特殊的公共金融制度。金融当局担心如果完全不触碰邮政储蓄制度就实施存款限额保护，大量的资金会为寻求国家保障而流入邮政储蓄，这样会造成民间的部分金融机能瘫痪。

大藏省为了确保冻结存款限额保护后需要的资金，在1996年的定期国会（根据《日本国宪法》和《国会法》的有关规定，于每年1月召开定期国会会议）例会中提出了《存款保险法》的修正案。金融机构的保险费用以2001年3月末为期限提高了7倍，使得资金方面能负担超过存款限额保护部分的损失。

修正《存款保险法》通过后仅仅6个月，冻结存款限额保护的备用资金已准备就绪，如果金融机构的员工毅然罢工，不能实际支付存款，那么法律上，就不得不过渡到存款限额保护上来。

《存款保险法》不再把存款的退款认定为“第一种保险事故”，因为根据规定，如果发生了保险事故，可以根据存款人的请求支付保险金。①

假设存款的退款一时停止了，那么存款保险机构必须要按照最大1 000万日元的存款（保险金）来支付。而这又是一个意料之外的陷阱。

中小金融科的科长助理们防备着罢工，和内阁法制局（日本内阁负责法案立案、审查及其他法制问题的机构）进行了商谈。

“可以雇用临时工来进行存款的退款吗?”负责人问。

“这是违犯阻止罢工的《劳动协约法》的。”

“如果关闭所有分行，只让管理层在总行进行退款呢?”

“如果不能处理全部存款人的退款，还是会造成保险事故。”

中小金融科的负责人无言以对。

12月17日，和歌山县议会一致通过了要求政府设立永久性的处理日常业务的接收银行的意见书；第二天，阪和银行工会要求设立永久性的新银行，同时声明了80%的罢工主张。

结果，罢工在最后关头被暂缓了。工会方面也忧虑再就业问题，担心强行罢工会引发当地的不满。

但是，工会一直强调罢工权，大藏省因工会的强硬态度感到非常苦恼。1998年1月，解散阪和银行、支付退职补助金（使用公共资金来支付）时，罢工也造成了无言的压力。银行局官员回忆道：“没想到罢工那么恐怖，在意识到存款限额保护不能实现的时候，银行行政工作是没有得胜的希望的。”②

使银行局进一步感到恐怖的是没有先例的异议申诉。

---

① 参照《存款保险法》第49条第2项、第53条。

② 1999年夏天，这样的劳动法制和金融破产处理对策的冲突也没能消除。

工会虽然暂缓了罢工，但是在1997年1月20日，针对大藏省的停业指示，通过近畿财务局提出了行政复议。《行政复议法》规定，对于行政处分不能接受时，可于60日内提出复议申诉。20日那天正是提出申诉的最后期限。

工会方面提交的申诉书是这样写的：

“1996年9月中期报表的业绩报告是接受了朝日会计师事务所的审计，并修正后在11月5日发表的。但是16天后就被下达了停业指示。这个行为是在欺骗员工、股东和客户等，直到赤字决算的修正发表之前，我们一直接受着贵省的指导。

“我们明白贵省所进行的处理是为了维持金融秩序和实现在改革中反击的双面作战。关于本行的处理在这个微妙的时期被作为政治斗争的工具运用其中，真的是很遗憾，我们感到非常的愤怒。”①

针对这件事，大藏省在1997年2月24日以停业指示是合理的为由否决了异议，工会方面也未决意进行行政诉讼。

中小金融科的负责人说：“并没有要指导决算这件事，在有限的条件下为了守住金融体系，当时只有那种办法。”别的负责人回忆起当时的事情，也认为离诉讼仅一步之遥这件事本身就很令人失望。

罢工的恐怖和没有先例的异议申诉，这两件事最终摧毁了银行局当初的“自信”。

决定要处理破产的银行局在1996年11月14日的记录中写道：“如果其他银行也出现存款流出的情况，那么，不得不同样发布停业指示，同时采取整理、清算的方法。”以阪和银行为开端，当局展现了迎接之

① 摘自1997年2月24日的《日本金融报》。

后破产处理的决意和自信。

但是，在重重困难之下，这样的自信减弱了，渐渐向“还是要慎重对待破产处理”这样的意识转变。当局者证实道：“在阪和银行事件上的失败是与之后的宏伟救济计划息息相关的，这一点不容置疑。”

在市场上也发生了对停业指示的恐慌。

接收到阪和银行破产处理的消息，11 月 21 日的股票市场中一部分银行股股价暴跌。和歌山的纪阳银行和大阪银行、福德银行等银行股股价统统遭遇了年初以来的最低值，日本债券信用银行股股价也刷新了经济泡沫破裂以后的最低值。

这是与“护送船队式”行政①的诀别，察觉到大藏省转变方针的股票市场早早地开始寻找“第二个阪和银行”。

这是可以理解的。阪和银行在中期报表的修正预测通过后的两周多时间里，赤字金额扩大到百倍以上，毫无预兆地破产了。银行的信息披露已经丧失信用，市场理所当然地要进行自我防御。

这样的市场反应加深了大藏省和日本央行的不满。但是，也有资料显示，至少银行局是能够理解市场的不安心理的。

当时，在银行局有暗中制作的记录。

记录中银行局进行了风险压力测试，即全国的中小金融机构一起推进不良债权处理的情况下，试算究竟会陷入多大程度的资不抵债。

大藏省实施的银行检查主要是根据贷款公司支付利息的状况，将借出的资产分为四类，依此检查银行财务的健全性。

① “护送船队式”行政是指统一弱小金融机构的步伐，避免过度竞争，保护金融机构全体的存续和利益，是第二次世界大战后日本的金融行政方针。

因贷款公司在法律上或实质上破产而被判定为无法回收或无价值的资产是第四类；公司虽未破产，但存在借款最终是否能回收或是否有清算价值巨大悬念的资产是第三类；在还款时，存在延缓支付利息、放宽还款条件等超越常规风险的资产是第二类；没有问题的正常债权称为“非分类”。

银行局的内部记录把这些资产分为“全额偿还第四类债权的情况”与“全额偿还第四类和第三类债权的情况”进行试算。

首先，贷款公司只全额偿还第四类债权，金融机构陷入资不抵债的有一家第二地方银行，29家信用合作社。它们各自的计提坏账额分别为400亿日元、2 936亿日元，抵销股票等自有资本后的“资本缺口”为185亿日元、2 230亿日元。

其次，贷款公司全额偿还了第四类和第三类债权，金融机构陷入资不抵债的银行大幅增加至8家第二地方银行，11家信用金库。试算计提额为：第二地方银行6 036亿日元，信用金库1 987亿日元，信用合作社9 615亿日元；资本缺口的金额也分别高达2 330亿日元、487亿日元和7 094亿日元。

银行局在当时并没有特别严格地要求第二类、第三类债权的拨备，更不要说第四类债权了。经济迟早会复苏，如果地价上涨，这些债权是有可能变回正常债权的。因为他们考虑到假如强制要求拨备，穷途末路的银行会陷入巨额赤字，金融体系会动摇，法人税收也会减少。

即便如此，阪和银行之所以进行破产处理，是因为它是唯一一家只处理第四类债权就陷入资不抵债的银行（银行局官员说）。

未曾料及的是，被抵押的土地价格持续下跌，随着时间的推移，银行资产逐步恶化，非分类降为第二类，第二类降为第三类，在这样经济衰退的局面下，仅仅处理第四类债权无法维持银行的健全性。美国已经存在这样的指导标准，即要求第四类债权全额、第三类债权50%和第二类债权15%～20%的拨备。①

仅让中小金融机构处理第三类、第四类债权，就出现了资不抵债。如果加上庞大的第二类债权的处理，再把都市银行（简称都银）、长期信用银行、信托银行和地方银行都作为调查对象，那么会出现什么样的结果呢？光是想想就害怕地发抖了，市场自我防御也是有根据的。

银行局1996年11月制作的记录被认为是“绝密”记录，首相官邸自不必说，大藏省其他的部门也都不知道。

1997年1月6日，工作日开始了，市场的压力进一步增加。

在东京外汇市场，由于人们担心日本经济发展减速，日元汇率开始下跌，时隔3年9个月又跌至1美元兑117日元。东京股票市场的日经平均指数从7日开始，连续4天刷新了前年的最低值，时隔一年两个月跌破18 000点，其间跌幅达2 142点。

股票市场把对阪和银行的停业指示理解成大藏行政工作方针的转变。“即使是大型银行也避免不了破产处理，这个春天将会实施第二个处理”，随着这样的谣言四处传播，相关推测也不断被传播，“即使被认为是良性的银行，处理破产的费用负担也会以存款准备金的形式追加。”

---

① 根据对严重的不良债权问题的反省，美国监督局在1993年年底制作了“呆账备抵的统一标准”，监察官以这个数值为基准向金融机构要求严格的备抵金。在日本，金融监督厅从1999年3月的结算开始对大型银行也实行了同样的标准。

而且，股价的下跌会减少银行持有股票的账外收益，并削弱其应对不良债权的能力。日经平均股价跌至17 000日元时，一部分大型银行的账外收益减少，这样的测算一个接一个地出来，更加剧了银行股股价的下跌。与1995年4月1日相比，1997年年初的日经平均指数下跌率为16%，而银行股股价的下跌率为20%～40%。银行股票成为低迷股票行情的象征，又引发了新的金融恐慌。

“市场的事情就问市场，已经到头了吧。”①

这时候的三家在面对记者团的提问时并未表现出慌张的样子，但是他的内心对市场动态非常在意，同时也被说不清、道不明的不安感所袭扰。

就在3个月前，三家在就任大藏大臣时，被桥本拜托要进行财政重建。对于瞄准下一届首相位子的三家来说，这是一个有意义、有前瞻性的政策课题。

但上任后随即发生的阪和银行处理事件余波导致了市场的大风波，围绕第二个破产的谣言也开始公然地传播起来。

——和说好的不一样啊。

三家一边这样想着，一边思考自己就任之前，挚友向他说的话。

“你做什么都可以，千万不要做大藏大臣。不要掌管大藏省，不会有好事的。”

“被委任了也没办法了，如果诚心诚意地干，前途自然是有希望的。”

抱着这种想法的三家接受了桥本的委任，但他未必会料到自己被这场金融破产处理捉弄到这种地步。

---

① 摘自1997年1月20日记者见面例会。

1997 年 1 月・首相官邸——财政结构改革会议开始

虽然金融难题堆积如山，但象征着财政重建的财政结构改革会议顺利进行。

第一次会议在 1997 年 1 月 21 日召开，地点是在首相官邸的大食堂。

政府方面有首相桥本、官房长官（内阁官房长官的简称，为日本内阁官房的最高长官，相当于日本内阁秘书长）梶山、官房副长官［官房长官下设 3 个副长官（总务省等选出的人居多）、内阁宣传室、内阁内政审议室，代理首相职位］与谢野、大藏大臣三冢、总务厅长官武藤、经济企划厅（现在的经济产业省，主要负责计划的制订、综合政策调整、经济调查分析）厅长官麻生等人出席。执政党三党方面出席的有前首相中曾根、前首相竹下、前首相宫泽、前首相村山、前大藏大臣武村、自民党干事长（相当于秘书长，负责处理党内的日常事务，在党内权力仅次于党的总裁）加藤、政务调查会会长山崎、社民党干事长伊藤……

包含 4 位前首相，一共有 28 位政治家围坐在大桌子旁，官员坐在后面，记录会议内容。

对桥本来说，这次财政结构改革会议的成败有着生死攸关的重要意义。

桥本提出的各种改革中，财政结构改革的地位最高。针对“散漫财政”的批判，给日本的财政重建设立像美国一样准确的目标是很有必要的。桥本周围的人都努力来增加政权的向心力。

桥本内阁已经决定从 1997 年 4 月开始上涨消费税并废除特别减税制，幸运的是多少能看到经济复苏的迹象。这正是一鼓作气减少财政赤字的好时机。①

另一方面，大藏大臣三冢也非常重视财政结构改革。自上任以来多次被银行的话捉弄的三冢，如果把财政重建弄出眉目来，就能保住下一任首相竞选的优势，因此无论如何都要完成这个改革。

下午1点开始的第一次会议从会议主持人桥本的发言开始：

“我希望这个会议讨论实现财政改革的具体方案策略，不设立特别领域而是以所有领域为对象进行开放讨论，汇总国民能接受的日本版财政重建计划和财政重建的框架。”

在以此为主旨的会议里，最显眼的还是前辈们。在权力斗争中曾取胜成为一国首相的老人们，因这个时隔好久的重要工作无比兴奋。

进入自由讨论阶段后，仿佛被催促发言的前首相们开口了。第一个说话的是4个前首相中资历最老的中曾根。

“从现在起，到接下来的预算审议和峰会这段时间，将要面对消费税税率上涨，冲绳3 000名地主的问题等等，是个很大的难关。而这就要迫使国民和财界承受一定的压力，无疑是第二次世界大战后50年来重大的危急时刻。”

以中曾根式的高高抡起刀来往下砍的表达方式开始，这个有“风向标”（比喻巧妙顺应时代潮流的人）之称的老人接着往下说：

“财政重建有各种社会成本和政治成本，有好有坏。问题是内阁要实行重建的态度要坚定，以不退缩的姿态团结一致的话，股价会上涨，

---

① 关于财政赤字是怎么出问题的参考文献有很多，有石弘光的《国家的借金》（讲谈社新书）、吉田和男的《财政改革拯救日本》（日本经济新闻社）、富田俊基的《国债谁来买单》（东洋经济新报社）等。

经济也会变得景气起来。如果中途放弃的话，大家都将面临失败，作为执政党人，这一点至关重要。”

接着，竹下用他的特技——“罗列数据”式发言，开始讲话：

“1965 年（昭和四十年），东京奥林匹克运动会后第二年，预算要求基准（内阁会议协商确定的各省厅下一年度预算基数）允许偏差是 30%，之后是 25%、15%，越来越严格。中曾根政权统治下的 1983 年（昭和五十八年），投资经费是 0，除此之外是 -5%。之后 5 年内的一般财政支出增长率为 0，并进行行政改革，完成国铁（国有铁道）、电电公社［日本电信电话公社的简称，为曾存在于日本的特殊法人，主要业务是电报与电话服务。该组织是现在的日本电信电话株式会社（NTT）的前身，为公用事业机构］、烟草三大行业民营化。有了这些，就能摆脱国债赤字。把财政预算要求基准放在心上，回顾历史，思考在完成强有力的下降的财政预算要求基准的基础上，还要做些什么，财政预算要求要到多少才能摆脱赤字，这些是很关键的。”

实际上，竹下的发言有其重要性。以往，公用事业一直掌握在旧田中派的手中，而现在由竹下接替了，这是众所周知的事实。竹下所说的“强有力的下降的财政预算要求基准”可能会压制住公共一族，持这种观点的官员不在少数。

获得下一个发言机会的是宫泽。这个走保守主流路线的政治家自称“迟来的凯恩斯学派经济学家”，经常提倡积极的财政政策。当然这是与大藏省不相容的观点，他自己担任大藏大臣时，多次和官僚们起冲突。

“我首先想说两点。”

宫泽这样开口。

“1 月《金融时报》（*Financial Times*）的社论中写道：‘比起财政重

建，日本首先应该决定改善经济体制。我不这么认为。虽然知道经济体制薄弱，但是应该做的事现在必须要做。有人认为股票下跌是市场对政府失望的表现，并不是那样的，其实政府干劲儿十足，但是市场确实遇到了麻烦。放松管制、行政改革、财政改革这些都将导致通货紧缩。一旦发生通货紧缩就麻烦了，这是肯定的。股价最初下跌的时候，也有人主张继续实行特别减税制，但是不能那么做。不能被市场的动向左右，从而失去整体的大方向。

“第二点，要让国民相信能在2005年达成财政赤字占国内生产总值3%以下的目标，就必须清楚说明如何减少财政赤字。采取国民容易理解的解决方式很重要。对于每个问题，如果不向国民说明具体的削减计划，即便目标明确，也没有人会相信。不管解决哪个问题，都将是内阁的重任。这是我们应负的责任。”

总而言之，宫泽认为，比起强化经济体制，应该优先制定财政重建政策。

社民党的村山接着说：

“提高消费税、废除特别减税制、增加医疗费负担，目前这些政策都流露出一种让国民负担增加的感觉。官员应当联合执政党向国民说明实际上并不只是产生这样的结果。财政重建刻不容缓，必须要下定决心，不设立特别领域，必须明确各项削减方针。”

前大藏大臣武村接着这个说下去，他的观点很明确：

“我作为大藏大臣，参与了两次预算编制和几次修正预算①，一年

① 在国家预算中，基于经费不足及预算做成后发生的事由，为进行追加和变更而重新编制的预算。

半内增加发行40万亿日元的公债券（《日本财政法》中是指国家以公用事业费、股本、贷款为财源发行的偿还期为一年以上的债券），并且做好承担责任的准备。

“目前为止，财政对反衰退政策（为控制经济波动而制定的政策，包括日本央行调整国内货币量的金融政策、根据政府投资支出调整的财政政策等）的影响还是积极的，但是，凯恩斯政策差不多应该改变了。且不说经济混乱的时候，在面对通常情况下的经济波动时，有必要摒弃保持财政中立的态度。如果股价下降了一点，就要采取反衰退政策的话，财政重建是实现不了的。我在七国集团峰会（G7峰会）的时候也听说了，美国和欧洲早在10年前就已经摒弃了依靠加大公共投资的反衰退政策。应该把财政重建作为日本将来发展的基础。”

武村认为严格的财政重建很有必要，听了这个发言的大藏官员们不禁暗喜。对于一直主导日本经济方针的凯恩斯政策，武村斩钉截铁地说：“是时候结束了。”武村在任职大藏大臣期间，在省内并没有得到较好的评价，但他的这番话得到大藏官员特别是统计局（大藏省的一个部门，主管国家预算编制）官员的认可。

政府管理总需求，有效需求不足的时候，要积极地创造出来，而有效的创造手段就是公共投资政策。

以英国经济学家约翰・梅纳德・凯恩斯（John Maynard Keynes）的主张为基础，永田町和中央官厅的官员是否严格地理解这个学说另当别论，但这些要求财政拉动（由公用事业创造有效需求）的人被称为“凯恩斯学派”的经济学家。大藏省一边反抗凯恩斯政策，一边满怀自信地实行增加公用事业预算的反衰退政策。因此，当时大藏省认为能与凯恩斯政策诀别是这个会议的一大成果。

之后自民党政务调查会会长山崎等人的发言推动了讨论的进行。官房长官梶山见机说明了今后会议的方向。

梶山对桥本内阁来说是极其重要的，在内阁官僚中很有威严，由实权人物担任官房长官，官邸的权势比重大大增加了。

梶山虽然把自己放在“政权的领头者”的位置上，尽职尽责地支持桥本，但是内心对桥本的“喜欢官僚做派”感到厌烦，也怀疑六大改革①能否真的成功。

但是这个时候梶山的脑子里全是冲绳和秘鲁的问题。1996 年 5 月，在冲绳的 12 个美军设施的强制使用期限到了。政府引起的“非法占领”的态势很有可能会扩大。秘鲁的日本大使馆人质事件呈现持久战的态势，这边的应对措施错一步，都可能会对人质的人身安全、政府的威信产生影响。

梶山当时的工作就是要顺利解决这些事，同时他也知道参加财政结构改革会议是官房长官的职责。

在第三次集会上，大家总结了之前分题讨论的基本思路，再进入分题讨论。然后各省厅举行听证会，将在 1997 年 6 月中旬做总结。

梶山做了以上说明。

这么多政治家聚集在一起，如果有始无终，肯定会失败。必须为重建财政制订完善的计划。

会议最后，桥本再次发言：

“我想要出示讨论所需的材料。公共投资也不是特殊的领域，该控

① 桥本在 1996 年的总选举后，除了财政结构改革，还提出了行政改革、社会保障改革、经济结构改革、金融体系改革等。

制的地方就得控制，重要的是如何有效率地来进行。请执政党，特别是自民党一定要遵照这个宗旨。”

公共投资真的有可能实现，出席会议的人从桥本的话里感觉到。①

财政重建运动在20世纪70年代正式展开了。国家预算的收入与支出不等，公用事业和经费都以国债的形式来供给。国债分为建设国债与赤字国债两种，都是“国家的借款”。其中，建设国债是公用事业的资金来源；赤字国债是被《日本财政法》禁止但是作为特例措施发行的债券。

就在不久前，1990年、1991年时，伴随着泡沫经济税收在增加，财政状况也在好转。然而，一旦经济状况恶化，就实行积极财政政策，在1995年年末，国债余额已高达225万亿日元。仅仅5年就增加了近60万亿日元的借款，多数大藏官僚都抱有“财政的健全性被大大损害”的危机感。

原本大藏省内对凯恩斯政策是强烈反对的，对财政政策经常怀有戒备心。而且，关于进行公共投资时，反映经济影响程度的“乘数效应”（经济现象中，某一经济量的变化会由于其波及效果而在经济系统内部产生增幅，最终会呈现出数倍于原量的变化量）的数值逐步降低的学说，也越来越有说服力。②

但是大藏省的前次官回顾道：“如果没有长期惯行的财政政策主导，经济对策也是无法进行的，经济对策必须包含财政，这一想法在日本普

① 1997年1月21日，第一次财政结构改革会议的会议记录里加入了相关人士的采访内容。

② 经济企划厅在1998年版的经济白皮书中认可20世纪90年代后半期开始的财政政策的乘数效应变小，景气对策的即时效果也变差。

遍存在。我们虽然也认为只依靠财政政策的话，很难对经济起作用，但是我们感觉除了动用财政之外别无他法。”大藏省认识到在经济泡沫破裂后，在日本经济陷入危险的状况中，自身已经被逼迫到说不出财政健全性如何、乘数效应如何的地步。

传统的统计官僚对财政赤字扩大的危机感尤为强烈。1995 年 5 月，就任统计局局长的小村武强烈地想转变目前的政策，并且认为必须停止增发国债。

财政已经扭曲到这种地步，日本对事态严重性的认识还很不够。

连统计局内都有要放弃财政重建的气氛。一个统计官拿之前的在行政改革中发挥作用的临时财政调查会为例，发牢骚说：“即使不是临时财政调查会，财政重建也是实现不了的。”当然统计官是以玩笑的口气说的，但是部下这种态度仍然让在统计局任职已久、参与过预算编制、一直从事财政工作的小村武感到更加苦闷。

小村武的这种感觉外部的人也感受到了。一桥大学教授石弘光在财政制度审议会中经常和小村武交流，他回忆道：“他做了统计局局长之后，大藏省开始呈现出强烈的危机意识。”

另外，发达国家各国正式实行财政重建的现实加强了小村武及其手下统计官僚的焦躁感。

美国的财政赤字在整个 20 世纪 80 年代都被世界所批判。美国尝试过《格兰姆－拉德曼－霍林斯法案》（Gram-Rudman-Hollings Act）等都没有成功，其经济被巨额借款所压迫。

但是，1993 年上任的克林顿（Clinton）总统在选举中高调宣传财政重建措施，在当选后成功推行《1993 年统括预算调整法》（OBRA93），与经济复苏相辅相成，财政开始向健全化方向发展。

“孪生赤字”①（在美国，财政赤字与国际收支赤字并存，为促进经济景气而发行国债，为发行国债进行的财政支出造成财政赤字，并使有效需求随之扩大，这又造成进口增加，使国际收支出现赤字）横行的美国也能让财政重建成为可能。

大藏省的官员们像因差生都突然发挥出了实力而感到焦虑的优等生那样，加深了对日本财政恶劣状况的危机感。

而且欧盟各国的财政重建也刺激了大藏官员。1993 年 11 月，《马斯特里赫特条约》（Maastricht Treaty）生效以后，作为货币统一的条件，欧盟要履行把每年的赤字控制在 GDP 3% 以内的义务。法国试图用冻结公务员薪水和削减退休金的方式来减少财政赤字，但爆发了大规模的罢工，比利时和意大利等其他国家也在为削减财政赤字拼命努力。

这样的话就只剩下日本了。

以小村武为首，越来越多的大藏官僚抱有这样的想法。

但是，当时大藏省受到了各种各样的批判。不仅精英官员与商界勾结开展副业等被暴露，在细川护熙政权时期，（大藏省）因接近小泽一郎而引发了自民党的强烈反抗，周遭形势极其严峻。②

“在当时的情况下，即便大藏省喊了口号，也没有任何意义。”

当时的统计局官员这样回忆道：“没有舆论的支持，事情没法进行。相反，如果舆论的支持度上升，政治上的斡旋、制定预算都会变得容易。

---

① 美国以里根政权的大幅减税等为契机，20 世纪 80 年代前半期，财政赤字和经常赤字急速增加，被称为“孪生赤字”。1985 年实行的《格兰姆-拉德曼-霍林斯法案》也并没有什么实际效果。

② 参照《朝日新闻》经济部的《大藏支配》（朝日报社）等文。大藏省与细川政权的国民福利构想关系很深，这惹人不快。

小村武首先召集对财政重建有独到见解的专家，私下举办了学习会。根据记录，第一次会议在 1995 年 8 月 9 日召开。

根据出席者的笔记，这次会议除了小村武、统计局副局长林正和、统计局调查科科长松元崇，还邀请了京都大学教授吉田和男、东洋大学教授中北徹、野村综合研究所政策研究部部长富田俊基等人，他们都是关心财政重建的学者、经济学家，他们把这个会议叫作“小村武恳谈会”。

会议从下午 4 点进行到 6 点，大藏省方说了这样的宗旨：想要培养年轻人，想改变凯恩斯政策，请大家踊跃发言，我们会提供相应的材料。

但是小村武恳谈会并不是形成财政重建学术理论的场所。组织这个集会的大藏官僚这样回顾道：

“为了广泛深入讨论财政问题，才召集了各位有识之士。因为小村武先生当上统计局局长之后，一直要求我们把有关财政的严重性告知各方，因此，听取众人的意见后再进行讨论是很必要的。”

从哪些视角进行讨论，从哪个角度诉说事态的严峻性，这些需要外部人员的意见。这也是召开恳谈会的目的之一。

京都大学的吉田是从大藏官僚转移到学术界的，他对财政等问题做了鼓舞人心的发言，说道：

“过去认为财政政策有效，而小村武恳谈会就是希望听到与之不同的意见。小村武先生在思考怎么处理不断膨胀的经济泡沫。这个恳谈会仅依靠过去的逻辑讨论财政的局限性，以及如何让财政走上健康的发展轨道两方面的问题。”

野村综研的富田积极地主张“非凯恩斯效果”①，这位经济学家认

① 财政扩张使民间需求减少，反过来财政紧缩激活民间需求的现象。

为日本经济失常的原因不在于泡沫破灭，而在于冷战体系下欧洲经济体制的终结等世界经济结构的变化。

“大家都发表了自己的见解，我也说了当时的感受，即虽然1992年以后接连实行经济对策，但总觉得药不对症，结果变得无路可走。”

为了实现财政健全化，大藏省考虑了另一条道路，就是财政制度审议会。他们成立了“基本问题小委员会”，着急地建立理论支柱。基本问题小委员会会长则是一桥大学教授石弘光。1995年9月初，在英国牛津大学圣安东尼学院（St Antony’s College, Oxford）即将完成著作的他，收到了来自统计局调查科科长松元崇的邀请。

石弘光是一名财政学专家，他作为财政制度审议会和政府税制调查会的成员，与大藏省有过接触。他越来越强烈地认为应该开始正式制定财政重建政策了。

石弘光从英国回国后，立即在10月9日召开了基本问题小委员会的第一次会议，除了石弘光，同样是小村武恳谈会成员的吉田和富田也出席了会议。基本问题小委员会从第一次国外调研开始到最后都干劲儿十足，周围的人都认为他们“投入了巨大的精力”。

这次国外调研成果在1995年12月迅速地被总结成《财政的基本问题报告》，报告了欧美各国为削减财政赤字所做的努力，同时还介绍了“代际核算方法的讨论”，试图就因发行公债而引起的代际发展不平衡现象建立学术体系。这些都从学术上充实了财政重建理论的内容。

这个基本问题小委员会在第二年被改组为财政结构改革特别部门。

“说起财政重建，很容易被想成只是单纯地减少赤字就万事大吉了。”石弘光等学者和经济学家都这么说，于是“财政结构改革”这个名字出现了。

在基本问题小委员会、财政结构改革特别部门的报告书中，凯恩斯式的主张接连被否定。

“在经济萧条期，没有哪个国家会实行所谓的凯恩斯式的扩张性财政政策。”

“发达国家已经强烈认识到实行凯恩斯式财政政策的弊端。”

“没有国家会通过财政，采取刺激经济发展的对策。”

他们不断揭示凯恩斯派政策的局限性，而他们接下来的课题是探索新的财政规律，此时浮现出来的便是“除国债之外的财政支出与租税收入相平衡”的初级平衡论。

初级平衡论很早就成为财政学者议论的课题。到现在为止，一直强调缩减或消除赤字国债，如果遵循国债发行额比充当利息和本金的国债支出要低的初级平衡论这一方针，建设国债当然也成为缩减的对象。

对于想要打破赤字国债不好、建设国债好这一“民间说法”的大藏省来说，初级平衡论是可以使用的工具。当然，从富田等财政重建派学者和经济学家的要让代与代之间的得益与负担公平的这一观点来看，也是积极提倡的。

这个初级平衡论在12月的财政结构改革特别部门最终报告书中登场。

“必须努力让这一代人的得益与负担平衡，让去除国债还本付息后的支出与租税等平衡。”

1996年11月，差不多是财政预算编制迎来尾声的时候，大藏省决定施行初级平衡论。

三家成为大藏大臣后的13天，11月19日下午，统计局和主税局向三家进行了说明，阐述了财政预算编制的基本方针。

经济泡沫破裂后，税收减少，同时实行了作为反衰退政策的66万亿日元的财政政策，财政已经捉襟见肘。建设国债和赤字国债的发行余额在1996年年末很有可能突破240万亿日元。如果这样下去，就不能摆脱借款处境了。在财政制度审议会中，应该改善财政结构等问题被逐一说明。

强调财政状况严峻性的统计局局长小村武等官员在最后追加了这些：

“我们考虑在明年的预算中减少公债发行额，具体目标是3万亿日元以上的减额，超过有史以来的最大减额。希望您在22日的内阁会议之后，和首相商谈后下达命令，我们会为此继续努力。”

11月22日，星期五，是召开内阁晨会的日子。小村武他们的意思是：内阁会议结束后，三家按照惯例会同桥本进行会谈，然后三家把1997年度预算的国债发行额比1996年度预算减少3万亿日元以上这一决定告诉桥本，桥本再指示给事务官员。本来这种基本方针是由政府最高层决定，然后下达给官员们，但是实际上却是相反的。让大臣做提线木偶是官厅官员们最拿手的事。

这个“3万亿日元以上”有两层含义：第一个是公债（国家发行的是国债）的发行额比前一年度减少了，减幅达到过去最大。在此之前的最大减额是在当初的预算基准中1981年度的2万亿日元，决算基准中1988年度的2.265万亿日元，这个3万亿日元的规模明显是迄今为止最大的减额。这是财政重建的绝佳消息。另一层含义是如果大幅减额能达到3万亿日元以上，就可以使国债的发行总额小于利息支付等国债支出额。反过来说，税收用来支付除去国债费用的财政支出，就离实现初级平衡更近一步了。

根据当时统计局的测算，如果什么都不做，预计 1997 年的国债发行额是 21.43 万亿日元。由于被充当国债利息支付和偿还本金的国债支出原则上不做大的改变，如果支出的缩减不能弥补这 3.78 万亿日元的减额，初级平衡不可能实现。

统计局指示的“3 万亿日元以上的减额”在迎来尾声的预算编制中，似乎变成消除各省厅和族议员压力的有力武器。

三家听了这个说明，也有这样的意识，即财政问题必须是大藏大臣最优先处理的问题，他和大藏省的官员们达成了一致。

11 月 22 日，桥本和三家按计划在内阁会议后举行会谈。会谈文本已经准备好。

三家说明了 1997 年度各部分的预算编制方针，接着他提出：

“进行制度改革是不可或缺的，我想在财政结构改革第一年适当地减少公债。”

桥本一直听着，当然他已经知道大藏省官僚的目标——3 万亿日元以上的减额。他接着三家回应道：

“关于具体的国债减额的事情，我希望你们为实现 3 万亿日元以上的减额尽最大努力，这将是有史以来最大的减幅，也希望你们能努力让除国债之外的支出与租税收入相平衡。”

三家回答道：

“关于 3 万亿日元以上的减额，我深刻地理解您所说的目的，我会全力以赴。”

桥本以一句“就这样”结束了会谈。①

① 摘自桥本和三家的会议记录。

但是当时，桥本和三冢的财政运营是二律背反（逻辑学上指双方各自依据普遍承认的原则建立起来的、公认为正确的两个命题之间的矛盾冲突）的尝试。

1996年度的补正预算急着问世，开始变成不合逻辑的东西。

选举期间，自民党频繁地把补正预算的编制挂在嘴边，对工程建设企业等支持者许的空头支票越来越多，账单也越来越多。

“一方面抑制经济发展，一方面刺激经济发展。”报纸报道了对这种“矛盾的经济政策”的批判。①

统计局很在意这样的批判，制作了面向官员的内部记录。

“补正预算是‘特别紧要的积累’，社民党、先驱新党内可能反对追加支出，有必要特别留意流程。比如说，由自民党提案、与执政党达成一致、向政府提议、决定上述补正预算的基本方针，要把这一系列流程谨记于心，并与党官员商谈。”②

这份笔记很好地表现了大藏省一边发挥操控提线木偶的作用，插手政界，一边说“那是执政党的决定”来明哲保身的姿态。

1996年上半年，一直隐藏在住专问题背后的有关财政健全化的讨论，从那一年的下半年开始迅速走向台前。趁着这一时机，通过财政制度审议会的一系列活动来向舆论宣传的计划也被设计好了。

小村武反复向担任财政审议会事务局局长的统计局调查科科长松元说“发布财政现状的消息”，当时的统计局官员说：“随着财政制度审议会的讨论变得越来越灵活，公众似乎了解了财政的实际状况，从那时

① 摘自1996年11月30日的《朝日新闻》。

② 摘自统计局记录。

起，我们慢慢获得了舆论的支持。”

据一桥大学的石弘光称，财政审议会初次进行国外考察的目的是直接调查欧美的情况，同时，他还提到“大众媒体不会为我们报道日本财政的事，但如果是国外的消息，他们就会争先恐后地扑上去”，很明显，国外考察还是有宣传的目的。

这个方法奏效了。大型新闻媒体全体出动，把财政重建的必要性推到前面，批判政府不够激进。

《读卖新闻》在1997年1月1日晨刊的社论中主张财政重建优先，文章中提到“政府要从依存国债的处境中脱离，必须马上确立财政健全化法案，完成稳健的重建目标是我们对后代的责任和义务”。《朝日新闻》也在1月21日的社论中对财政结构改革提出要求，建议停止增加公共投资并废除与公用事业相关的长期计划。

财政重建路线不容分说就迅速建立起来了，提出异议的余地很小。

确实有一部分经济学家从其他角度考虑，感觉到事态的严重性并提出过警告。比如1996年12月，《朝日新闻》晚刊刊登了以“空前的财政紧缩”为标题的匿名专栏。

“经济发出迎来新的调整局面的信号，但是财政当局打算从收入和支出两方面实行强有力的紧缩政策……纵观他国先例，这种程度的紧缩政策也是个特例。1997年的经济实际增长率跌落到负值，这可能是第二次世界大战后最严重的经济衰退。如果考虑到金融体系不稳定的话，那么实施财政紧缩政策就很可能不合时宜了。”①

但是这种声音毕竟是少数。

---

① 摘自1996年12月12日的《朝日新闻》晚刊《经济气象台》。

大众媒体也在社论中支持财政结构改革，对于桥本政权的财政重建，舆论起到了推波助澜的作用。

首相身边的亲信们和对财政重建形成执念的大藏省都有这样的感觉。

1997 年 2 月 · 柏林——对日本无休止的批判

虽然在日本国内反对财政重建的声音占少数，但是国外看待日本经济政策的目光非常严苛，这种怀疑的视线也投向金融行政领域。

1997 年 2 月 8 日，大藏大臣三冢和财务官加藤隆俊等大藏省官员一行来到德国柏林。他们是来参加七国财长和央行行长的 G7 峰会的。

这个受到全世界市场相关者瞩目的会议本来是每年召开春、秋两次，是配合国际货币基金组织（IMF）的年度总会和临时委员会会议而召开的，后来不知从何时开始，在 2 月新增加一场会议，并成为惯例。G7 财长和央行行长会议的会场是在太子宫，这里因举行了东西两德合并仪式而闻名。

在谈到《广场协议》（1985 年，美、英、德、法、日在美国纽约广场饭店举行会议，为抑制美元升值而达成的协议）、《罗浮协议》（1987 年的 G7 财长和央行行长会议中，决定直指《广场协议》造成的美元贬值态势，为稳定货币而实行协调介入的协议）时，这里是不能不提的国际经济舞台。在这里，财长和央行行长们你来我往，进行了激烈的争辩。

2 月 7 日上午，三冢结束国会会议后，下午从成田搭乘 JAL407 号起飞。他在飞机上听了大藏省官员进行的简短说明，为第二天的正式会议做准备。

一行人从法兰克福转车到柏林。晚上10点，在市内和内部人员用过晚餐后，三冢回到下榻的柏林洲际酒店的套房。

7个国家的财政金融当局者将通过G7会议，将本国的宏观经济政策与国际相协调。

1997年2月，对日本的大藏省来说，在G7峰会中要实现两个目标。

第一，首先必须促使日元升值。

在日元迅速升值的局面（突破1美元=80日元）下召开的1995年4月的G7会议，决定实行汇率“有序反转”。之后，按照决议，日元逐渐贬值，美元升值。1997年2月，日元贬值到1美元兑120日元的局面。

“从1美元兑80日元到兑120日元，日元贬值了近50%。这样的大变动对经济来说并不是什么好事。”大藏省官员回顾道。在柏林的G7峰会中，有必要“阻止”持续了近两年的日元贬值的趋势。

这么做的背景在于金融机构的不良债权问题以及影响这一问题走向的日本股价问题。

日本在接受G7峰会的“有序反转”决策之后，从1美元兑80日元到1美元兑100日元的过程中，市场对日元贬值的修正做出积极回应，股价也应声上涨，但是在超过100日元接近120日元时，股价反而迅速下跌！

若股价持续下跌，会让日本金融机构不良债权问题的处理变得更加困难。在“维持金融体系需要特别注意”的状况下，为了避免股价进一步下跌，停止日元贬值很有必要。尤其3月末是大多数金融机构结束1996年年度决算的时间。在那个时间点，股价如果持续低迷的话，金融机构的账外收益肯定会大幅减少，不良债权问题的处理很可能变得困难。

至于“实力不足的方面”，这个担心在大藏省官员的脑海里一闪而过，对日元升值的修正是回避金融危机有力的手段。

另一方面，主张“强势美元”的美国也出现了些许变化。

1997 年 1 月，财务官加藤隆俊向三冢说明了各国对待汇率的态度。其中，关于美国，他们说明了鲁宾[①]坚持支持“强势美元”的事，以及如果考虑到给美国股票市场带来的影响，至少表面上没那么容易转变等情况。

但是，随着柏林 G7 峰会的临近，美国反而对日本主张停止美元升值的宣言表示了赞同。

有些困惑的加藤等大藏省官员分析后得出结论——“美国害怕日本的财政盈余增加”。日元贬值有利于增强日本的出口竞争力，会增加日本的贸易盈余。

相反，这时候美国的贸易赤字有增加的倾向，到 1996 年为止，美国贸易赤字连续 3 年来刷新了过去的最大值。在美国国会中，参议院的民主党议员致力于成立以日本为目标的贸易赤字削减法案，贸易保护主义蠢蠢欲动。[②]

贸易赤字和黑字（贸易顺差）怎么用经济学来评价另当别论，连接华盛顿和东京的线由于“日本的黑字增加，美国的赤字增加”时而纠缠，时而中断。

进入克林顿政权的第二阶段，从美国方面来看，赤字的增加已经转化为以白宫和国会的对立为轴心的政治问题。美国政府担心的也许是这一点，虽然对外表现得非常谨慎，但美国逐渐开始赞成停止美元升值。

---

① 罗伯特·爱德华·鲁宾（Robert Edward Rubin），第 70 任美国财政部部长。

② 摘自 1997 年 1 月 19 日的《朝日新闻》。

加藤一行人是这样解读鲁宾及他手下美国财政部官员的做法的。

但是欧洲会怎么做呢？对他们来说美元汇率的问题应该也是非常重要的。

是否应该宣布阻止美元升值的趋势呢？这个日本最重要的课题对集结在柏林的各国货币当局者来说，也是最大的难题。

第二，寻求各国对日本财政政策的支持。1996 年年末至 1997 年年初，重要的决定已经相继被敲定：提高消费税税率、废除特别减税制、提高医疗费和召开财政结构改革会议等。

大藏省希望各国能明白，这些措施对日本的财政健全化来说都是不可或缺的。但是，有些人认为这些政策会增加国民负担。日本经济处于“大病初愈”的状态，体力明显不足，这些政策“给经济复苏泼了冷水”。

三家一行人认为这个政策有必要得到各国的认可，特别是美国。

实际上在 G7 峰会开始前的一个多月，美国财政部部长鲁宾寄了一封信给三家，这封信是对此前日本转达 1997 年度预算编制结果的回信。

在 1996 年 12 月 12 日的书信中，三家说明了日本经济政策的基本方针。

“从我们国家的经济现状来看，硬件投资有复苏的迹象，住宅建设也以高水准进行着，个人消费也有慢慢复苏的迹象，内需不断扩大，经济将会逐渐复苏。

“在财政方面，将 1997 年度定为财政结构改革元年，进行与之相应的预算编制。到了那时，从我们国家的经济形势来看，将不再采取各种为了支撑泡沫破裂后的经济发展的措施，包括特别减税制等。”

在这个基础上，三家编排好总额高达 2.6 万亿日元的补正预算（在国家预算中，基于经费不足及预算做成后发生的事由，为进行追加和变更而重新编制的预算），并说明这个预算是推迟到1997年上半年度执行的。因此，可以消除从4月开始的消费税上涨的影响等。三冢断定“从这个事情可以预见，在GDP基准下，1997年度政府支出会保持稳定，这并不会影响经济复苏”。①

对此，鲁宾在回信的开头写道，“非常感谢您就预算案给我写信”，但之后表达了对日本财政政策的担忧。

“我们的第一反应是增税和削减财政支出同时进行，会使市场感到更加不安。也就是说，我们担心日本的经济复苏是否强劲有力，这个复苏是否能持续。

“我们认识到日本将会长期应对财政上的不足，另一方面我们也关注着日本经济的动向。为了促进由内需主导的强有力的经济复苏，为了防止经常黑字（指日常收支黑字，日常收支由贸易收支、非贸易收支和转移收支构成）扩大（经常黑字增加则会导致日元升值），我们希望日本时刻做好应对危机的准备。”②

虽然信件表达得很委婉，但是很明显，美国的当局者——鲁宾及其手下对日本的经济政策持怀疑态度。

财务官加藤在G7峰会之前，通过和美国财政部副部长劳伦斯·萨默斯（Lawrence Summers）的会面，充分了解了美国政府的疑问。但是加藤把各种统计数字摆在一起，从理论上来证明日本的经济正在变好。

“请让日本按照自己的想法去做。”

---

① 摘自三冢1996年12月25日给鲁宾的信。

② 摘自鲁宾1997年1月6日给三冢的信。

加藤把这种想法坦白告诉萨默斯，却并没有得到理解。

刚过正午，会议主持人德国财政部部长魏格尔（Waigel）进行了简单的发言，2 月 8 日的柏林 G7 峰会伴随着午餐开始了。

“首先有请新上任的三冢大臣讲话。”

三冢开始了以下发言：

“请允许我说明一下日本经济的现状。民需不断增加，经济也在逐渐复苏。虽然有看法称，由于消费税的提高，经济发展速度有所减退，但是关于这一点，我认为通过 1996 年度的修正预算就足以弥补。

“为了实现由民需主导的自主的经济复苏，并促进中期的经济稳定增长，有必要积极推进财政结构改革、经济结构改革等各种改革。”

三冢的发言结束后，坐在旁边的日本央行总裁松下康雄表达了看法：

“日本经济的逐步复苏更加确定了。我们可以看到设备投资的扩大、纯出口的止跌。不过，虽然经济整体的状况改善了，但金融市场要更加谨慎地应对。

“这个时候日元贬值的速度变快，进口商品的价格大幅上涨，但是没有导致一般物价上涨。我们认为，1997 年下半年度，民间企业的自动复苏足以弥补财政方面的消极影响。综合考虑这样的状况，在金融政策方面，应维持现状并密切关注今后的发展。”

松下想说的是——日本经济在民间企业的主导下确实复苏了，也能够弥补因消费税上涨带来的负面影响，因此，央行维持现在的政策就可以了。

关于金融体系的稳定性，松下向各国金融当局者传递了这样的信息：

“邦银（在国外的日本银行）为对冲不良债权而积极实行拨备政策，这与日本金融体系相关联。但是，今年年初，银行股股价大幅下跌，这件事引起了市场的强烈关心，但每一家金融机构进行人员调整并实行具体的政策才是当务之急。

“作为当局，央行为了维护金融体系的稳定定会竭尽全力，必要时，日本央行也会站在供给流动性的立场上。”

1996年年底至1997年年初，股票市场开始出售银行股票。对日本金融机构的信赖度年年下降，当局发表的不良债权金额同市场预期相比，超乎寻常的小。

松下提到在金融体系有不测的情况下提供流动性，这话在日本国内很少说过。① 这意味着：万一金融机构破产，金融体系整体出现裂痕时，日本央行会作为最后的贷方，将资金充分投入市场。

各国对松下的发言没有做出反应。这是因为德国财政部部长魏格尔、美国财政部部长鲁宾、美国联邦储备委员会（FRB）主席格林斯潘（Greenspan）、意大利国库预算部长钱皮（Ciampi）都一个接一个地阐述了本国的经济现状。

之后，七国的财长和央行行长们，围绕市场最受瞩目的外汇问题进行了会谈。

在G7前召开的G7D通常是为正式会议做准备。D是“Deputy”（副部长）的首字母，指的是副部长级别的官员，日本则指派大藏省财务官出席。财务官是国际金融问题的交涉官，历来都是大场智满、行天

① 松下回国后，在1997年2月19日的记者见面会上说了同样的话，各家报纸都做了简短报告。

丰雄、内海孚等个性十足的官员担任这个职务。

当时负责日本货币政策的财务官加藤，和个性强烈的内海孚等进攻型财务官不同，他是沉稳的学者派理论家。①

在柏林 G7 峰会召开前不久，加藤等政府官员参加了在法兰克福的德意志联邦银行（德国央行）举行的 G7D 会议，他们主张停止日元贬值和美元升值，并与各国进行了讨论。这个时候主张强势美元的美国也认同日本的主张，发表了必须向市场传达“G7 关于外汇的新闻宣传提纲”，并且就公示方针达成了一致意见。

“我们相信，1995 年 4 月的公报中存在的明显的汇率错位（汇率水平偏离了均衡水平）已经被更正了。”

从作为主持人提案被提出的新闻宣传提纲中，可以读出 G7 果断否定了现行标准以上的美元升值的意思。

但是，法国有不同的声音。他们主张在“汇率错位”和“被更正”两个短语之间增加“broadly”这个单词。“broadly”即“大体”“大概”的意思，加入这个单词之后，表达的语气就变弱了。

在法兰克福的 G7 会议上，法国也是这么说，丝毫不让步。

“不必决定方向性。”

“不应该透露出在这个水准上划分界限这样的信息。”

于是，作为妥协案，提出了加入“broadly”的方案。

为了实现 1999 年的货币统一，欧洲各国都必须把财政赤字控制在

---

① 《爱瑞》（*AERA*）周刊 1999 年 6 月 7 日有一则关于加藤和他的后任“日元先生”——榊原英资性格的鲜明对照的逸闻。那则逸闻中提到在大学的 ESS（英语会话俱乐部）时，榊原经常说“反对”，顶撞别人的意见，他很快就离开了俱乐部，而同在一个俱乐部的加藤在 4 年里孜孜不倦地协助 ESS 的运营。

GDP的3%以内。法国为了消除巨大的财政赤字，在1995年提出冻结公务员工资、削减退休金，但反抗这个决定的劳动工会发动了9年来最大规模总罢工，甚至发展为政治性问题。之后财政削减并没有顺利进行，经济的增长也变迟缓，很难达到这一目标。①

如果较之法郎，美元更强势的话，有利于法国的出口贸易。

“为了达到3%以内，当务之急是重建财政，法国会随着美元升值而增加出口，从而促进经济发展。”

与会者如此看待法国强烈反对削减美元实力的提议。

但是，因为副部长们的讨论中除了法国，各国都反对加入这个单词，因此难以定论。加入“broadly”这个问题，已经在官员们的讨论中升级了。

作为东道国的财政部部长、担任G7峰会主持人的魏格尔首先开始试图说服法国。

“我想在这里讨论一下关于外汇的新闻宣传提纲的用词。作为主持人，我想请你们本着妥协精神，接受不加入‘broadly’一词的提案。”

法国财政部部长让·阿尔蒂（Jean Arthuis）对此进行了以下反对说明：

“现在的外汇市场大体是恰当的，‘已经被更正了’这样的表达太强硬了。如果执着于这种方向性很强的表达，很容易遭到市场的反击。加入‘broadly’是有必要的。或者改成‘汇率错位范围变小了’怎么样?”

不管怎样，总之法国想通过严谨的表达来反对削弱美元的实力。

---

① 参照村上直久的《欧洲联合成为超级国家的那天》（实业之日本社），有吉功一、杉本等的《欧元的野心》（时事通信社）。

德国联邦银行总裁提特梅尔（Tietmeyer）进行反击。

“我认为1995年4月以来主要的汇率错位都已被更正了。除了法国之外，其他六国都不接受现在的市场动向自此之后仍朝同一方向发展。”

英国商务部部长克拉克（Clark）也加入援军的队伍。

“我也认为没有‘broadly’好一些，因为英镑不能再变动了。”

鲁宾提及日本，紧接着说道：

“日本经济的疲软和欧洲前途的不明朗是与买进美元相关的。改善日本和欧洲的经济基础（表示国家经济状态的基本要素，通过经济增长率、物价上涨率、失业率以及国际收支等经济指标来表现）尤为重要。关于外汇的用词，主持人提案中所用的表述是恰当的，我支持去掉‘broadly’。”

提特梅尔总裁又说了这样的话：

“围绕这一次G7峰会，市场预期错综复杂。用共通的语言向市场发送信号是有必要的。有必要在一定程度上给市场提示，让市场明白G7峰会是怎么看待现状的。即使以实际汇率来看，现在的汇率也是符合基本指标①的。如果还有马克（Mark，原德国货币单位）继续大幅贬值的事情发生，虽然大家可能会不乐意，德国也可能不得不考虑上调利息。‘broadly’这个词是有害的。”

如果德国决意要上调利息，很可能会给统一货币的欧洲的经济发展泼冷水。这是来自德国的强硬的威胁。

法国央行总裁特里谢（Trichet）反驳道：

“主持人提案中的用词使得传达给市场的信息太过简单，表达语气也太过强硬。通过讨论，G7峰会的共识是现在的行情大体上反映了经

① 基本指标，具体是指国家的经济增长率、物价上升率、失业率、国际收支等项目。

济基础。如果是‘大体上’的话，为何不用‘大概’这个词呢？”

默默听着讨论，一直没有出声的加藤忍不住要求发言了。

“现在的行情大体上反映了经济基础，之所以这么说，是因为现在的行情趋势有被进一步加速的风险。我同意将‘broadly’删除。”

如果在提案中加入“大概”这个词，日元贬值的趋势很可能加速。那样的话，股价会下跌，并不可避免地会对邻近3月末决算的企业，特别是金融机构的业绩带来很大的影响。

尽快地解决成为日本经济枷锁的不良债权问题是一个很大的政策课题，加藤他们认为，从国际金融方面解决这个问题是他们的职责，也是绝对不能退让的底线。

但是法国对自己的意见也是态度坚定的。法国财政部部长让・阿尔蒂强调：“关于今后汇率行情的动向，需要传达一种随时双向变动的委婉之意。”

主持人魏格尔总结了讨论的内容：

“正如各位看到的那样，除了法国以外，大家都支持主持人的提案。希望法国能抱着妥协的精神接受主持人的提案。该提案不过是G7峰会共同判断的一个表达而已。”

让・阿尔蒂紧接着说道：

“我们非常愿意遵循魏格尔部长的指示。但是，我想在对本国货币进行说明时，有一些自由度。”

魏格尔回答道：

“任何一个G7峰会的成员都不能束缚财政部部长或央行总裁关于自己国家货币的发言。”

至此，讨论告一段落。之后稍做休息。会议继续进行的时候，美国突然展开对日本的批判，最先开始的是美国财政部部长鲁宾。

“对于休息前的讨论我要指出一点：我对与日本经济增长的预期方向背道而驰的预算安排深感担忧；同时也对日本金融体系的稳定性抱有疑问。日本因住专问题引发了金融体系的不安，这种不安甚至扩展到国际范围，我担心日本经济无法从这样的局面中恢复。因为有这些担心，所以我想我们应该对这个问题进行再次探讨。”

针对日本走紧缩路线的财政政策，以及已经被很多人认定为金融体系中潜藏定时炸弹的问题，鲁宾抛出了“日本这样真的可以吗”的疑问。

作为鲁宾发言的补充，美国财政部副部长萨默斯也要求发言。

“我和鲁宾部长有一样的担忧，担心日本经济的走向不明。1997年预算的内容、日本金融机构的问题、日本的市场开放，哪一个都有让人担心的地方。”

再这样下去，日本想让其他成员国理解其财政政策的目标将无法达成。终于轮到日本发言了。

三冢以“可以反驳了吗”为开场白，开始了反击。

“日本的财政状况在G7里是最差的。重建财政对日本和世界经济都有好处。桥本内阁埋头进行六项改革，可谓极其壮烈的战斗。可以说为了进行结构改革，桥本政权是破釜沉舟，哪怕头破血流也在所不惜。

“日本通过‘金融三法’（日本金融关系法律中最基本的法律，《金融机构等经营健全性确保法》《金融机构等更生手续特例法》《存款保险法一部改正法》的三法总称）强化了保护存款人的内容，银行也在为回收不良债权而积极努力。在金融大改革中，《外汇法》的彻底市场化是跑在前头的，这对金融部门来说是有革命性的。金融大改革是必须要完成的。我们作为政府和政治家，是抱着这样的决心来处理的，即放松管制①是唤起内需的根本。”

为了确立存款的全额保护，在1996年设立的“金融三法”没有遭到美国的反驳。

之后，G7峰会还讨论了国际货币基金组织的增资问题、国际开发金融机构的增资问题等，又回到了外汇问题。

临近原定结束时间，萨默斯发言：

“关于外汇的第二句语气的问题，在‘major misalignments（主要的汇率错位）’的前面加入‘the’（该），把‘exchange markets（外汇市场）’换成‘exchange rates（汇率）’，这样文章就明了了。”

听了美国提案的德国财政部部长魏格尔这样回答：

“我想听一听英国对这段美语语气的理解。”②

英国财政部部长这样说道：

“加入‘the’的话，会出现美元对各个货币的整体汇率错位这样微妙的意思。”

想要模糊法郎和美元关系的阿尔蒂和特里谢无声地摇了摇头。

魏格尔这样结束话题：

“从德法两国合作的立场出发，在一次会议中两次拒绝法国的意愿，作为主持人的我是不能强行这么做的。希望萨默斯副部长能理解这一点。”

---

① 放松管制是指为活跃自由经济，政府或自治体等缓和或者废止对民间经济活动规定的许可、确认、检查、申报等的规制。

② 根据船桥洋一的《通货烈烈》（朝日新闻社），从1987年的《卢浮宫协议》开始，英国财政部部长在交流表达上屡次担任“用词的裁判官”。

柏林 G7 峰会顺利落幕。①

日本政府在汇率方面达成了当初的目标，但是寻求其他成员国对其财政政策的理解这个重要的目标并未达成，像余愿一样残留在与会官员的心中。

在 2 月 8 日的 G7 峰会中，鲁宾以一种更加直截了当的方式（与一个月前的书信内容相比）表明了美国政府的担忧，用“与经济增长的预期方向背道而驰的预算”这一说法批判了日本的财政紧缩。

日本的经济政策应该由日本决定，美国不应该说三道四——这样的意见在大藏省内越来越多。但是也有官员担心，再这样下去，美国会和一心进行财政结构改革的桥本政权产生正面冲突。

保护 20 家大型银行不破产

等待从柏林回国的三家的是，身为日本 20 家大型银行之一的日本债券信用银行的破产危机。

日本兴业银行（简称兴银）、日本长期信用银行（简称长银）、日本债券信用银行（简称日债银）3 家长期信用银行（简称长信银）发行的 5 年期金融债券的票面利率已经在 1995 年年末出现差距，受到 1996 年 11 月阪和银行事件的冲击，债券收益率差距急剧变大。1997 年 1 月 14 日，票面利率为 2.15% 的日债银债券一时之间以 3.25% 的利率被交易，与兴银债券的收益率差距达到 1.55 个百分点。

---

① 这些对话是由一名出席者记录的，由节选自本国政府保管的会议记录的一部分，以及相关人士的采访构成。通常的 G7 峰会是没有会议记录的。

1月27日，美国评级公司穆迪投资服务公司（Moody's Investors Service，简称穆迪）对日债银等4家银行的评级从“稳定”变成了“消极（趋跌）”。

在评级报告中，穆迪分析了“日本四大行都有严重的不良债权问题，以今后的预计业务收益、现在的自有资本和呆账备抵水平很难充分消化坏账”，指出了日债银的不良债权处理是超出其经营能力的。①

与都银等银行不同，对没有吸收足够存款，还必须向机构投资者兜售金融债券来筹集资金的长信银来说，市场的不信任简直是一个关乎生死的问题。

在穆迪改变对日债银的评级之后，一直稳定购入金融债券的地方银行也出现了暂缓买入日债银债券的趋势。在欧洲市场，欧美银行对日本的附加利率已超过0.15%，日债银问题也成为国内外金融市场的一个不稳定因素。

日债银的经营危机在柏林G7峰会前的2月5日第一次加剧。

这一天，股票市场一早就传出“日债银快破产了”的声音，5年期日债银债券的收益率比起最近的成交价上升了1%以上。股票市场中的日债银股价一口气跌破每股200日元大关，急速跌落了35日元，收盘时最终跌到每股181日元。

日债银的副行长西川彰治慌忙召开记者见面会，就破产这一说法进行了辟谣，指出“这一说法是完全没有根据的”。但是，市场像是在响应谣言一般，对日债银的不信任感越来越强烈。

这一天，出席众议院预算委员会会议的三家已经从事务人员那儿知道

① 摘自1997年1月28日的《朝日新闻》。

了日债银的危机，并认为“这个要说清楚比较好”。谁也没有收到来自银行局有关日债银的消息，但是从国际金融局传来了这样的建议：“日本不用担心，最好透露出政府会通过‘金融三法’，发布稳定政策的消息。”

下午6点，大藏省召开记者见面例会，三家决定孤注一掷。

“虽然日债银被议论纷纷，但是对其给予全面支持这件事不会有任何更改。一部分报道说日债银要破产等，这些都是不可能的。”

三家用气势压住紧咬不放的记者团：

“日本央行和大藏省表示坚定支持日债银，我作为代表也会全力处理。”

这是明确的保护宣言，也是大藏大臣史无前例地为了保证一家民间金融机构的经营，而没有按照官方准备好的回答进行的政治性发言。

三家回忆当时说道：“我没有收到银行局的特别汇报，由于不破产是基本原则，所以被问到时，也只能这么回答。”

面对其他国家时，也需要做出同样的保护宣言。三家在G7峰会开始前的2月8日早上，与美国财政部部长鲁宾进行了第一次个别会谈。

讨论了一会儿经济形势后，三家记得鲁宾说了这样的话：

“（日本的）金融体系还好吗?”

很明显他是听说了日债银等大型银行的经营问题。

三家趁机回答道：

“请不要担心，不会破产。

“让日本经济发展得如此繁荣的正是金融。我们发现有缺陷的地方就会改正，但不会让银行破产。银行也在进行全面的人员调整，因此请不要担心。”

据三家说，在他对情况做出说明后，坐在鲁宾旁边的财政部副部长萨默斯又接着确认道：

“大臣，即使是排名靠后的银行也不会倒闭吗?”排名靠后指的是位于20家大型银行末尾的日债银和北海道拓殖银行（简称拓殖银行）。

有了之前在大藏省发表的保护宣言，三冢自信满满地回答道：

“不用担心。”

但是，三冢回国后，日债银的问题却一点儿平息的意思也没有。

日债银债券的流通收益率[①]又上涨了，2月债券的票面利率不得不比前一个月上升0.2%。日债银把5年期计息金融债券的发行额控制在往常的一半，但是资金调度成本的增加又成了经营管理中新的负担。

2月10日召开众议院预算委员会会议。

借着和美国财政部官员会谈的决心，三冢再次表达出强烈的意愿：

“（这些银行）经常被称为一流银行，他们一直拼命努力回收不良债权。从这一点来说，我作为大藏大臣，坚定不移地支持20家一流银行是理所应当的。”[②]

针对前日本央行理事、新进党议员铃木淑夫提出的“桥本内阁会采取让20家大型银行不破产的方针吗”这一疑问，三冢做出上述回答。

坚定不移地支持20家大型银行——这一回答并没有出现在银行局的预设问答中。

事先看过厚厚一本预设问答集的大藏大臣亲信立刻就想到“啊？说了”。身为政府官员的银行局局长山口公生慌忙加了一句：

① 流通收益率是指在流通市场交易的交易债权收益率。

② 摘自众议院预算委员会会议记录。

“考虑到这20家银行可能会造成大的国际影响，方针就是：在国内外的金融体系不发生大动摇的前提下妥善处理……”①

国会是政府阐述正式想法的地方，其答辩的严谨程度是普通记者见面会等不能相提并论的。经过答辩，不少政策方针都被取消或受到限制。而三家在知晓这一点的前提下，进行了以上发言。

三家承认预设问答里没有那样的回答，说道：

“在G7峰会期间，其他国家对日本的银行进行了强烈的批判，评级公司也对日本银行进行很严苛的评级。再这样下去，日本真的会变成它们预想的那样吗？我一直抱有这样的危机感。如果银行破产，很可能会扣动世界恐慌的扳机。如果我不坚定地说不会破产，银行资产就会成为投机者的目标，只会被瓜分殆尽。只要我还任大藏大臣，就不会让那样的事情发生。”

不过，这个时期，大藏省要保护都银、长信银、信托银行等20家大型银行已经成为国内外的共识。

这20家大型银行都开展了国际银行业务，万一破产的话，会给与这些银行有相关交易的国外金融机构带来很大的损害，也会影响日本的国家信用，这些是实施保护政策的原因。

事实上，1995年夏天的科斯莫信用合作社、兵库银行、木津信用合作社等金融机构相继破产，可以被称为日本金融危机的第一波。当时的大藏大臣武村正义在记者招待会上说明“不会再有更大规模的破产了”。银行局局长西村吉正和审议官中井为消除大和银行纽约分行巨额损失事件造成的恐慌，于9月至10月举办了面向国外媒体和分析专家的恳谈

① 摘自众议院预算委员会会议记录。

会，并说道：

“不会对21家大型银行造成影响。”①

一个相关人士回忆道：因为是用英语进行的说明，再加上这是针对“大型银行可能会破产吗”这一问题的回答，所以这一回答被解释为“不会破产”传达到了国外。

1995年秋天，在华盛顿召开G7峰会期间，大藏省和日本央行在酒店接待了美国和欧洲的银行首脑，召开了关于日本金融形势的特别说明会。日本金融当局因为担心金融破产及大和银行事件造成本国银行的信用降低，所以认为有必要直接传达当局的方针。

1995年10月9日下午和11日上午分别举行面向美国银行和证券公司、欧洲银行的说明会。当时的会议记录里这样记载：

财务官加藤隆俊：“21家大型银行的不良债权问题正在稳步解决，狭义的不良债权预计在未来几年内可以处理完毕。关于利息减免债权，可以用备抵补偿和呆账准备金的积累等来应对，整体来说是可以应付的。”

日本央行理事永岛旭：“对于活跃在国际市场的21家大型银行来说，防范系统风险②特别重要。如果在经营重建的过程中，一旦这些银行发生了流动性问题，需要偿还国内外存款人、市场参与者的债务时，我们会尽最大可能予以支持③。”

---

① 当时的大型银行有都银、长信银、信托银行共21家，之后三菱银行和东京银行合并，减少到20家。

② 系统风险是指个别金融机构的问题会导致金融系统全体的混乱和动摇，详见翁百合的《银行经营和信用秩序》（东洋经济新报社）。

③ “我们会尽最大可能予以支持”的英语是“we are committed to provide all support possible”，并被记录下来。

所罗门兄弟（Salomon Brothers）和瑞士信贷第一波士顿银行（Credit Suisse First Boston）的两位领导追问：

“想要确认一下日本央行的这个承诺保护对象仅仅是21家大型银行吗？我可以认为对存款以外的债务也适用吗？”

大通曼哈顿银行（Chase Manhattan Bank）的理事也继续问道：“这个保证对美联储也有效吗？”

欧洲银行更加苛刻地看待日本银行，反应也更加强烈。

有位官员逼问永岛理事：“这真的可以理解为承诺吗？可以的话，可以（把这个保证）写成文书吗？”虽然会议记录中没有，但据相关人士说，永岛理事回答道：“Trust me（相信我）。”

银行局局长山口公生在1997年2月10日的国会例会上对当时做出的“国际公约”进行了如下说明：

“当时的发言和演讲都本着21家大型银行不会给大家带来麻烦的原则而进行。如果像它们这种活跃在国际舞台上的大银行的金融机能被破坏的话，会给日本国内还有国外的金融体系带来巨大动荡，为了防止出现这种局面，我们会积极应对。”①

深入解读山口的说明，发现他只提到了“为了防止大型银行的金融机能遭到破坏，要积极应对”。也就是说即使大型银行破产了，只要金融机能得以延续，就不会出现问题。这与1995年银行局向国外进行的说明有微妙的差别。

关于这一点，当局者证实道：“在当时，面向国内和面向国外的发言是随机应变的。”“面向国内，政府机构并没有确定过不会让大型银行

① 摘自众议院预算委员会会议记录。

破产这种话。但是，面向国外进行这样的说明也是无可奈何的事。”

20家大型银行不会破产——三家的这个发言是对1995年“国际公约”的再次确认罢了。然而实际上，这是日本第一次将国内国外的官员发言正式“一体化”。

但是，大藏省当时并没有能支撑三家这个答辩的政策手段。

基于1995年夏天接连不断的金融机构破产的教训，1996年国会例会上确立的“金融三法”将公共资金的投放地锁定在住专公司和信用合作社。

当时的大藏大臣武村和银行局局长西村为了平息可以说是第二次世界大战后日本第一次真正的金融恐慌，在1995年秋天的临时国会上多次强调“不会再有银行破产”。考虑到大型银行的实力和人员调整执行不利的实际状态，无法说出把公共资金也投入银行这种话。

当时的年轻官员和日本央行负责人也曾建议道：“考虑到未来情况，不应该封锁向银行注资的路。”但是银行局官员到最后也没能采纳这个意见，他们得出了自己的结论，即在一段时间内让存款准备金提高到原来的7倍就足以应付了。

但是，即使将存款准备金上调到原来的7倍，5年内能积累的资产也只有2.7万亿日元，如果20家大型银行破产的话，瞬间就会被用个精光。

即使情况是这样，当局者对支持20家大型银行的三家的答辩是这样看的：

“在那个时间点，我们认为向银行注入公共资金是不可行的，这样的操作没有成功的希望。但是必须要稳住市场，为了防止失控，大臣除了给予承诺之外，并没有什么可行的办法。”

使人们坚定信念的大臣答辩不过是“纸老虎”罢了。

与此相对，金融债券也应该由公共资金提供保证，因此，公共资金的使用也应该进行探讨，一时之间出现了很多这样的讨论。

首先做出表态的是民主党代表菅直人。

日债银股价暴跌前，菅在录制电视节目时发言说：“基本上赞成以公开信息、保护存款人利益、追究刑事责任为条件注入公共资金。”①

自民党干事长加藤纮一在2月3日的众议院预算委员会会议上面对疑问时，也说道：“应该要有这种判断，即包含公共资金的注入在内，要有一些防御手段。”

听了三家的答辩，政务调查会会长山崎拓激发了人们关于金融债券也由公共资金提供保证的讨论。

2月12日，在箱根町召开的自民党研讨会上，山崎从政策负责领导的立场打包票说：“即使银行破产了，我们保证5年之内，存款能回来，公共资金的注入也是有可能的，金融债券也包括在内。虽然日债银引起了很大骚动，但总而言之，没事的。”

在防备金融机构破产的《存款保险法》中，并未明确金融债券是保护对象。发行（金融债券的）金融机构破产的话，金融债券和一般债权同等处理，根据损失率可能会削减本金。

在这个时候，把金融债券列入存款保护的对象，如果金融机构破产的话也对其进行全额保护，为此要讨论公共资金的使用这一问题，所以，山崎提出的问题比菅和加藤提出的问题更加深入。

为了缓和金融体系的不安，给持续低迷的股票市场打气，自民党执

---

① 摘自1997年1月27日的《朝日新闻》。

行部对于注入公共资金终于有所行动。第二天，日债银股票突然反弹，日经平均股价也有很大的恢复。

大藏省当时不确定是否要采纳山崎的发言。但是至少对银行局来说，这个提案不是那么容易实现的。①

金融债券没有像存款一样的结算性，但保护金融债券与《存款保险法》的原则——如果不对其进行保护，金融经济就会瘫痪——是否一致，这一点令人怀疑。金融债券是一种信用债券，如果对其进行保护，那么一般的公司债券该如何处理，很可能引发相关的讨论。

因为金融债券不是存款保险的对象，长信银等银行的存款准备金负担与其他银行相比要轻很多。银行局官员也担心：把保护存款人的准备金用于保护金融债券购买者的话，都银不会接受。

一个当局者说："如果使用存款保险修正法中新设的特别资金援助，接济破产金融机构的健全金融机构就能承担高于存款限额保护费用的损失，那么就能保护金融债券。但是，银行局没有信心，也没有那个心思去说服都银。"

但是银行局认为，比起制度探讨，把金融债券加入保护讨论这件事本身就代表金融当局承认对日债银的经营感到担忧。银行局一直以来都主张保护大型银行，考虑到行政工作的一致性，因此绝不能在这里自掘坟墓。

最后，银行局静观政治讨论，三冢对各方论调也置若罔闻，"只把意见当意见听"。

山崎发言的效果并没有持续很久。2月19日，穆迪重新评价日债银

---

① 银行局的相关人士证实山口公生局长在这个时候向政务调查会会长山崎拓强烈要求针对公共资金的发言要谨慎。

等 3 家银行的长期信用等级，并公布等级下调，原因是金融债券是否能被政府保护还模糊不清。日债银当时的评级是“适合投资”最末位 BBB 级。如果再下降的话，金融债券就会变成“不适合投资”，日债银资金运作会亮起红灯。

接到穆迪的警告，金融债券市场的卖方压力一下子变大了。借着一连串的政治家发言的势头，电视和新闻周刊也掀起金融不安的舆论大波。事到如今，口头干预已经不起作用了，做出决断迫在眉睫。

相关人士证实，银行局在 2 月下旬秘密地完善救济日债银的方针。

日债银对策的制定以银行局局长山口公生、银行局审议官中井、银行科科长内藤纯一这条线为中心，日本央行理事本间忠世、信用机构局局长增渊稔、信用机构科科长田边昌德这一条线从旁协助支持。

在内部探讨的过程中，至少出现了 3 个方案：第一个是最终被采用的救济方案；第二个是通过现有法律实现重建的实质破产处理方案；第三个是制定破产处理新法律的方案。

无论采用哪个方案，都要站在坚决不能让日债银破产的行政判断的角度，从这里倒推回去，第一方案是筹措出能够维持日债银生存的不良债权偿还资金、救济资金。

第二个方案是一个近似毒药的计划，即初次应用“有关金融机构再生手续特例的法律（《更生特例法》）”。

《更生特例法》是 1995 年国会上获得通过的新破产法。[①] 它可以说是面向金融机构的《公司更生法》。拥有许可权的大藏大臣和都道府县

① 《更生特例法》规定：银行破产后，存款保险机构代表债权人行使一揽子权力，但是否代理一切更生程序的相关手续尚且不明。

长官向法院呈报开始更生的手续，存款保险机构可以成为存款人的代理等，《更生特例法》相比较公司更生手续，处理更加迅速。当然，它还没有被应用过。

第二个方案是首次对日债银使用《更生特例法》。根据这个法律可形成一个基本框架，即日债银放弃偿还从 30 家人寿保险公司借来的总额近 3 700 亿日元的后偿贷款，并追究股东责任。另外，还有人建议将日债银已经发行的金融债券的本金一律砍掉 5% 左右，不良债权也要统一处理。

这个方案是银行局的一个官员提出的。他强烈主张："《更生特例法》是以再生为目的的法律，同样也适合用于重建。"银行局负责人还与东京地方法院进行商谈。相关人士称："正因《更生特例法》是重重讨论之后制定的法律，所以官员们都希望能得到实际应用。"

但是曾担任过保险部部长的银行局局长山口不接受，当时的保险部部长福田诚也强烈反对，认为"这样将会危及小人寿保险公司"，这个方案最终被束之高阁。① 别的当局者也回忆道："执行实际业务的负责人认为放弃偿还后偿贷款是不可能的，并不理睬这个提议。"

如果仔细思考第二个方案就会发现，即便放弃偿还后偿贷款、把股票变为废纸，日债银仍然到了需要削减金融债券本金的地步，这充分证实了其财务状况恶化情况已十分严重。最终日债银经营状况的恶化程度通过一年半的"特别公共管理"被证实，但就在必须要为处在这种情况

---

① 保险部在这个时候面临日产人寿保险公司的经营问题。结果，日产人寿保险公司在 4 月 25 日放弃了自主重建，接受了大藏省的停业指示。这是第二次世界大战后第一家人寿保险公司破产。

下的日债银“续命”的时候，银行行政指导却有些力不从心。

第三个方案是第二个方案的变形，即一边处理日债银破产，一边制定只保护个人金融债券的新法。也有官员提议对日债银进行破产处理，并应该注入公共资金，但没有被接受。

另外，在商讨过程中，也讨论了处理日债银的破产问题以及将其业务转让给其他银行的法律问题。但是，如果接收方不是长信银行，那么就不能延续金融债券的发行功能，接收方也就不可能出现。因此，考虑到这些，转让这件事很快被搁浅了。

一个相关人士说：“破产处理这一选择对于大家来说是需要动脑筋的，但是每一个人都知道无法实现。”2 月下旬，在银行局局长室举行的会议中，第二个和第三个方案一下子就被否决了，只留下了第一个救济的方案。至于这其中的过程，桥本和三冢都没有做任何说明。

银行科将救济方案进行了细化，并于 3 月 14 日报告给了日本央行。

在此之前，山口局长、本间理事一行于 3 月 3 日、4 日在日本央行的冰川寮①（日本律令制下附属于省的官署）举行官员会谈，向日本央行传达了救济方针。银行局的正式提案交到三冢手中是在第二天的 15 日，据负责人称，三冢给在家休假的日银总裁松下康雄打去电话，请求他协助处理日债银救济方案。

“是不是稍微少了点？”

这是信用机构局官员接到银行局提案的第一反应。

---

① 日本央行的冰川寮是在东京赤坂的会客室，历史上有很多围绕金融危机的会谈都是在这里举行的。很久以前，1965 年出现第一次“山一危机”的时候，当时的大藏大臣田中角荣在这里发出发动日本央行特融的指示，1994 年年底的东京共同银行（旧东京协和、安全两个信用合作社的接盘者）的成立计划也是在这里决定的。

按照实际业务水平准备的资本增强计划中，为了实现民间的增资认购，作为“诱因”，日本央行从筹资1 000亿日元的“新金融安定化基金”中向日债银进行了出资。而在银行局提交的初案中写的是“筹资总额2 000亿日元，其中‘新金融安定化基金’出资600亿日元”。

日债银在自我申述①中提到一次性偿还第四类债权，资本也还有剩余，基于此申述，银行局巩固了“日债银没有资不抵债”的行政判断。既然判断日债银没有资不抵债，那么也不能有大规模的强化资本方案出现，这对于日本央行来说，情况不算好也不坏。

虽然日本央行对银行局的判断没有正面提出异议，但他们慎重地认为“如果要求第二类、第三类债权有严格的备抵准备金，不能否定日债银会陷入实质性资不抵债的局面”。

另一方面，松下康雄总裁及部下考虑到为避免金融体系的混乱，除了协助强化资本方案之外也别无他法。

日债银有可能会实质性资不抵债，不得不救济。虽然要实施救济，但是也必须要避免日本央行的资金在将来回收不了的情况出现。焦头烂额的信用机构局选择了同出资额最少的阪和银行案完全相反的路线，也就是“最大限度地出资”的作战计划。

日本央行在给银行局投去的异议案中写道，“筹资总额3 000亿日元，其中‘新金融安定化基金’出资800亿日元”。松下总裁及其部下没有对增额提出异议。

---

① 针对日债银的大藏省检查是在1993年夏天，日本央行的考察自1995年2月以来就没有进行过。因此，1997年3月制订日债银救济方案的时候，用日债银自行核对资产的“自我考核”作为最新的财务数据。为确认数值的客观性，大藏省和日本央行在3月20日后各自用了两天进行考核结果的临时调查，得出了日债银没有资不抵债的结论。

但是，据相关人士称，事实上，信用机构局担心800亿日元仍然不够。尽管如此，800亿日元已经是上限了，因为如果再多的话，新金融安定化基金恐怕会枯竭。

相关人士回顾，因为已经决定用100亿日元来处理阪和银行问题，同时也为了不让1 000亿日元的“新金融安定化基金”余额变成零，不得不把800亿日元定为上限。考虑到中央银行的财务健全性，要避免基金枯竭、再次筹款。同时，信用机构局也有这样的考虑，如果增资额膨胀到3 000亿日元以上，日债银会有实质性资不抵债的嫌疑。

银行局收到日本央行意料之外的增额答复，加速了对处理方案的商讨。

银行局要求日债银从国外全面撤退，同时一并处理关联非银行金融公司。如果从国外撤退的话，日债银就可以从国际清算银行规定的8%的自有资本率中解脱出来，以国内银行4%的自有资本率为基准把增资额控制在更低水平。如此一来，日本就能遵循不给国际金融添麻烦的基本方针，把日债银“封锁在国内”。

接到日本央行的增额答复，在民间金融界传递的“捐款名簿”也新增了许多。增资后的自有资本率以6%为目标，稳定地超过国内基准。以此为基础，要求日债银的股东——大型银行与金融债券的发行行认购优先股的方案和要求人寿保险公司将劣后贷款转换成股票的方案成型了。有了日本央行出资这张牌，银行局渐渐恢复了自信。[①]

① 关于日债银的救济方案，中小金融科有不满，因为针对阪和银行的清算和日债银的救济欠缺行政方针的一贯性。原阪和银行的一位领导满是嘲讽地质问答应向日债银增资的日本央行为什么此时的应对与阪和银行时候不一样，他还发牢骚说银行局首脑似乎认为大型银行“too big to fail”（规模太大不能破产），中小银行进行破产处理就好了。

对于从国外撤退，日债银感慨道："就连东南亚的网点都保不住吗?"关于皇冠租赁公司（Crown Leasing Corporation）、全金融（Total Finance）、金融服务（Finance Service）3家关联非银行金融公司的法律处理，[①] 日债银也反对，他们认为：如果让这3家公司倒闭，危害会波及作为债权人的农林族金融机构等，最终会导致以后金融债券卖不出去。

但是，银行局和出资者日本央行不认同日债银的这些请求，而且评级机构穆迪向日债银下了最后通牒。3月21日，穆迪公布日债银金融债券的评级下调至B级，即"不适宜投资"。

从讨论等级下降开始到穆迪公开降级决定仅仅花了一个月，这个速度是远远超出市场预期的。日债银的资金链在4月以后随时都有断裂的可能，无法再反对当局的提案。像是一直在等待着这一切，银行局在几天后就开始对东京三菱、日本兴业等主要出资银行进行事前沟通。事到如今已经没有银行反对，救济方案逐渐被确定下来。

据银行局官员说，当初预定在4月4日公布救济方案，因为不想因非银行金融公司的破产而影响持有其债权的其他银行3月的结算。没有想到的是，部分方案内容被媒体知晓，于是方案公布提前到4月1日。

银行局在当时的记录中列出了周密的日程表。

3月31日：和没有事前沟通的"人损保"（人寿保险公司及损害保险公司）相关人员会面，傍晚和英国当局联系。

4月1日凌晨：驻美大使馆、纽约事务所联系美国当局；与中国香港、新加坡方面联络。

---

① 当怀疑公司可能陷入不能付款或资不抵债的境地时，在法院监督下以重建公司为目的而履行相关法律程序。

上午 10 点：面向“人损保”相关人员的说明（中井审议官）。

上午 11 点：面向银行的说明（中井审议官）；向新金融安定化基金提出请求；与干事长、政务调查会会长事先疏通并与首相官邸进行最终联系。

下午 4 点：日债银的发布会。大臣、日本央行总裁见面会。

记录的末尾清楚地写着这样一句话：日债银没有资不抵债，重建的可能性非常大。

日债银的救济方案在 3 月 14 日递交给日本央行，同时还有另一个重要信息从大藏省传到日本央行，那就是位于都银最末位的拓殖银行要和地银之一的北海道银行合并。

相关人士回顾道：“当时大家都忙着处理日债银问题，对合并这件事感到很惊讶。”但也有不少相关人士怀疑“救济方案能顺利实施吗”。

北海道拓殖银行和日债银面临着同样的问题，也被巨额的不良债权所困扰，仅仅是公布的不良债权金额就有 9 300 多亿日元。其中，不良贷款问题尤为突出，占到不良债权金额的 13%。拓殖银行和北海道银行合并，对日本央行来说是一场及时雨。

拓殖银行股票因阪和银行事件而被大量抛售，在 1997 年 1 月 9 日，其股价时隔 18 年再次跌破百元大关。电视和杂志也把拓殖银行当作“危险银行”进行再三报道。如果金融当局不施以援手，拓殖银行靠单打独斗是很难生存的。

另一方面，北海道银行的不良债权率也有 6%。在原大藏省官员藤田恒郎行长的领导下，北海道银行虽然一直进行严格的人员调整，但是股价一时之间也跌到 150 日元，离危机仅一步之遥。

3 月 5 日，拓殖银行的副行长武马锐称向北海道银行的副行长佐藤让治提议两行合并。在商谈过程中，拓殖银行副行长先说明这是“上头的指示”，并承诺关闭该行在本州的分行，并在北海道内的分行进行裁员，然后提出了“比起内部裁员，还是合并比较好吧”。

接受了合并的想法，北海道银行的副行长佐藤向拓殖银行行长河谷祯昌提议举行行长会谈。3 月 15 日，河谷和藤田两位行长在东京目黑的威斯汀酒店举行会谈。

在几天前，藤田突然拜访银行局审议官中井。

藤田传达了拓殖银行想要合并的提案，希望得到中井的建议。

“藤田先生，这个非常好啊，但是我有两个担忧。”

中井直率地对大藏省的前辈藤田说：

“银行科说拓殖银行有很多不良债权，处理起来可能要花费一些时间，这样没问题吗？还有，能说服北海道银行的管理层支持合并吗？合并之后一些人晋升理事的希望就没了，他们不会反对吗？”

虽然都是很尖锐的问题，但藤田拍着胸脯说：“我们银行肯定没问题。”

当时，在大藏省和日本央行内部，不少人说中井是这个合并构想的策划者，因为包括行长会谈在内，与合并有关的行动完全掌握在他的手里。

但是，中井本人强调，两行合并是很自然的，他说：

“为了让拓殖银行生存下来，我认为它和北海道银行合并是唯一的选择。考虑到不良债权很多，除合并以外没有其他能生存下来的选择。”①

---

① 摘自 1998 年 2 月 20 日，中井接受日本新闻网（JNN）报道专集的西野采访。

按照中井的说法，两行合并的方案是在 3 月 15 日的行长会谈上定下来的。为了不落后于日债银的救济方案，两行合并决定也在 4 月 1 日公布。

有关合并所做的交涉自然是机密，没有传到 2 楼的大藏省大臣办公室。三冢也是无意中知道了这件事。

日本央行得知合并消息后不久，一家媒体的记者拜访了三冢。

“拓殖银行似乎很不容易啊。虽然还有德阳城市银行，但这是您的地盘啊。您没听到什么消息吗？”

“什么也没听说。”

三冢确实什么都不知道，但他很在意从这位他所熟知的记者口中听到的消息。

几天后，银行局局长山口公生来到大臣办公室，三冢问道：

“拓殖银行怎么样了？”

山口淡淡地报告道：

“还有很多问题，但是我觉得合并是行得通的。”

“是吗？那就好，请务必妥善处理。”

这对三冢来说，是为数不多的“事前报告”。

4 月 1 日，宣布日债银和拓殖银行“重生”的日子来临了。

上午 10 点开始，拓殖银行和北海道银行在札幌市内的酒店里公布了两行合并的事。河谷留下了一句著名的话：“与其说是相亲，这更像是恋爱后结婚。”合并日期定在 1998 年 4 月 1 日，合并后新银行的名字定为“新北海道银行”。拓殖银行用一年的时间从国外业务中抽身，两行将北海道内重复的百家网点中的三成进行统合的破格“裁员合并”。

几乎在同一时间，大藏省官员叫来了大概40位“人损保”、银行的理事。银行局审议官中井正式请求他们加入日债银救济计划，在他们接受请求后，4月1日下午4点，在日本桥的日本央行本部，日债银行长洼田弘正式公布了经营重建对策。

经营重建对策包括以下几个方面：从国外撤资；对关联非银行金融公司进行破产处理；全部营业店铺的变卖；削减人员和薪资；实施日本央行间接出资的总额达3 000亿日元的强化资本方案。这是一个在日本没有先例的“大型银行不破产”政策。

银行局在4月1日是如何“说服”金融界的？关于这个问题的答案，直到两年后的1999年春天才以一种意外的形式被揭晓。

日本人寿保险公司担心向日债银出资后，将来会被牵连成为诉讼对象。因此，他们向银行局索要了盖章的“确认书”。①

大藏省和日本人寿保险公司协助，这次日本人寿保险公司提出的日债银的重建对策，需确认如下事项：

（1）大藏省确认：此重建对策需得到所有相关的金融机构的同意；日本人寿保险公司若对此不做出响应，日债银就会陷入破产危机。

（2）大藏省需确认：若得到所有相关金融机构的同意后，此项重建对策得以实行，日债银有重建的可能。

（3）虽然日本人寿保险公司因协助此次重建对策而成为第一大股东，但毕竟是因协助重建才这样做，所以不会要求日本人寿保险公司承担超过作为股东法律立场的义务，即根据今后新的股东位次和持有率而

---

① 日本人寿保险公司担心被保险客户提出诉讼，而在1999年春接受大阪地方法院的劝告，公开了确认书。

产生的追加义务……

这份确认书在日债银的救济方案公布后的5月30日，由中井寄给日本人寿保险公司副社长名原刚。

在该确认书中，第一条、第二条成为大藏省向日本人寿保险公司施加压力的证据，后来遭到批判，但是，当时的银行局负责人说要求这么写的是日本人寿保险公司的人。

害怕将来产生诉讼的日本人寿保险公司为了证实如果对日债银进行破产处理，劣后贷款就会变成呆账，所以协助重建是合理的，于是要求银行局强调："不协助就会破产。"

为了顺利实施救济方案，银行局当时致力于说服金融界是不可否认的事实。这在后来受到谴责，但至少在1997年，政界和金融界对救济日债银几乎没有批判的意思。

"大藏省对日债银的重建充满信心，从另一方面来说，一旦问题应对出现失误，不仅在国内，在国际上也会引起巨大的金融动荡，因此，有必要采取这一措施。大藏省确信：这个强化资本战略有助于确保国内外金融体系的稳定。"4月1日下午4点多，三冢在大藏省2楼的记者见面会上发表了上述大臣讲话。

关于拓殖银行和北海道银行的合并，三冢也给予了高度评价，最后他这样概括道：

"大藏省为了维持金融体系的稳定，会一直努力进行万无一失的处理。"

但是，对于当局对两行合并及日债银的处理，媒体的评价分成了两路。

关于拓殖银行和北海道银行的合并，所有的大型报纸基本上都登载了

“赞同通过人员调整进行自主重建”的社论①以表支持，但是对于日债银的救济计划进行了严厉的批判，“希望大藏省给出拯救日债银的理由”②。

银行局和日本央行为了减少对日债银救济方案的批判，把20世纪80年代后半期美国对伊利诺伊大陆银行（Continental Illinois National Bank）的救济当作说服材料加以利用，相关负责人在后来证实道。

联邦存款保险公司（FDIC）对1984年春天陷入经营危机的伊利诺伊大陆银行实施了10亿美元优先股的认购承销和35亿美元不良债权的买入方案，最终存款人在存款保险限额之外的存款也被全额保护。这是“大型银行不破产”政策在美国被明确提出的一个典型案例。③

银行局和日本央行不断地利用这个案例向媒体和国会议员解释，说明救济日债银的正当性。相关负责人说道：“并不是伊利诺伊大陆银行事件启发了制订这样的救济方案，终归它只是用来做说明的”。

这样的沟通奏效了，媒体和政界的反应变得积极了。

在首相官邸被记者团追问的桥本对该方案也称赞道：“我还和秘书长打赌什么时候会被问到这个问题呢，他们制定了一个果断的决策啊。”④ 自民党金融问题调查会、财务局的共同会议中也传出了“做得好！只要想做还是可以做好的”的积极评价。三冢自己在这个时候也认为“1997年的个别金融问题到这就结束了”。

日债银在那之后公布了与美国信孚银行（Bankers Trust New York Cor-

---

① 摘自1997年4月2日的《日本经济新闻》。

② 摘自1997年3月29日的《朝日新闻》。

③ 详见挂谷建郎《美银的崩溃与再生》（日本经济新闻社）。

④ 桥本后来回忆道：“并不是高兴，而是真的松了一口气。虽然之前不安，但是不能表现在脸上。”

poration）的合作，6 月的时候资金运转稳定下来，暂时摆脱危机。其股价虽持续低迷，但基调平稳。直到从大藏省分离出去的金融监督厅下定决心处理破产问题的 1998 年 2 月前，史无前例的“大型银行不破产”政策的“矛盾”都奇迹般地没有显露出来。

中井这样概括当时的日债银救济事件：

“有人讨论过存款保险并不能用于金融债券，不应该存在所谓的安全网。但是，如果日债银破产了，地方金融机构和个人持有的金融债券就会遭受损失，市场很有可能陷入混乱之中。因此，在 4 月，不得不以那种接近国家援助的形式进行处理。”

但是，有一位部下记得中井在对日债银实施救济之后说了这样的话：

“像这样国家主导的筹资行为已经不可能再出现了，这是最后一次。”①

① 日债银的救济问题在 1999 年的国会上被重新提起，大藏大臣宫泽喜一在同年 8 月 2 日的众议院预算委员会会议上，说日本因此失去了改变“护送船队式”行政的机会等，并正式承认了当时的金融行政有问题。

第二章

由谁掌舵

为什么将提高消费税税率
和财政结构改革同时进行

出席第二次财政结构改革会议的成员。左起分别是宫泽、中曾根两位前首相，桥本首相，竹下、村山两位前首相

（东京·首相官邸，1997年2月20日）

财政重建路线的选择

因金融问题而陷入苦战的银行局位于大藏省的4楼。2楼是主税局和统计局。它们与金融机构的不良债权问题无关，此时正致力于解决它们直面的课题——提高消费税税率以及财政重建。

1997年4月，日本的消费税税率由3%提高到5%。古往今来，提高税收一直都是政治上的一个重大课题。这次消费税税率的提高也是经历了一些政治上的摩擦之后，才得以实施的。

1996年10月的首相选举是一个关键时期，大藏省的官员们都非常紧张。特别是主税局的官员们，为了使提高消费税税率这一政策能够落实，他们非常希望以桥本为首的自民党能够在竞选中获胜。

虽然在村山内阁时期就已经决定提高消费税税率，并且在法律上的准备也已经就绪，但是以主税局官员为首的大藏省官员们仍然没有放松警戒。

自民党内部产生了纷争。在选举期间，候选人中涌现了要求“冻结提高消费税税率”“首先进行讨论”等声音。

据反对提高消费税税率的龟井静香所言，自民党在选举时的公约里规定：选举结束之后会在国会设置特别委员会，针对消费税税率等问题进行讨论，并不是直接提高税率。只是，由于桥本主张提高消费税税率，在公约中这一点被默认。

1996年7月，经济企划厅总结了关于“税制改革对物价、经济的影响”，据估算显示：如果按照预估方案，从1997年4月开始提高消费税税率，废除特别减税制①的话，预计1997年到1999年，实际GDP增速将平均下降0.9%。

然而，自民党争论的焦点并不在于这会给经济带来怎样的影响，而在于这会给选举带来怎样的影响。

政治家的脑海里回想起这一幕：引入消费税后不久，自民党就在1989年7月进行的参议员选举中一败涂地。当时的首相宇野宗佑引咎辞职了。

这一事件后，自民党的政治家深刻地认识到虽然没有必要废除消费税，但是必须牢记“增税会使内阁崩溃”这一政治教训。

很多自民党候选人对提高消费税税率提出质疑。其中，为首的是龟井，他拥有很强的政治敏锐性。当时，他担任自民党总部组织宣传部部长，但与党的执行部针锋相对。

龟井主张延期执行把消费税税率提高到5%这一政策。

提高消费税税率就会在大选中失败。为了赢得大选，这一政策必须要延期执行。

---

① 特别减税制是指不改变各个税法本身，用别的方式进行减税。

当时，党内有很多人与亀井的想法一致。[①]

在大藏省中，虽然负责制定税收制度的主税局等机构会被政治家们常常斥责“区区一些公务员，还想要干涉选举吗”，但是即便如此，这些机构官员们仍然每天坚持不懈地劝说这些政治家。

对大藏省而言，消费税是一个非常重要的税收。它在1989年被引入之前经历了一段漫长的路程。不仅如此，为了应对老龄化社会，必须把税收重点从所得税等直接税收，转移到消费税这样的间接税收品种上。虽然提高消费税税率已成既定事实，但主税局的官员们仍无法放松心情。

自民党一开始就预想到会遭到在野党的反对，但眼下的问题在于党内。亀井的反对运动不断扩大，对此，主税局的官员们产生了危机感。

许多自民党议员强调“无论如何一定要赢得选举”。并且，1996年10月的选举第一次采用了小选举区制[②]，从未实施过的选举制度引起了议员们的不安。

亀井与党的政策责任人兼政务调查会会长山崎针锋相对。亀井回忆当时的情形时说道：

“在党的会议中，山崎把明确写有提高消费税税率的文件带来了。我把它揉成一团扔了。他也很生气地回敬道‘不觉得很失礼吗’。”

山崎对此事也记忆犹新。

“我就消费税问题和亀井大吵一架。他说‘暂缓引入’，他还说

① 1996年12月9日，在众议院预算委员会会议上，共产党的书记局长志位和夫指出，桥本内阁官员中只有7位在公约上写明提高5%的消费税。

② 小选举区制是指一个地区选出一名代表的选举制度。

‘这样的话会输掉选举的，为了赢得选举必须暂缓’。我反驳说已经决定了的事情，一旦改变的话，想要再次施行就难了。我们都据理力争。”①

但是，桥本首相多次强调政府没有暂缓提高消费税税率的意思。

在大藏省的主税局局长薄井信明看来，桥本态度坚定，对提高消费税税率没有任何动摇。

大藏省出身的首相秘书官坂笃郎也看出桥本已经下定决心，此时的首相完全不想与事务当局讨论暂缓的问题。

“听说，最近冻结提高消费税税率的言论很盛行。虽然如此，众所周知，这次消费税税率的提高是为了与已经实施的所得税和个人住民税②大致平衡。税率要根据实际经济情况和预测来考虑。面对前所未有的财政危机，如果因为对选举不利，就推翻之前的决定，这种做法真的可取吗？虽然这看起来好像是顺应了民众的愿望，但是过了这段时期，无形中会给国民带来恶果。我觉得就是这样的行为反反复复出现，才使国民对政府产生了不信任感。”③ 桥本这样说道。

但是，桥本和本应支持他的自民党执行部之间也有过分歧。

干事长加藤纮一作为选举的负责人，必须要确保自民党在选举中获

---

① 关于该争论，能够敏锐洞察出事情的政治性的大藏省主税局官员分析道：“这是让龟井和山崎扮演不同角色的自民党的高等战术。”一个主税局官员说：“不管是不是有目的的，从国民的角度来看，即使投了自民党，消费税税率也不一定会上涨。自民党执行部的想法是，没有必要压制龟井，故意让事态含糊不清。我们是这么看的。”

② 住民税是对所得征收的另一种税金。都道府县及市町村也对所得课税，国家对所得课的税金为所得税，都道府县及市町村所得税则为道府县民税、市町村民税，合起来一般称之为住民税，在东京都的特别区内有住所的个人所缴付的住民税为都民税及特别区民税。

③ 摘自 1996 年 10 月 1 日桥本在内外形势调查会的演讲记录。

胜。他在选举之前对提高消费税税率和投票的关系进行了问卷调查，结果使他很苦恼。15%的人回答如果提高消费税税率的话，将不再支持自民党。

“15%的自民党支持者”就相当于“40～50个议席数”。加藤吓得脸色煞白。

在1996年10月的选举前，桥本曾经数次来到自民党本部。他来干事长室的时候，加藤乘机将调查数据给他看。

“即使如此，我还是坚持增税方针。但是，最终还是要由干事长来判断。”

桥本面带愁容地这样说道。加藤至今还记得他当时的表情。

对于干事长来说，选举是无论如何都要获胜的。桥本这话听起来像是，自民党在选举战中是否坚持提高消费税税率这一点，由加藤全权决定。而事实上，他的真实意思很明确，那就是干事长应该竭尽全力履行自身职责。

自民党该怎么提出关于消费税税率问题的主张呢？加藤感到肩上有千斤重担，他束手无措。

作为政治家，他还是想到了因增税而在选举中失败的事例。

加藤只把调查结果告诉了包括桥本和梶山等很小一部分政治家，但是大藏省的官员们已经看出了自民党干事长的迷茫。

“一看就知道干事长举棋不定。”

一个主税局的官员这样说道。

政务调查会会长山崎给苦恼的加藤提了个醒。

——这事儿要是在你这儿动摇了，恐怕之后所有的官员都不会认同你作为国家的领导人。

——你可是众望所归的人啊，你可不能动摇。

同时，加藤还想到，作为在野党第一党的新进党对提高消费税税率的态度也很不明朗。

“原本在细川政权时期，细川主张征收7%的消费税。小泽（一郎）主张征收10%。羽田（孜）则暗自主张征收15%。可是他们却在选举公约中主张搁置消费税税率或将消费税改为零。看到这样的结果，我想不妨比试比试。增税5%的话，或许会失去15%的自民党支持者，但是如果将5%改为3%的话，可能又会使本来不想投票给自民党的人改变主意。虽然没有做过问卷调查，但假如这样的人有12% ~13%的话，这场博弈不正好打成平局吗？”

加藤这样回顾道。他好像能描绘出一幅徘徊的在野党和坚持信念的自民党之间的对比图。

结果，自民党执行部在消费税问题上主张将消费税税率“提高至5%”，并在选举中获胜了。

“万一在选举中失败了，再想提高消费税税率肯定就难了。听到自民党选举胜利的消息，我们真的松了一口气。”主税局的一位领导回忆道。

主张提高消费税税率的桥本在选举中获胜了，这意味着之前的争论已经结束了。而在这之后，在自民党党内对于将消费税税率从3%提高到5%这一点也没有引发太大的争议。

桥本首相坚持主张提高消费税税率，他将“改革”作为执政的关键词。据原通产省[1]产业政策局局长、时任事务次官的渡边修所言，1996年9月，他将产业结构审议会基本问题委员会最新完成的报告上报首相

---

① 通产省全称为通商产业省，现日本经济产业省的旧称，负责商业、计量、资源和中小企业振兴等事务的行政机关。

官邸。报告中指出，随着人口老龄化的加剧，劳动者和企业的负担增加，日本经济的高成本结构没有改善，政策放宽无法推进，如果继续这样下去，光是制造业就预测要增加124万失业者。对此，桥本又震惊又为难地说道："不得不采取更大的举措，加快推进改革了。"

渡边修也指出，结构改革必然会伴随一段痛苦的时期。如果国家减少开支，那么之前有资金流动的部门就会变得困难。如果企业寻求经营合理化，必然会出现裁员问题。行政改革可以通过精简过于庞大的国家或地方组织，从而在政治上赢得国民的支持，但是财政和经济结构改革却没这么简单。①

毋庸置疑，桥本也十分清楚这一点。他说道：

"因为正在进行财政改革，所以经济不可能迅速复苏。靠减税、公共投资已经行不通了。民间也必须要行动起来。"

在桥本将他的这些想法作为政策具体实施的时候，支持他的是被起用为秘书官之前就与他亲近的官员们。

其中有大藏省出身的坂笃郎，通产省出身的江田宪司和林洋和。他们总结了桥本经济政策的核心内容，致力于国会答辩，构思演讲稿。在桥本身边还没有可以当作亲信的政治家的时候，这些政府机构出身的官员发挥了类似参谋的智囊团的作用。

---

① 1997年12月以后，一旦谋求经济政策转变，舆论就会一致要求旧式的财政拉动。关于这样的日本经济政策状况，曾是经济企划厅事务次官的糠谷真平指出："最近的讨论太一边倒了。直到去年（1997年）夏天，'结构改革会伴随阵痛。比起扩大需求，经济政策应该以强化供给力为目标'这样的声音都很有力。结构改革在这两三年才好不容易踏踏实实走上正轨。这次的内需扩大政策也必须顺应长期的结构改革。"（摘自1998年11月5日的综合研究开发机构《NIRA新闻》）

桥本的这个秘书团队，有时遵从桥本的明确指示，有时默契地配合他，也有时用他们自己的想法来促成政策的执行。

第二届桥本政权面临的巨大课题是如何推动财政重建，这个问题非常棘手。

说是要改变财政结构，但是财政预算的每一个项目都涉及数十、数百个政治家和利益集团。公用事业就是其中的典型，每个省、每个局、每个科都在激烈地争夺预算资金，比起统筹全局高效地分配预算资金，相关人员更多时候是在为怎样保持前一年的业绩做斗争。

改变“财政”的“结构”，就意味着要从预算资金这一有限资源的再分配入手。这一定会遭到来自政府机构和政治家们的很大程度上的反对。

桥本和他的秘书团队深知，财政制度审议会已经对制度改革做了多次讨论，但是他们认为在发布咨文的时候还需要再具体一点。

在离总选举不久前的1996年10月1日，桥本在演讲中这样说道：

“为顺利推进财政结构和经济结构改革，我认为也得考虑一些基本问题和实施步骤。请允许我提出一些问题：关于财政改革这方面，是不是可以设定具体的削减赤字的目标，甚至财政健全化的目标呢？是不是有必要制订中长期的削减计划呢？这个计划是不是必须和各种制度改革同时进行呢？总之就是这类问题。”

自民党政治家与谢野支持桥本的改革路线，并为实现财政改革探究具体方法。在10月的总选举结束之后，他被桥本任命为官房副长官①，

① 官房副长官是内阁官房长官，统管内阁官房工作，监督所属职员的工作。内阁官房长官下设3个副长官，其中两人称政务官，从国会议员中选出，通常由众议院和参议院各出一人；另一人称为事务官，通常由当过各省厅一把手的人来担任。

与留任的官房长官梶山静六共同支持桥本完成改革路线。

官房副长官为推动改革，负责指挥、监督各省厅，联系政治家等，肩负着十分重要的任务。

官房长官在首相官邸管理实际事务，因此必定配有秘书官。与谢野的秘书官是大藏省出身的年轻官员。他在组阁时向与谢野做自我介绍的时候说："我是来自大藏省的。"这时与谢野多次说道："进行财政重建吧！否则日本就完了。""日本的财政太自由散漫了。"

与谢野曾任中曾根前首相的秘书官等职，在1976年当选为众议员。在村上内阁时期，他作为文部大臣初次进入内阁。

在桥本政权时期，他作为收集国政信息的官房副长官支持桥本和梶山。官员们对他的评价很高，来自各省厅的"发言"人员带着各自的主张蜂拥而至。

与谢野认为自己不是一个"观念上的财政均衡论者"。他常常把"千万不能让经济依存于财政"这句话挂在嘴边。"在这之前，日本经济一衰退，就马上把增加公用事业支出作为第一选择进行研讨并实施。但是，这样的话，经济就不得不依存于公共支出，更何况这样也没有显现出一丝恢复的迹象。对此，我很有危机感。"

之后，与谢野这样阐述：

使财政健康运行的方法有两种：一种是通过增税来增加财政收入；另一种是在国家债务为零的情况下，削减财政支出。

与谢野选择的是减少财政支出的对策。当然，为应对财政情况恶化，引入了规定上限的"最高限额"方式，抑制了预算绝对值的增加。但是，与谢野认为这种抑制方式还不够。

另一方面，当时的欧美财政情况开始好转，这也伤害了"日本作为发达国家的自尊心”。

美国经济逐渐复苏，已经可以看出它即将摆脱财政赤字。1996 年 10 月 28 日，美国财政部称，财政赤字已经连续 4 年减少，其与 GDP 的比率达到 1.4%。

欧洲把财政赤字与 GDP 的比率必须在 3% 以下作为加入统一货币组织的条件，这使得各国都致力于削减财政赤字。

“日本即使想要加入欧洲统一货币组织，也会因为财政赤字与 GDP 的比率远高于国际基准不被准入。”

与谢野使用了“远高于”这一词，泄露了财政吃紧的情况。

这时，有人提出了制定《财政重建法》的想法。使用法律来约束的话，在每年制定预算的时候就能有一个总体原则。与谢野命令大藏省对制定法律进行研讨。

事实上，大藏省也注意到了法律的必要性，在很早以前，他们就以美国的《一揽子财政调整法（OBRA）》为范本展开研究了。

在克林顿政权时期制定的《一揽子财政调整法》计划在 5 年内削减 4 960 亿美元的财政赤字、提高高收入者的所得税税率、削减社会福利方面的预算。虽然如此，国民却并没有强烈反对，这一法案逐渐发挥出它的效果。

该法案对财政支出设置了被称为“cap（最高限额）”的上限，还引入了在预算增加的情况下，根据增加量来实施增税或削减财政支出的原则等。该法案对大藏省的官员们来说，是一个很好的研究对象。他们将这部美国的法律简称为 OBRA（Omnibus Budget Reconciliation Act）。

自 1996 年 7 月，统计局局长小村武命令统计局内开始进行法律研讨。统计局把当时还未成型的法律称为“《财政重建法》”。小村武鼓励刚被分配到统计局的中坚力量说："制定《财政重建法》是你们的工作。"

一个当时出席会议的人还记得小村武这样说道：

"有没有不易被各部察觉的，可以暂时熬过这段时期的对策呢？"

他的意思是，要求在官厅无法察觉的地方削减预算，并且要尽可能多地削减预算。

年轻的统计局官员们苦笑道："无论怎样，这都是行不通的。各部可没那么傻。"

当然，小村武也并不会认为单靠法律就可以限制预算。作为专业的财政人员和行政官员，他深知工作时脑中必须时刻考虑到日本的法律体系。

虽说要制定法律，但是制定什么法，怎样立法，从技术层面来说，困难重重。

"制定条款，是不是要采用限时立法（只适用于一定时期的法律）的方式等，必须通盘考虑。"当时，小村武这样跟旁边的人说。

统计局中也有人对制定法律持消极意见：根据《日本宪法》，制定预算是在内阁的权限内进行的。立法部制定的法律能约束它吗？

此外，其他的统计局官员回忆说："我觉得有点奇怪，明明不用制定法律，只要依靠政治领导就能够做到的事，为什么要费力制定法律呢？削减财政支出这事，曾经令我们那么苦恼，单靠一个法律制度就能够顺利解决吗？真的有这么好的事情吗？"

这些官员还指出，财政运行是依据每年的经济情况来决定的，靠制定法律等会增加预算制度僵化的风险。

但是，政治大潮盖过了大藏省的内部研讨结果，制定《财政重建法》已成大势所趋。

1996 年 10 月的总选举之后，自民党、社民党以及先驱新党三党组成的内阁成立，制定《财政重建法》的构想被提上日程。

大藏省通过财政制度审议会来极力宣传的财政重建的重要性和建立新的财政规律的必要性都辗转周折，再次被换回了大藏省。

与谢野指示相关人员对制定《财政重建法》进行研究，这正好是在 11 月桥本进行第二次组阁之后不久。虽然听说大藏省已经开始做研究准备了，但有必要事先给他们一颗定心丸。

因为《财政重建法》的制定，政治家走到了台前，这应该是大藏省所欢迎的。以住专问题为契机的组织分离问题迎来了最紧要的关头。在这时，由大藏省主导出台法律，重置预算分配的原则的话，就有可能与政治家为敌。

小村武想到“光是由大藏省来做的话一定会被孤立的，风险太大了”，于是决定这事还是让政治家来管。

1996 年 12 月，统计局发布了如下文件，向官员们做出说明。

1996 年（平成八年）10 月 31 日，经三党同意“决定讨论关于中期财政计划及《财政重建法》的事宜，实现财政结构改革”。在临时国会上明确表示了首相“推进法律方面的讨论”的意向。官邸、执政党也带头提出制定财政重建法的构想，即使是大藏省也希望以执政党主导的形式得出草案。① 反正制定法律还是让政治家主导比较好。至少得以这种形式。先不管实际情况到底怎样，至少大藏省的基本姿态在这段说明里已经十分明确了。

但是，统计局的官员们同时也指出制定《财政重建法》的难处。

---

① 摘自 1996 年 12 月 14 日统计局编成的笔记。

这种方法很容易变成这样的局面：对于计划的主旨本身并没有什么反对意见，但到了与利害密切相关的具体问题上就会出现异议。如果要在法律里具体写上对各个领域的预算控制，那就需要政治上的指导力。不过，如果被任命"接下来就让大藏省来做"，随后这边就将议员对策交给我们的话，我们也会很困扰。

大概没有议员会反对进行财政重建。但是，问题在后面。如果提到削减公用事业、农业、政府开发援助等各类具体项目的预算，可以预想到反对的声音将会不断高涨。

显然，各省厅一定会联合族议员①从各个方面阻止预算削减。如果不依靠官邸和党本部的力量来约束他们的话，事实上财政重建可能会失败。统计局发出这样的警告。

其实，进入首相官邸支持桥本的与谢野一心致力于财政重建，也有政治上的原因。

桥本在自民党内部的政治基础薄弱，而且和社民党与先驱新党的合作也不知什么时候就会崩溃。对于桥本来说，为了稳固政权，他必须要出台大的政策来赢得国民的支持。

与谢野解释说财政重建的政治目的是实现"桥本政权的长期稳定"。

"为了使政权长久，必须要实施有影响力的政策。虽然行政改革在1996年10月的选举时已经开始，但还需要再做一点更有影响力的事情。"

财政政策通过预算制定来实现。许多政治家被问及在制定预算中能发挥多大作用。族议员会干涉预算制定，并且这些族议员的上司们大多

① 族议员代表特定领域的利益，对相关省厅具有重大影响力。

在自民党各派当权者的管理之下。

相反，如果能通过制定预算，让这些族议员沉默的话，就意味着能控制各派当权者。和原本就是田中派出身的前首相竹下不同，虽然桥本在田中派中实力不断增强，但是并不能像竹下那样以派系领袖的身份"轻轻松松"就能掌管整个派系，他还需要采取一些别的手段。那是被称为改革路线的政策，最具政治性色彩的当然就是财政改革了。

如果改革路线能够获得较高的国民支持率的话，自民党中对桥本的向心力会增强。也有其他官员持与与谢野相同的意见。

"像桥本内阁那样的政权，需要来自国民和党内对他政策的高度支持。这样的话，党内才会继续支持他，为他加油。"

就算最终决定制定《财政重建法》，为了在制定过程中不出现任何异议，是不是要开个大的会议来讨论财政重建问题呢？

在与谢野的脑海里，隐隐约约浮现出之后被称为"财政结构改革会议"的构想。

对于大藏省的中坚力量和年轻的官员们来说，这是一个极好的机会。

每次他们提出要进行财政重建，总会被政治家们批评说，"只想着把自己的院子打扫干净"。而这次，政治家们自己提出要进行财政重建。

之前政治家们也高呼要进行财政重建，但是大藏省的官员们目睹了他们的每一次失败。日本财政的实际情况已经恶化到"脱离财政赤字"成为"众望所归"的地步。从政治上来说这正是进行财政重建的好时机。

特别是这些年，在制定预算方面，大藏省饱受批判。

大藏省被指责"研究不够深入""预算过多"等。实际上，仔细研究预算的内容之后，对于大多数问题，大藏省都无法反驳。特别是最近，所谓的“公用事业反对论”又再次盛行起来。国会中不断出现如“新造的港湾成了个钓鱼池”等指责大藏省浪费财政资金的声音。新闻媒体也掀起了一场呼吁公用事业投入提升效率的运动。

财政政策受到政治因素的影响。如果能够很好地平衡各方政治力量，大藏省就能在霞关（各中央机构）中建立起强大的势力。

要想在削减财政支出的同时平衡各方政治力量，没有政治参与的话很难实现。正因为如此，当政界开始有所行动的时候，所有人都认为以统计局为首，大藏省的官员们会对此大表欢迎。但是，大藏省——确切地说，是大藏省的官员们——却非常谨慎。

从 11 月开始到 12 月，第二届桥本内阁的工作逐渐步入正轨。由梶山和与谢野发出的来自首相官邸的指示，以各种各样的形式被传达到大藏省。

当然也有大藏省官员前去直接接受桥本和梶山的指示的情况。但是更多时候，是由首相、官房长官、官房副长官身边的大藏省出身的秘书官们来传达首相官邸的具体政策情况。

坂笃郎曾经在桥本任大藏大臣时担任他的秘书官，桥本成为首相后，他随之成为首相秘书官，目前密切参与政策立案。

“首相是这样说的”，坂笃郎向大藏省的官员们电话传达指示时经常这样说。

梶山和与谢野的意向，也由他们各自的秘书官传达给统计局等。

与谢野非常重视财政重建，因此想要举行一个大规模的会议之类的事情，也会由担任秘书官的年轻官员传达给大藏省统计局。

但是，大藏省的反应并不积极。“总觉得和我们大藏省的想法不太一样啊。”

首相官邸的秘书官们密切关注着大藏省，想知道自己传达出去的指令大藏省是如何理解的。他们不由得感到首相官邸和大藏省之间针对财政重建的想法有点不同。

他们后来通过仔细观察发现，就是在统计局内部也出现了意见分歧，而且似乎看起来是由于不同辈的官员之间在认识上的差异导致的。

统计局的年轻官员们认为要抓住这次财政重建的好时机。多数三四十岁的官员认为，只要能够再次确立此前都无法实现的财政目标，无论是谁的提案，都要在会议上全力支持。

对此，中坚官员却对事态有点不同的看法。

重建财政是当务之急，因此，统计局向着减少 3 万亿日元的国债发行和确立基础财政收支原则的目标迈出了一步。但是，这也只不过是大藏大臣和首相演的一出戏罢了。

此时，大藏省的形势越来越严峻。因住专问题，出现了越来越多对大藏省的直接批判。同时，统计局当时的一些官员和不明身份的社会人士存在不透明的交往，政府机构人员开展副业等丑闻被相继爆出，大藏省遭到了更加强烈的批判。

在第二届桥本政权建立后的 1996 年年末，涌现出一股要求分离金融检查和银行管理的势头，加快建立金融监督厅迫在眉睫。

在统计局的官员们看来，即使与谢野是官房副长官，也还是和政治家保持一定距离为好。

“大家对与谢野的评价不断提高，但是跟着他说的话、做的事走，真的没问题吗？会不会被孤立呢？”

《财政重建法》的制定因为得到了执政党三党的同意，把它交给政治家管，没什么问题。但是，“举行大规模会议”却与前者有所不同。

统计局官员们是在五五年体制①这种虽然安定却不进步的政治环境中度过的。他们对于给政治家排序的体制和秩序非常敏感。

虽然桥本曾担任过大藏大臣，但是，将这件国家大事交给这位声望日隆的中坚众议院议员，真的可行吗？

大藏省的领导抱有这样的想法。

大藏省对于政治家的不信任感似乎由来已久。回忆起当时统计局的气氛，一个官员这样说道：

“局内似乎很怕由政治家来主导推进事情的发展。各方一哄而上，到最后事态会不会向着意想不到的方向发展，走到我们无法控制的地步？”

确实，在修建新干线这件事上也好，在乌拉圭谈判②这件事上也好，官邸已经表明理解了财政的全局性了，但是他们最终还是以一句“政治上的判断”就擅自扩大财政支出。这样的事情不知道发生了多少次。

“越是统计局的老官员，就越不支持举行这个会议。官邸是靠不住的，会遭到族议员的反对的，他们好像是这样想的。直到最后，他们都很消极。”

正如统计局的中坚官员们说的那样，他们直到最后都对会议举行抱有疑问。这在官邸和统计局的年轻官员们看来，是怯懦的表现。

与谢野也知道，大藏省内部因为会议设置产生了分歧。明明打算进

① 日本政坛自1955年出现的一种体制，即政党格局长期维持执政党自民党与在野党、日本社会党的两党政治格局，一般认为该体制结束于1993年。

② 1986年在乌拉圭的埃斯特角城举行的关贸总协定部长级会议，决定进行一场旨在全面改革多边贸易体制的新一轮谈判，史称“乌拉圭回合谈判”，历时7年半。

行财政重建，统计局的官员们却很少去与谢野的房间。

他对此非常不满，但是决定无视大藏省的反对，推动事情进行。

与谢野经常把“政治的责任”这话挂在嘴边。

“你们总说是大藏省的错，是官员的错等，但是最后来做决定的是政治。政治家在自己的责任范围里行事，然后承担责任。这才是政治该有的姿态。”与谢野每次听到“官僚批判”就这样反驳道。①

与谢野决定大藏省的官员加入也好，不加入也好，都要进行财政重建。可是，他碰到了一个不得不清除的巨大的障碍。

与谢野此时已经是第七次当选众议员，也有过担任文部大臣和政务调查会代理会长的经历，他对日本的财政预算是如何决定的这一过程十分清楚。

申请预算的各个政府部门向自民党请愿自己想要的预算金额。各政府部门非常看重支持自己的议员，这些议员就是所谓的族议员，有农林族、公共族和通信族等。他们是影响政策决定的一个重要因素，在提到日本政策时，一定会提到他们。

与谢野拿不准的是，在实施财政重建时，这些族议员会不会站出来妨碍事情的进行。当然，他也可以和各个领域的族议员的领导进行交涉。但是，如果那样分散地各个击破的话，最终会形成松散而没有主干

---

① 与谢野在1998年5月刊的《别册宝岛》的对谈中这样说：“每次财政状况变得很糟糕的时候，就说是大藏省的政策不对，这是错误的。大藏省可是一直主张财政重建的，做决定的可是政治家。因此，说“这是大藏省的责任”这样的话，就好像在说政治家没有一点儿责任，也没有一点儿权限，我觉得这是不对的。本来，一些细枝末节的事就由官员们来做就行了，自然地，政治一方也必须要承担责任。对于国家会往哪个方向发展这件事，要是说“过去的政策都是大藏省的错”的话，我觉得这是政治家在‘逃避’。没有比这更不负责任的了。”

的局面。

这次财政改革是桥本通过压制族议员巩固政权的战略之一。如果他们明确站出来反对，这出政治大戏就演不下去了。反之，如果利用利己的程序来推动事情的发展，不仅会使这次财政改革尝试失败，也会使桥本在党内的地位受到动摇。

“因为要和族议员斗争，必须要走他们挑不出任何问题的程序。”与谢野这样想。

在日本，要寻求政治上的妥协时，最重要的是要事先跟实权人物和喜欢指手画脚的人打好招呼。在推进财政重建时尽量不要伤及他们的面子。在这种情况下，似乎关键是要考虑怎样才能让这些族议员主动从议论席退出。

“是不是可以召集各派的领导人召开一个会议，然后说服从属各派的议员呢?”与谢野最初是这样想的，但是他很快否定了自己的想法。

自民党表面上在商讨取消派别。① 在这种时候，如果利用各派的力量会遭到批判，最后会使实现财政重建这一理想更加遥远。

于是，与谢野有了把曾任首相、大藏大臣的人召集起来的想法。宫泽、竹下、中曾根……这样做的话，各派的领导人或者说各派实际上的掌权者就会自然而然地加入。再通过召集大藏大臣，社民党中的久保亘和武村，先驱新党的代表也会加入。

和与谢野共同推动财政重建的桥本身边的秘书团也趁势提出了这样

① 当时，自民党的“消除党派”事实上已经有名无实，在开展总裁选举这类的政治活动时，也以各派别为单位。在派别复兴这一大背景下，已经有段时间不再使用派别名称的大众媒体，也又开始以“森派”“小渊派”进行报道了。

的想法：让历任首相每个人负责一个领域怎么样？比如以中曾根负责防卫领域，竹下负责公用事业，村上负责社会保障这样的方式。

确实，如果要跟族议员斗争的话，不如索性让各族里曾经当过首相的元老级人物来作为这个领域的负责人。但是这个方案的“目的性过强”，最终没有被采纳。

不仅仅是召集自民党，对于还要把社民党、先驱新党的干事长和政务调查会会长也加入进来这件事，内阁没有任何异议。桥本内阁依存于自民党、社民党和先驱新党的三党联盟。万一它们叛离了桥本，又会不可避免地引发政治变动，必须要把执政三党的成员都加入会议中。

如果把曾经担任过首相的人、曾经担任过大藏大臣的人以及执政党的官员们召集起来，这么多日本政坛上的中心人物就能赋予政治基础薄弱的桥本压倒性的政治力量。桥本这样想着，开始迅速做准备工作。那是1996年年末时的事了。

但是事情却不像与谢野想的那样顺利。

“可以通过‘六人协议’方式来解决吗？”

据与谢野说，他在和自民党的政务调查会会长山崎谈判时，山崎这样回复道。

“六人协议”是指执政三党的干事长和政策责任人参加会谈，对政策进行商讨，他们拥有政策的实际最终决定权。

“没必要这么大张声势吧，借用一下现有的协议机构（用来商讨各种政策的机关）不就好了？”

与谢野觉得，这个政务调查会会长其实想表达的是如上的意思。①

① 对此，山崎说，他没有说过必须通过“六人协议”来解决。

当时，山崎和与谢野同属于中曾根派的议员，但是对于独立意愿较强的山崎来说，与谢野跟他的政治观点有些差距。

当时也有人认为，山崎对于举行会议面露难色另有缘由。

政治家们非常在意自己在政治这个坐标轴中处于哪个位置。这次的会议成员包含历任首相。在这些人中，还有不少人留恋政权，仍想维持自己的政治势力。

好不容易经过世代交接发展到现在这样的局面，为什么要把政治主导权交还给这些元老们？

有政治家回顾称当时心中激起过这样的想法。

但是，山崎作为自民党执行部的一员，必须要支持桥本政权，他认为必须避免遭到赤裸裸的批判。

最终，山崎没有把他的想法当众说出来。财政改革路线的轨道铺好了。

“想到事关重大，必须要有政治方面的力量。”与谢野直到最后都坚持贯彻举行财政结构改革会议这一想法。

1997 年年初，桥本开始历访东南亚国家联盟（ASEAN）① 中的各个国家。因为有必要对会议的情况做一个大致的说明，桥本身边的人不得不在其遍访东南亚期间保持与东京方面的联系，推动会议准备工作的进行，商讨“会议该叫什么名称”“用什么形式举行会议”等具体问题。

---

① 东南亚国家联盟（Association of Southeast Asian Nations），简称东盟（ASEAN）。成员国有马来西亚、印度尼西亚、泰国、菲律宾、新加坡、文莱、越南、老挝、缅甸和柬埔寨。

当时，桥本和身边的人都比较认可把会议名称定为“财政重建会议”。但是，在和东京方面电话联络时，传来了这样的消息：社民党党首土井多贺子说：“如果致力于结构改革问题的话，开会也未尝不可”。先驱新党本来就赞成这个想法。到此为止，这个想法得到了执政党和在野党的认可。这个会议融合了两个目的，即实现桥本加强政权的政治打算和确保财政的健全性。首次会议决定于1月21日召开，同时也决定了会议名称为“财政结构改革会议”。

但是，当准备进行到最后阶段时，围绕会议人选的一个小波澜扩大了。

1月6日，久保亘离开了社民党。在社民党还是社会党的时候，他就已经加入该党，是个元老级人物了。他还在1996年1月到11月桥本第一次连立内阁的时候，担任过大藏大臣。久保称此次离党，旨在集结“民主自由势力”。[①] 官房长官梶山打算让久保成为财政结构改革会议的一员。

久保说：“我在和官房长官梶山的谈话中也提到必须在财政方面做点什么。我提议‘不妨听听历代大藏大臣怎么说’，一开始，财政结构改革会议的成员名单中好像也有我的名字。”

“久保先生您曾经担任过大藏大臣。我想拥有专业知识的人能够加入就好了。”梶山也强调了同样的意思。

但是，周围的政治家却不这么看，大藏省也对此很敏感，统计局的中坚官员提高了警惕。

“让已经离开社民党的久保参加会议，这意味着什么，一眼就能看

① 摘自久保亘所著的《联立政权的真相》（读卖新闻社）。

出来——积极拉拢久保这样不加入新进党的人，来动摇新进党内羽田孜的地位。这一政治动机显而易见。总觉得有人为了巩固政权基础利用了财政结构改革会议。”

虽然最终久保没有成为会议成员，但是大藏省的官员们重新认识到，这个会议不仅仅是用来讨论财政重建的理念的，还可能被政治家利用来实行他们的战略。

在大致确定举行财政结构改革会议的时候，会议内容的准备工作也在顺利进行。

12 月 12 日，由一桥大学石弘光担任部会长的财政制度审议会财政结构改革特别部门总结了报告，提出财政健全化的目标，要求政府做到“在 2005 年之前尽早地将国家和地方的财政赤字与 GDP 的比率保持在 3% 以下，并尽可能地接近平衡”等。

接到这个指示，12 月 19 日，内阁会议决定了财政健全化的目标。那时正好是制定财政预算之前。这个目标有以下几个要点：

在 2005 之前尽早地把国家和地方的财政赤字与 GDP 的比率控制在 3% 以下，建立公共债务余额与 GDP 的比率不上升的财政规范。

在 2005 年之前尽早地脱离对特例公债[①]的依存，同时，也要降低对国债的依存度。

财政重建的第一步是要尽快把除去一部分国债之外的财政支出控制在税收范围内，这样必然会改变目前国民的收益高于负担的情况。

在 2005 年之前使赤字国债为零，并且在预算制定中采用财政收支

① 特例公债是普通国债的一种，加上税收和税收外的收入，即使发行建设国债也无法满足财政支出。为了弥补这部分支出而发行的特定国债。

平衡论。这是内阁会议的决定。

以统计局局长小村武为首的大藏省官员们，通过私下的研究会和财政制度审议会议建立的财政规范也慢慢地显现出来。为财政结构改革所做的准备开始变得完备了。

1997 年 1 月 7 日，大藏省统计局内部分发了以《财政重建会议今后的安排》为题的文件。这时，会议还未更名为“财政结构改革会议”。

文件上面写着如下行程安排。

预定 1 月 20 日召开第一次“财政重建会议”之前的安排。

- 取得曾任首相或大藏大臣的人的最终同意。
- 在自民党政务调查会会长山崎的号召下，社民党、先驱新党以及执政党三党于 1 月 13 日向官房长官正式申请设立这个会议。
- 在 ASEAN 历访中的桥本首相会在 1 月 13 日晚或者 1 月 14 日早上进行的恳谈会上正式发表此事，在这之前都要对外保密。①

第一次会议以后的安排如下：

- 设置执行人员会议，从大方向出发，讨论各个细节。
- 在于 4 月举行的全体会议中，总结“财政支出削减的方向”，在此基础上，执行人员会议总结“具体的方案”，在 6 月举行全体

① 在 12 月 25 日的记者会见中，梶山已经暗示了有举行这样的会议的想法，已经不是夸张的“对外保密”的内容了。顺便提一下，在外务省中“对外保密”“小心处理”这样的文件已经泛滥了。大藏省给人的印象是这种“对外保密”的文件尤其多。已经是 10 年前的事了，我至今仍清楚地记得在打印新闻的时候，按下那颗红色的“小心处理”按钮的科长这样说道：“为什么这个也要‘小心处理’？因为如果被人知道我读了这个新闻，不是就会被人知道我的风控意识了吗？”

会议，总结“财政重建的具体方案”。

- 预定将需要法律化的部分以《财政重建法》的形式向国会提案。

当初，持怀疑态度的大藏省官员也改变了他们的态度，全力支持这个会议。10月31日，三党同意“为实现财政重建而努力”。原本在临时国会的开场白中打算“再研讨”的财政重建构想，在会议中逐渐被明确。

在会议的背后，拥有超强事务处理能力的大藏省统计局开始真正发挥它的作用。

被废除的特别减税制

大藏省已经决定提高消费税税率，财政结构改革也开始启动。与此同时，大藏省还决定废除特别减税制。但是需要注意的是，形成这个决定的过程建立了一条制定日本经济政策的典型路线。

第四合同厅舍①高高矗立在大藏省内。经济企划厅就在这里面。已是1996年深秋时节，经济企划厅不得不开始正式进行年末最重要的一项工作——制定1997年度经济预测的政策。

预测1997年的经济增长率是计算会有多少税收的前提。这不仅有其在实际操作上的必要性，事实上，也经常被当作一种国际公约。

这一工作以经济企划厅、大藏省和通产省三方协商的形式推进，但根本上属经济企划厅主管。必须首先由负责人进行协商，在经济企划厅

① 第四合同厅舍内有大臣官房、地方分权改革推进室、消费者委员会事务局、国际和平合作本部事务局。

内部讨论出将会对经济产生巨大影响的因素，进行预测。

这次厅内研讨于1996年10月到11月进行，决定在1997年春提高消费税税率，并大体上决定废除从1994年起连续实施了3年的所得税特别减税制。光是这样就可以预见到7万亿日元左右的税收负担增加。正因为如此，经济企划厅内部的研讨比往年更加慎重。

时任事务次官的是糠谷真平。他对一下子增加这么多税收负担不免有一丝担忧。但是，很多相关人士指出，不知道是不是泡沫破灭后的经济恢复政策起作用了，经济出现了复苏的征兆。

作为民间设备投资先行指标的机械订货，在进入1996年之后，在不同的月份呈急速上升和急速下跌的情况。与个人消费相关的统计，与前一年相比也出现在不同的月份反复上升、下跌的情况。只有作为领头羊的汽车新增台数看起来好像仍在坚挺地上涨。

糠谷真平是一个经济指标方面的专家，他觉得没有必要对经济完全丧失信心。在经济出现复苏征兆的同时，最重要的经济指标GDP在1996年1～3月期间从年率换算为8.4%的高增长跌落至4～6月期间的－1.1%，7～9月的数字在12月中旬汇总。经济趋势会向哪一个方向发展呢？对此的判断并不统一，经济看涨和经济疲软的看法交织在一起。①

提高消费税税率这个决定，是经历了政治上的摩擦后确定下来的，甚至成了首相的选举公约，就算考虑到经济形势也不是这么简单就能推翻的。

---

① 据1996年12月3日的报告，7～9月的GDP年率增长了0.4%。但是，之后经过修改，最终将1996年全年的GDP记录为5.1%这一超乎寻常的高增长率。

但是，在经济企划厅内部的讨论中，还是出现了“是不是可以暂缓废除特别减税制”这样的意见。

特别减税制以恢复经济为目标，持续实施了3年，具体来说，是实施一年2万亿日元规模的所得税减税。经济企划厅为了取消这个特别减税制，从1997年就开始对它做逐步调整。

经济企划厅内部有人认为要慎重对待废除特别减税制，也有人不这样认为。糠谷对于废除特别减税制有些担心，但是也没有强烈反对，周围的人把他的态度理解为“这个人认为不得不废除特别减税制”。

但是，经济政策的综合调整窗口——调整局的中坚官员却坐不住了。

调整科科长永谷安贤在11月下旬带着一份文件来到议员会馆，并将文件分发给议员们。科长这个级别能见到的，也只是年轻或中年的议员。虽说如此，永谷还是满腔热情地述说经济现状和继续特别减税制的必要性。

经济恢复的势头还很微弱。没有必要在提高消费税税率的同时，还废除特别减税制。

分发给议员的文件中写着上述内容。永谷看出了日本政府将要实施的政策的危险性。

——GDP年增长率达到4%甚至5%的时代已经结束了。虽然现在经济从泡沫破裂中逐渐恢复，但恢复速度非常缓慢。要从财政方面施加影响的话，要慢慢来。无论如何，不慎重对待的话就会很危险。

永谷为继续实行特别减税制而四处奔走。这一消息自然也传到了经济企划厅官房长竹岛一彦的耳中。

“官房长找您。”

永谷在议员会馆游说不到一周，就收到了来自竹岛秘书的如上传唤。

经济企划厅的官房长历来多数是由大藏省调过来的。竹岛也是以统计局出身的大藏省官员的身份调入经济企划厅的。不用说，他自然会意识到自己身份和职位的敏感性，尽量做到直截了当地做事、发言，但是，不少经济企划厅的官员都从他的发言中感受到了政府当局的意向。

合同厅舍大楼5楼的官房长室里，依次是长官、事务次官等官员的房间。

永谷坐在办公桌旁的沙发上，竹岛正对着他大发怒火：

“经济企划厅还什么都没有决定呢！你擅自拿着那种文件到处游说算怎么回事？”

竹岛斥责的声音在房间中回响。

永谷也有自己的说辞。经事务次官糠谷和调查局局长土志田征一商议，决定打探一下国会议员的想法，当时竹岛刚好没有出席——他举出了诸如此类的事，不甘示弱。

但是，竹岛不同意。

——自己不在场的情况下，做了这么重大的决定，总要再召集次官以下的官员再商讨一下吧。

在根据进入外务省的年份形成年功序列金字塔[①]的中央官厅世界中，还是第一次出现这样的作为最高官员的官房长和一个科长争辩的情况。

结果，竹岛组织事务次官以下的官员举行了商讨会议。但是，竹岛和永谷各自的说辞却像两条没有交集的平行线，无法得出一个可以称之

① 按照年龄和地位来排分等级。

为结论的东西。

厅内讨论赞成废除特别减税制，作为官房长的竹岛站在这个立场上，阐述了如下观点：

“期望经济增长的话，就应该通过废除特别减税制来一决胜负。

“难道不应该直面财政重建的挑战吗？”

在竹岛看来，要求继续实施特别减税制这一行动，并不是经济调整局和经济企划厅全部人的意见，只不过是“个人的意见”罢了。他还认为，这不是从因为顾及对经济有冲击，所以打算重新考虑废除特别减税制这个理性的角度出发的，只不过是单从情感上出发的想法罢了。

但是，竹岛也不能断言，要求继续实行特别减税制这一倡议就像其所认为的那样，只不过是一时兴起。

到处分发文件的永谷的上司，调整局局长土志田也对废除特别减税制抱有疑问。

1996 年 11 月 29 日上午，被召集来参加自民党税制调查会的土志田，被要求对经济动向发表讲话，他使用了长达 29 页的资料对主要经济指标的动向等做了说明，陈述了“经济正在逐渐复苏”这一公认的想法，同时他指出“一下子增加经济负担的话，可能会过重了。要到那种程度（指不仅提高消费税税率，还要废除特别减税制），有点困难啊。”这是他讲话的主旨。

接着，他举了具体的例子。他将民间的智囊团总结出来的经济预期平均值做成表格，并把这些资料一份份放在议员面前。资料上明确显示，如果废除特别减税制的话，实际 GDP 增长率的平均值将只有 1.4%。这个增长率是非常低的。

虽然政府的经济预期还没出来，但是，这足以说明经济的严峻形势。

永谷已经去议员会馆游说过，土志田本身也赞同部下的主张，但是，他也无法断言“就应该坚决实行特别减税制”。了解当时情况的经济企划厅的官员说：“只要经济没有触底，经济企划厅的局长就没有资格对此事做主张。”科长级别的话，还可以有所行动，但是局长在外务省已经相当有地位了，要谨言慎行——这已经是不成文的规定了。

乘数效应显示的是一个政策对整体经济有多大的影响。减税的情况下，一年的乘数效果为0.4%左右。意思就是每少减税1万亿日元，日本整体经济就会有4 000亿日元左右的损失。

现在争论的是是否废除约2万亿日元的特别减税制。根据乘数效应逆向思考，这个政策可能会给日本整体经济带来8 000亿日元左右的损失。

土志田预计损失8 000亿日元左右的话，经济不至于触底。也就是说，应该不会对日本经济有决定性的影响。

虽然不会产生决定性的影响，但废除特别减税制也绝不是什么好政策。11月29日上午，土志田在自民党税制调查会上想说的就是这个意思。但是，一同出席会议的大藏省官员这样回忆道：

“调整局局长使用各种数据说明经济虽然总体在恢复，但是又说了根据民间的预测情况不容乐观，观点含糊不清。我想过‘这个人是不是想说应该坚持实行特别减税制啊’，但是我觉得不少议员听得一脸茫然，不知道他在说什么。”

结果，经济企划厅内部的危机感并没有表现出来。“政府部门内部有分歧”这样的消息，一次都没有传到最终决策者桥本的耳中。

这个时候，桥本还没有清晰地表明自己的立场。在11月22日与三冢会谈时，对于“废除特别减税制”一事，他也只是含糊不清地应付过去了。

“经济现状如何，怎样进行财政结构改革等，这些都需要综合考虑并判断，为了使九年度预算适用于第一年的财政结构改革，关于怎样处理特别减税这一问题，必须在对严峻的财政形势有清醒认识的情况下进行研讨。”①

针对这个问题，自民党税制调查会没有得出结论。虽然他们已经暗示了自己的意思，却不得不避免发表过于决断的言论，而且目前的舆论动向也非常不明朗，他们想要先看看 12 月的经济统计数据。在政治方面，他们也是以在 12 月之前一直保持中立为上策。

观望了一段时间。官邸虽然这样决定了，却没有停止用“终止”“废除”这些带有明显暗示的词来试探舆论的反应。比如在记者会见中，官房长官梶山做了这样的发言。

“特别减税制说到底也只是适用于单年度的制度。我们也曾考虑过是不是应该继续实施，或者不继续的话是不是实行新的（减税）计划等。但是，我们也认为结束本就应该结束的制度，这是理所当然的。”②

坚持继续实行特别减税制的倡议，不仅仅在自民党内部很猛烈，在以在野党和社民党等为中心的政治圈中也是存在的。

但是，对于每年集中审议税收问题，本应参与重大政治决定的自民党税制调查会来说，废除特别减税制这件事却没有成为其主要讨论点。

经济企划厅调整科科长永谷说“这样下去日本经济就危险了”。对此，议员们也只是说着“这样啊”来随声附和。他们的发言权和影响力

---

① 摘自 1996 年 11 月 22 日的《桥本、三冢会谈录集锦》。

② 摘自 1996 年 11 月 22 日的《日本经济新闻》。

都还很弱。

自民党税制调查会中甚至出现了这样的声音。

——在10月的大选中，针对提高消费税税率一事召开了演说会，说明了现在所实施的所得税的特别减税制，是为了减轻因税率上升而造成的负担，这是一个预防措施。但是，当权者的反应却是：特别减税制是什么，要实施这样的政策吗？这种没人知道的减税还是早点废除吧，把那部分钱放到公用事业上要好得多。

听到这番话的一位大藏省官员感到十分茫然。媒体察觉了这种苗头，从11月下旬开始接连报道“特别减税制即将取消”的消息。①

一般情况下，关于所得税减税制度，不管是废除还是实行，都需要进行很深入的讨论，但是在那时废除特别减税制“缺乏激烈的讨论”。

人们对财政重建问题已经有了深刻的认识。有的大藏省官员这样回忆道。

“官邸和政治家们似乎对如何恢复凋敝的财政非常关心。如果要继续实行特别减税制的话，财源当然会成为问题，一定会造成赤字国债。这样真的可以吗？要是被深入追问起来，我们会很苦恼吧。”

官邸已经决定暂且观望，他们判断要求继续实行特别减税制的呼声并没有那么强烈，并认为应尽量展现政府认真地致力于财政重建的态度。

这个判断是基于各省厅给出的经济预期和实际经济情况做出的。

——经济正走上自我成长的轨道。如果经济形势真的不好，大藏

---

① 比如，11月21日的《日本经济新闻》报道，自民党税制调查会中，多数人认为必须要考虑财政的严峻形势而废除特别减税制。

省、经济计划厅、通产省一定会严肃地提出这个问题。然而他们的看法是“并不会阻碍经济发展”。

——现在不进行财政结构改革的话，得等到什么时候？好好地进行财政结构改革才是桥本内阁的使命，才能稳固政权。

桥本通过自民党税制调查会和政府税制调查会的讨论，判断出持废除特别减税制意见的人占多数，最终决定废除特别减税制。

但是，大藏省的官员们并没有想到会这么草率地就做出决定。当然，他们对外主张“废除特别减税制”也会进行理论上的证明。例如，企业收益反映良好，收入情况也在小幅改善，可以在一定程度上削减对可支配收入部分的税收减免；选择性消费行为变得普遍了，可支配收入的减少不再直接影响个人消费的减少；1996 年度执行的补正预算有相当一部分推迟到 1997 年了，可以期待它的效果。另外，继续实行特别减税制的话，财源只能是赤字国债了。①

在发表这番见解之前，他们已经考虑过了政治方面的压力。

——如果把 2 万亿日元的特别减税制全部废除的话，自民党内部可能会强烈反对。那样的话，只能在一定程度上缩小减税规模，继续实行特别减税制。比如把减税规模缩小到 1 万亿日元等。

当然，大藏省没有必要一开始就提出这个想法，静观舆论动向和内阁的倾向，在到处都说“应该继续实行特别减税制”的时候，看准时机提出来就行了。

将消费税税率从 3% 提高到 5% 这件事已成定局。

“很明显，提高消费税税率和废除特别减税制的意义有所不同。缴

---

① 摘自大藏省统计局编制的《职位文件》。

纳消费税是制度，这是不容商量的。它关系到税收体系的根本，没有选择的余地。提高消费税税率即使有点困难，也必须实行。但是，废除特别减税制却不同。我觉得如果能顺利推进提高消费税税率的进程，为了使特别减税制能够实施，即使特别减税制还要继续实施，只是要缩小特别减税的规模，也是没有办法的事情。”

一个统计局官员回忆说。

此外，判断经济发展形势的大臣官房的官员们也这样说：

“1997年4月确实在大藏省中出现过不要全部废除特别减税制，而是阶段性实施软着陆的想法。但是，越来越多的人认为经济已经开始恢复，还是应该按照规定方针进行。”

桥本身边的官员这样回顾道：“我们在观察舆论的动向。只要有谁强烈地提出‘暂缓此次废除行动’，桥本可能就会改变他的想法。”

关于这次政策决定，自民党干事长加藤纮一之后这样回忆道：

“废除特别减税制是根据当时情形决定的。通过投票，国民认同了提高消费税税率路线。主税局表示‘废除2万亿日元的特别减税那件事，是不是没有必要做得这么极端？当然我们是站在主张废除的立场上来说的’。随后毫无防备地出现了要求继续实行特别减税制的信号。我们也是顺势做了判断。反正，大藏省也公开说要废除特别减税制，国民也对提高消费税税率表示认同。当时的想法是趁着能做的时候就去做吧！

“并不是说是主税局要求继续实行特别减税制，在对待这件事上面，适度灵活地做个提醒：‘喂，别太得意忘形’，也是有必要的不是吗？而要求主税局做到这件事，就过于严苛了。这是应该由统计局、事务次官、政务调查会会长和我们，以及官邸来做的工作。不过，要讨论这一点的话，就出现了由谁来把控日本经济的命脉的问题。就好像如果是

‘37度’和‘39度’的体温差的话，政治家也能分辨出来；但是，特别减税制对经济的影响，却是‘6度7分’和‘6度9分’的差别啊。（废除特别减税制）之后不久，有一次，被宫崎勇（原经济企划厅长官）这样问道：‘干事长，废除2万亿日元的特别减税是不是有点做过头了’。我清楚地记得我当时心里的反应是：啊，是吗……”

对于废除特别减税制持慎重态度的经济企划厅事务次官糠谷，坚决反对将1997年的经济增长率提高到2%以上。

经济企划厅结合每年12月的预算编制来发表次年度的经济形势，当然增长率是最核心的。当然，也存在不少关于对经济增长率的预测应该算是预想还是目标的争论。① 围绕数字的讨论并不是对密密麻麻的数字进行严密的运算，而是基于各省厅间实际力量关系的一种“神谕”。

“既然准备要这么做，那么就请你们做好增长率只能达到1%的准备。不可太天真。”

糠谷这样主张。他向与各省厅进行实际谈判的调整局局长土志田指示“1%是最低要求”。

当然，对废除特别减税制公开表示担忧的土志田也抱有同样的看法，他坚定地认为达到2%的GDP增长率是不可能的。实际与各省厅进行误判的是游说过议员、忤逆过官房长竹岛的调整科科长永谷，而他接受了糠谷的想法，一心扑在工作上。

经济企划厅已经对7月实施的提高消费税税率和废除特别减税制的影响做了计算。这些税制变更会带来负面效果，使1997年以后3年平

① 最近出现了这样的事例：在1999年度预算编成的过程中，围绕已经定为0.5%的经济预期，经济企划厅和通产省针锋相对，最后由首相官邸出面裁定。

均 GDP 下降 0.3% 左右。也就是说，在计算 1997 年 GDP 增长率的时候，要从预想的数值中减去 0.9%。

GDP 增长率的预期是以经济企划厅为中心，大藏省和通产省共同参与决定的。调整科科长永谷最初提出的 GDP 增长率为 1.4%。

过去，政府从未出现过对 GDP 增长率预期在 2% 以下的情况。1.4% 这个数值超乎寻常的低。

——“经历过泡沫破裂的日本经济，已经不可能像以前一样达到 4%、5% 这样的 GDP 增长率了，最多也只能达到 2%。加上税制变更的影响，如果准确预计的话，1.4% 左右是符合实际的。”

永谷对各省厅做了如上说明，但是，大藏省却指出了如下的矛盾点。

——经济企划厅在 1995 年 12 月总结了“为实现结构改革制订的经济社会计划”，当时预想了两种情况下的 GDP 增长率。第一种是经济结构改革顺利进行的情况下，达到 3% 的 GDP 增长率。另一种是经济结构改革不顺利的情况下，达到 1.75% 的 GDP 增长率。现在给出的 1.4% 的 GDP 增长率比在经济结构改革不顺利情况下的 1.75% 还要低，这不是跟经济企划厅总结的“为实现结构改革制定的经济社会计划”相矛盾吗？

确实，政府不能无视已经确定了的数字。

最后，经三省厅商议，将 GDP 增长率定为 1.9%。这是史上最低值。经济企划厅完全没有自己的主张在一定程度上得到了认同的成就感。

“真的担心日本经济的话，大概应该召集政府机构相关人员商讨，并请经济企划厅官房长前去和桥本直接谈判吧。但是，考虑到现实情况，这是无法实现的谈判。”

“我们确实和大藏省、通产省讨论了 1.4% 或 1.9% 之类的粗略的数字，却没有认真地讨论提高消费税税率和废除特别减税制等会给宏观经济带来怎样的影响。感觉如此重要的政策却在改革过程中草率地决定了。”

参与了这一系列变动的经济企划厅的官员回忆道。

要实施一个政策的时候，评估它会对实体经济带来怎样的影响，这一点应该是政策立案的大前提。但是，针对提高消费税税率和废除特别减税制的政策，中央官厅经济专业出身的官员们却没有对它们可能会对经济造成的影响，以及与政策实施的相关性展开周密讨论。首相官邸也只是看重舆论、党内的倾向这些和经济没有直接关系的方面。

另外，医疗费的提高也将对实体经济产生影响。但是，官员和政治家们甚至都没有察觉到这件事。

什么，9 万亿日元?

1996 年 12 月，厚生省（相当于国家卫健委）麻烦不断。继年金局①原科长助理被捕之后，事务次官冈光序治也因受贿而被逮捕了。

这一年，厚生省因药物引发的艾滋病问题，行政措施滞后和隐藏资料等问题饱受批判。

站在合同厅舍 5 号馆（厚生省和环境省所在地）7 楼的事务次官室里，日比谷公园和它对面的一排排高楼尽收眼底。可是，接任冈光晋升为事务次官的山口刚彦，却没有心思欣赏这隆冬的风景。

外界的批判已经被引燃了。即使在国会例会上，“首先要道歉”“还

① 年金局是厚生省管理养老金的部门。

过来参加国会例会，脸皮是有多厚啊”这样的骂声也是劈头盖脸而来。

当然，山口等不得不摸索出应对这一系列问题的对策，但比这更让人头疼的是，正要进行社会保障制度改革的时候，爆出了这次的贪污事件。

到12月末，厚生省不得不推进医疗保险制度改革，向国会提出介护保险制度①的日子也临近了。

“情况确实非常严峻，但是不得不做的事情，即使咬紧牙关也要取得他们的理解。”

当时山口等厚生省的官员们用这样的话来鼓励部下，但是不难预想，这个会直接导致国民负担增加的保险制度改革必定会遭到激烈的反对。再加上爆出贪污事件这一不利情况，可以预见事态会更加严峻。

虽然如此，厚生省的官员们依然抱有“现在不进行改革的话，制度本身就会崩溃”这样的危机意识。

厚生省保险局在1996年夏制作了60万册左右的宣传资料，分发给全国的自治体、企业和医生协会等，宣传资料中对改革问题的解说如下：

“因泡沫经济破裂，经济基调发生了变化。1992年后，国民收入的增长率每年最多达到1%。在这样的背景下，国民医疗费却平均增加6%左右。因此，医疗费占国民收入比重急速上升，1997年度突破了7%。

“如公司没有健康保险，可以预计1997年度可能会陷入资金枯竭，

① 日本的介护保险制度是把税金作为介护保险的财源，同时又把保险作为国民介护支出的费用来源，在此基础上对需要介护的人及家庭的自立自助给予援助的特色社会保障制度。

无法为职员支付医疗费。”

在全民保险制度之下，以中小企业职员和他们的家族成员为核心，30%的国民加入了政府掌管的健康保险。另外，个体经营者、老人、农民等加入的国民健康保险份额占国民的1/3。10%左右的人加入了公务员共济组合联合会①，20%左右的人加入了公司成立的健康保险公会。加入者将保险费支付给各自的保险机构，如果是公司职员的话，从他每月的收入中扣除他要负担的一定数额的保险费。

在这些制度之下，投保人去医院只需要负担一成的医疗费。退休人士无论去多少次医院，每个月都只需要支付1 020日元。但是，政府的医疗费支出每年高达27万亿日元，而且每年增加6%左右。

应对不断上涨的医疗费的方法首先是抑制医疗费本身的上涨。例如，抑制老人医疗费、改变医生“过量开药”的情况。

但是，如果这样医疗保险资金还不能追上医疗费上涨速度的话，就只能扩大财源了。

医疗保险的财源大致可分为3个部分。根据当时厚生省的资料，约56.4%是保险费收入，约31.7%是税收等公共费用负担，还有11.7%是患者在窗口支付的个人负担部分。

要想应对不断上涨的医疗费，就得从这3个部分考虑。

厚生省在这段时间计算了健康保险的财政状况。

如果彻底进行改革的话，可以预想到会加剧政府掌管的从1993年开始就转向赤字的健康保险的危机。1998年健康保险的赤字金额会突破1万亿日元，到2000年会高达1.53万亿日元。健康保险公会和国民健

① 该联合会开展与国家公务员的养老金和福利事业相关的业务。

康保险的财政情况也与此相似，因此，在应对紧急情况时，需要财政补贴。

升职为事务次官的山口匆忙上任，在这之前他正作为保险局局长和医疗保险问题做斗争。

“我觉得再这样下去，日本的全民保险制度会崩溃的。因为医疗费不断上涨，必须要进行真正意义上的改革。不能放任1997年医疗资金不足的情况不管，而且医疗保险改革意味着经济结构改革迈出了第一步。”山口回想道。

正如厚生省的宣传资料中所述，从财政方面进行讨论的大藏省也认识到了情况的危急。

1996年11月29日，事务次官小川和统计局局长小村武为说明预算制定方针到访了首相官邸。他们交给桥本的文件的第一页就对“社会保险关系费①”做出了说明。

这是为实现医疗保险改革必须要研究的事项。

大藏省想为抑制医疗费增加财政负担做点什么。厚生省与大藏省的步调一致。

当时，统计局的年轻官员这样说道：

“可以预见，再这样什么都不做的话，财政肯定会崩溃的。我们当时觉得如果不着手解决医疗保险问题的话，就完了。”

密切关注着经济形势发展的大藏省调查局也对提高医疗费没有任何异议。

调查局官员回忆说：

---

① 社会保险关系费即与保障国民生活相关的社会保障方面的财政支出。

“大藏省内熟悉医疗保险系统的人认为这样下去保险制度就会崩溃，而该不该即时叫停并不是问题所在。我认为，关于宏观上能有何种程度的影响这一问题的计算，也并不是最重要的。”

而且首相桥本也把“社会保障改革”作为六大改革的支柱之一。厚生省继续着他们的工作。

厚生省收到了来自大藏省的援助，开始着手医疗保险制度改革。作为责任人出任保险局局长的是高木俊明。事务次官山口、保险局局长高木、保险局企划科科长中村等人带着厚生省的提案，向国会、医生协会、媒体等进行了说明。该提案的主要内容是把公司职员自己负担的医疗费用从一成提高到两成，调整老年人的医疗费等。

“那么实际分摊到每个国民身上，会增加多少费用负担？”

厚生省官员在和政治家与媒体相关人士的对话中，经常被问到这样问题。保险局局长高木也是走到哪里都被问到相同的问题。

但是，对于厚生省来说，提出这种疑问很正常。官员们是这样认为的：

“这些声音反映的是利益集团的想法。它们害怕改革会使前来就诊的人减少，也反映出政治家们担心在下一次选举中会不会因此而失去选票。”

事实上，医生协会强烈反对增加患者的医疗负担。①

1996 年，到了接近年关的 12 月，经济企划厅却几乎没有考虑过如何计算医疗费的上涨。他们把医疗保险改革想得太简单了。

当然，他们知道医疗保险改革的形势，也预测到负担可能会增加。有些官员甚至认为“这个改革可能不能马上推进”。

---

① 摘自 1996 年 11 月 28 日的《朝日新闻》。

通产省和大藏省围绕着12月18日发表的、1997年度的政府经济预期中确定的1.9%的GDP增长率进行谈判时，也没有讨论医疗费的增加会给个人消费带来多大程度的影响。相关人员只是提出，消费税税率的上涨和废除特别减税制会带来负面影响，他们只从预期的GDP增长率中减去了0.9%。而这0.9%是经济企划厅计算出的税收制度对经济的影响程度。

一个经济企划厅的官员这样说道：

“不得不承认我们的准备非常不充分。厚生省没有问我们医疗保险改革会增加多少负担。大藏省虽然和我们针对税收制度问题交换了意见，但是我们对医疗费问题却不了解。如果被追问医疗费负担增加的影响的话，我们也只能大致说，它是拉低经济增长的要因，但是不知道拉低的数字是否在我们预想的范围内。对于医疗费负担的增加，我们也无可奈何。在没有考虑到对经济影响的情况下，就提出了医疗保险改革。”

调整局没有考虑医疗费负担增加的影响，就做了1.9%的GDP增长预期。对此，相关人员也做了反省。“1996年年末，我们完全没想到医疗费的上升这一点。如果我们被指责过于天真的话，也是没有办法的事情。”

保险局局长高木也说，没有与经济企划厅等部门进行交流。

“我们没有从宏观政策出发与经济企划厅进行讨论。假如在国会中被问到医疗保险改革会给个人消费带来多大程度的影响这个问题，我们也觉得由经济企划厅来回答就好了。完全没做那方面的准备。”

这个时期，高木拜访了执政党和在野党的事务所，一门心思为医疗保险改革做准备。虽然，他被问到过“提高医疗费个人负担部分”平均会给每个国民增加多少负担，但是他并没有被问到过这些负担的增加会给宏观经济带来怎样的影响。

高木这样说道：

“我认为对经济的影响这个问题本身没有任何意义，所以就没有提出来。因为我觉得几万亿日元的话，对经济不会有什么好或者不好的影响。当时我觉得，首先要防止的是医疗保险制度的崩溃，为此，就只能要求提高医疗保险的个人负担金额了。”

此外，作为前线指挥官的事务次官山口解释道：“并不能说个人医疗负担的增加不会对经济有影响。但是，这一段时间，解除医疗保险制度的危机更为重要。”

作为企划科科长奔走在现场的中村加强了语气。

“厚生省经常说保险负担加重了，我强烈地感到这不是在开玩笑。每年增加超过 1 万亿日元的医疗费这个事情本身就会增加国民负担。为什么这么说？因为医疗保险的财源是税收和保险费。并且，我最想说的是全民保险制度要是崩溃了，真的没关系吗？”

也有人反对医疗保险改革。1997 年决定政府预算案的时候，媒体是这样报道的：

“医疗保险决定将由公司职员等个人承担的医疗费从原来的一成提高到两成。此外，高龄者目前每月承担 1 020 日元的医疗费。改革后，对高龄者的收费一次是 500 日元，并且设定了每月最高 4 次的上限。但是，诊疗报酬制度和药物价格控制的根本性改革却被推迟。这是为了不触及医生和制药行业的既得利益，是一个不够彻底的改革。”①

1997 年年初，保险负担增加的数字结果出来了。

如果根据 1997 年 5 月修改的政府草案来计算，预计 1997 年 5 月到

① 摘自 1996 年 12 月 26 日的《朝日新闻》。

次年3月，个人负担医疗费将增加9 110亿日元，保险费预算支出将增加5 650亿元，医疗保险支出预计将增加1.48万亿日元的负担。如果全年实施的话，预计影响额将达到1.74万亿日元。

据计算，消费税税率的上涨和特别减税制的废除，将导致1997年4月增加约7万亿日元的负担。而现在则等于在此基础上，再加上近2万亿日元医疗费相关的影响额。

在大藏省统计局负责厚生省预算①的官员这样说道：

“我们听说了会增加近2万亿日元医疗费的负担，也对此进行了讨论。但是，当国会和媒体提出总共将增加9万亿日元的负担时，坦白地说，这对我们真是一个晴天霹雳。”

对原本盘算着提高消费税锐率和废除特别减税制会增加7万亿日元税收负担的主税局来说，不得不对关于负担增加的讨论保持敏感，但他们完全没有听说增加的2万亿日元医疗费，所以官员们不得不火速更改用于国会和记者会见的预设问答集。

经济企划厅也慌了。2万亿日元负担的增加，这可不是一笔小数目。但是，1.9%的GDP增长率再也无法改变了。因此，退而求其次，经济企划厅在物价上涨的测算中，考虑能否“吸收”负担增加额。这是因为原本医疗改革等是放在“医疗费增加”这一分类下，从物价角度出发进行宏观测算的，而这已是传统。结果当时，他们有些强制性地明确把这部分负担增加额“算入”（经济企划厅官员所述）了1.6%的1997年消费者物价预测。

参与这项工作的经济企划厅的官员们这样回忆道：

① 厚生省预算是指厚生省能够使用的预算，基本上是指年度预算，由大藏省制定。

“原本，我们对医疗费的提高没有什么好印象。说到实际会产生2万亿日元的负担的时候，我们不得不赶紧重新计算。我们知道在国会中肯定会被问到这个问题，如果把它算入消费者物价的上升，就可以躲避追问了。”

另一方面，把“社会保障改革”作为六大改革支柱之一的桥本首相周围的人，似乎也没有注意到个人医疗费负担的增加对经济的影响。

促成财政结构改革会议的官房副长官与谢野说：“我们认为提高消费税税率和废除特别减税制并不一定会成为抑制消费的主要原因。但是必须承认的是，我们没有意识到医疗费上涨对消费者心理的影响。”

另外，桥本身边的人这样回忆道：

“既然已经决定了经济结构改革的路线，那医疗保险改革当然也是不可避免的。但是，几乎没有深入地思考个人医疗费的增加对经济带来的影响。”①

但是，对于已经决定的事情，桥本一定要找到正当理由。

1997年2月4日，在众议院预算委员会会议上，当被问及增加的9万亿日元的财政负担时，桥本首相这样回答道：

“不能说没有影响……但是，如果因为有影响就推迟，那像什么样子？推迟财政医疗保险改革所需增加财政支出的财源依赖于国债发行，这对于未来来说，真的是更好的选择吗？我可不这么认为。”②

个人医疗负担的增加对经济是有影响的。但是，如果现在不进行财政和医疗保险改革的话，将来可就麻烦了。

---

① 根据当时医疗费负担的增加给经济恢复带来影响的经验，1998年12月，自民党年金（注：养老金）问题调查会率先考虑经济情况，决定暂时中止民生养老保险金税率的提高。

② 摘自1997年2月4日众议院预算委员会会议记录。

桥本回忆起当时的情况，这样回忆道：

“最近，财政当局和经济企划厅通过计算得出的数字都显示能够经受住（个人医疗负担的增加对宏观经济的影响），可以‘吸收’这一部分负担，所以就渐渐地推进了。我感觉是往既定的方向迈出了一步。

“当然，我当时认为经济企划厅是在考虑那个因素（医疗费增加的影响）的基础上推进的。因此他们的想法是负担会被‘吸收’掉。”①

但是，实际情况却不同。

经济企划厅的经济学家们一边对废除特别减税制一事持怀疑态度，一边制定明年的经济预期。

大藏省主税局的官员们为了真正实现消费税税率的提高而四处奔走。

在贪污事件的不利影响中，厚生省的官员们全力以赴地支持医疗制度改革。

参与政策立案的官员们都忠实于自己的工作。但是，参与政策立案的这些人中，却没有一个人对医疗保险改革一共增加了多少经济负担，对经济增长带来了怎样的负面影响这些基本因素进行细致的分析。②

① 桥本证明道：“（经济企划厅）就经济将会缓慢地恢复一事做了说明。但回头想想，却不记得他们对医疗费的影响做过说明。”

② 《金融财政》1999年3月29日的报道中指出，在当时就反对这些政策的众议院议员铃木淑夫（自由党）之后对这个时期的经济运营这样批判道：“经济跌落至1997年的0.4%的负增长，1998年的2.8%的负增长的一个原因是1997年包括9万亿日元的国民负担增加和3万亿日元的公共投资削减的超紧缩性预算。另一个原因是1997年11月的《财政结构改革法》使得人们对未来失去希望。对于1995年到1996年日本经济的恢复，桥本政权错误地认为经济已经恢复到能够经受仓促的经济重建的程度。而当时的自民党、社民党和先驱新党的执行部、财界权威人士、有识之士、媒体都支持这条财政路线。他们对这个政策的失败负有责任，是这些人使得日本经济陷入了第二次世界大战后从未有过的危机中。”

第三章

走向转折点

围绕经济政策的政治力学

日美首脑会谈结束后，出席共同记者见面会的桥本首相（左）和美国克林顿总统

（美国华盛顿·白宫，1997年4月25日）

首相的野心

9 万亿日元的负担增加确定了，桥本政权沿着财政结构改革路线全力前进，速度甚至越来越快。

1997 年 3 月 15 日，星期六。时隔一个月，关东地区终于淅淅沥沥下起了雨，最高气温只有 12℃，天气微凉。

东京新大谷酒店从中午开始就弥漫着紧张的气氛。这是因为接到消息：桥本首相会在当天下午 1 点之前来到酒店。

等候首相的是大藏省的统计局局长小村武。带了几位统计局人员在酒店的一间房间内等候桥本的小村武，十分清楚这次会谈的重要性。

财政结构改革会议已经召开了 3 次。这一次的会谈是为了与桥本讨论今后财政结构改革的方针，讨论原稿是与谢野馨制作的《基本思路》。

实际上，首相下属的主要成员之所以特地在星期六的下午与大藏省官员会面，是因为前一天傍晚的讨论尚有遗留问题。

3 月 14 日，星期五下午 5：40，桥本结束了参议院预算委员会会议之后回到官邸的事务室，迎接他的是官房副长官与谢野和大藏省统计局局长小村武等人。

这份《基本思路》是在总结了财政结构改革会议讨论内容的基础上形成的。随后，根据这份《基本思路》，下一周的星期三再次召开了财政结构改革会议。会上，桥本已经下达了商讨具体削减项目的指示，而 3 月 14 日这一天的重点是这些项目该怎么选择。

不过，亲临会议的桥本看起来有些不满。

“没有中心支柱是不行的。

“再让决策显得更有魄力一点吧。”

一位参加者回忆起桥本注视着修改后的《基本思路》说出了这样的话。

财政结构改革对桥本政权来说，不只是一项单纯的财政政策。在党内尚没有坚固根基的桥本需要用政策来增加自己的凝聚力。

财政预算的分配与日本政治家的日常行动直接联系。落实财政结构改革的实质性内容，在政治上也是重要的主题。

桥本的亲信们证实，对《基本思路》中所示“将 1998 年度预算的一般财政支出的增长归零”这一方针，桥本拖长尾音说：“零?”并表现出不满的神色。

一般财政支出是指从预算中扣除支付国债利息等部分的实质性支出。1996 年 12 月 19 日的内阁会议决定“对财政支出进行全面重新评估”，通过提出“财政健全化政策”将国家的一般财政支出增长率控制在最低（比名义经济增长率还要低）水平。

1997 年度的名义经济增长率为 3.1%，可以认为“增长率”很好地响应了“控制在最低水平”这一要求。不过，桥本对此表示不满。对“零”还不满的话，那只有“负”这一选项了。

“这样没有冲击效果。

“没有政治性的宣传标语。”

重复了这几句话之后，桥本就财政结构改革的目标年限为 2005 年做了指示，把出席会议的大藏官员们弄糊涂了。

“把原定的目标年限 2005 年提前两年至 2003 年不行吗?”

1996 年 12 月 19 日的内阁会议决定：将财政赤字占 GDP 的比例尽量压低至 3% 以下这件事的原定期限是 2005 年。这天的会议上所示的大藏省提案的原定期限也是“2005 年”。参与制作《基本思路》原稿的大藏省官员这样说明：“因为内阁会议决定是至 2005 年，所以官员向首相提交的文书中不应提出更早的时间。”但桥本却推翻了“2005 年”的阁议决定，提议将截止期限提前至 2003 年。

3 月 3 日晚上，桥本在东京大仓饭店内的日本料理店与中曾根共进晚餐，时间将近 3 个小时。这次聚会的目的是为了庆祝中曾根在众议院任职 50 周年，统计局的人担心中曾根利用这个机会在桥本耳边吹了“强硬路线”的风。中曾根也向记者团提到，他与桥本在会谈中，“谈了关于财政重建的技术性问题”,① 暗示了年限会提前。②

---

① 摘自 1997 年 3 月 4 日的《日本经济报》。

② 关于这次会餐，桥本提到：“我记得提到过财政结构改革会议的事情，但是我并没有对这件事特别对待。”但是，有人证明道：“中曾根写了一封长信，强烈建议提前截止期限，而桥本也深受这封信的影响。”

10天之后，被要求截止期限提前的大藏省统计局局长小村武表示担忧。虽然将2005年提前至2003年的想法确实显示了政府的决心，但是每年的赤字削减额就会骤增。

赤字削减并没有这么简单。一方面，虽然没必要，但为了维持一直以来的政绩，投入很多公共资金的例子也不少；但另一方面，还有像社会保障费用一样，因老龄人口增加而自然增长的经费，它们和前年相比不一定可以削减。

即使是期限截止到2005年，也有必要用一年进行1万亿日元左右的赤字国债[①]缩减，更别说是提前两年到2003年了，那样的话每年就必须削减更多。

截止期限的提前并不是桥本的主意，而是前首相中曾根和前大藏大臣武村在财政结构改革会议上多次主张的内容。[②] 只是，桥本也在讨论期间渐渐倾向于期限提前论。

只是，赤字国债的削减程度怎么增加，细节方面需要进行一些调节。

1997年，国家和地方合计的财政赤字与GDP的比率为5.4%。细分的话，国家财政赤字与GDP的比率为3.4%，地方财政赤字与GDP的比率为2.2%。为了将这个数字压至3%以下，必须把国家和地方财政赤字与GDP的比率分别压缩至1.9%和1.1%。按照12月的内阁会议决定，如果截止期限定为2005年的话，国家必须每年削减1万亿日元左

① 赤字国债是指用于弥补政府预算赤字的国债。

② 摘自1997年2月20日财政结构改革会议第二次会议议事记录、同年3月3日第三次会议议事记录等。

右。一旦这一削减期变短的话，节奏就必须变快，对此需要仔细斟酌。[①]

但是，桥本为了出席在东京宾馆里举行的聚会，下午 6 点多必须从官邸出发。而这不是仅仅二三十分钟的讨论就能解决的问题。

秘书官坂笃郎为了确认这个会议能否在第二天（星期六）继续召开，于是问桥本："明天还继续吗？"首相对坂的提议简单回答道："好的。"于是决定 15 日（星期六）下午 1 点开始借用某个房间继续讨论。

不过官房副长官与谢野考虑到星期六还有会议，不得不重新思考提案。他联络了统计局，让参与实务的骨干人员和青年官员在自己的事务所集合。

那一晚，统计局的青年官员聚集在新宿区的与谢野事务所内。1 月到 2 月期间，统计局的青年官员一直在他的官邸办公室参加"学习会"。因为与谢野创造了恢复财政正常运行的机会，所以他们对与谢野的信赖感倍增。这些集结在这位政治家身边的青年、骨干官员被前辈们称为"与谢野的孩子们"。

他们一边喝酒一边进行激烈的讨论，桥本所说的"政治上的冲击"究竟要怎样才能适用于财政结构改革这一多少有些庄严的议题，很难痛快地回答。

讨论进行到一半，结束了工作的首相秘书官坂也加入进来，他的到来加快了讨论的节奏。

首先，与会人员讨论了几个所有人都能轻松理解的财政重建的原

---

① 根据小此木洁的著作《财政结构改革》（岩波书店）中的内容，1996 年 12 月，大藏省通过内阁会议确定了削减赤字的目标，其中不包括提高消费税税率以及废除特别减税制，之所以这样做，是为了能够更顺利地将截止期限提前两年。由此，断定提前截止期限这件事是"被安排好的政治事件"。

则。“加入这个”“不加入那个”，一边这样说着，一边摸索着该怎么表达才能有“政治上的冲击”。

将目标年限从2005年提前至2003年是桥本的强烈意愿，最终加入了提案。经过仔细测算后确定：如果提前两年，那么一年的赤字削减额将增长2 500亿日元，一年的削减额必须达到1.25万亿日元。只是，这个数字是在日本财政结构改革成功，并确保GDP年均增长率达到3%的前提下才能实现的。如果财政结构改革没有进展，每年GDP增长率只有1.75%的话，赤字削减额必须还要增加2%左右。

因此，他们以“一口气预估1998～2003年6年间的情况很困难”为由，决定将前半段的3年间作为“集中改革期”，一边观察赤字削减的进展情况，一边调整改革的步伐。

而且作为第一阶段的1998年度预算在1997年入夏前就定好了限额，它将一般财政支出的前年度比设定为负值。

3月14日深夜，桥本确定了将在18日财政结构改革会议上提出的五项原则。①原本定了十项原则，而桥本以“这样的话我记不住”为由退了回去。

——截止年限定为2003年。

——将1998年至2000年作为“集中改革期”，其间将做出具体预算削减目标。

---

① 此时，在大藏省内部，主税局向统计局要求道：“税的问题能不能也放到财政结构改革会议中讨论?”财政支出只是财政重建的一个剖面，讨论只围绕着财政支出是不合理的——这体现了主税局的问题意识。但是，统计局认为：如果既有财政收入又有财政支出的话，讨论的焦点就会变得模糊不清。总之，必须先致力于削减财政支出。最终，从财政收入方面讨论时，也并没有采纳这五项原则。

——1998 年度预算将一般财政支出的前年度比设定为负值。

——重新评估所有长期计划。

——将包括财政赤字在内的国民负担率控制在 50% 以内。

这五项原则是一直以来讨论的核心。关于每项原则内容的表达，也顾及了细节。讨论当然是以与谢野为中心，他将与会计官员讨论出的原则手写在纸上。某位大藏省官员看了与谢野亲笔写下的五项原则后这样想："字，还是我写得好看啊。"

3 月 15 日在新大谷酒店召开的会议大约持续了一个半小时。其间小村武和与谢野说明了讨论的进展状况，桥本一项项细心聆听，随后对设置"集中改革期"表示同意。与前一天截然不同的是，桥本的脸上露出了满意的表情。

这时的社民党正因首相官邸主导的财政结构改革会议而不知所措。

社民党对财政政策采取的基本态度需要在党内进行认真讨论。既然社民党标榜社会民主主义，那么国家财政将运用到何处、其费用又从何而来，这些问题都与社民党的存在息息相关。

尤其是展开以福利为中心的政策，坚持"大政府"① 原则比较好，还是需要考虑随后要在一定程度上增加"小政府"② 原则？这对社民党来说是最重要的问题。

社民党从 20 世纪 80 年代后半期的社会党时代开始使用"小中央政府，大地方政府"的概念。这一思路包括了向地方转让权限和费用来源。但在桥本政权开始半年后的 1996 年 6 月，他们又打出了"大

① "大政府"是指政府积极介入各种经济活动，扩大经济社会政策的规模，进行各种调控。

② "小政府"是指政府减少干预，让市场自由发挥，通过自由竞争促进经济成长。

社会”论。

“社会服务的提供主体是‘公’（此处指国家机构）与市民的创造性（非营利组织、志愿者等），另外还有根据个案的不同对市场的利用。从这个意义上来讲，我们所追求的未来的福利社会并不是由‘公’独占的所谓‘大政府’，也就是以往的福利国家，而是包括‘公’在内的、由各种社会构成体参与各类计划、分担任务的‘大社会’，也就是网络型福利社会。”

原本，社民党在这时打出不太耳熟的“大社会”论，是因为财政制度审议会的讨论使危机感更深了。在财政制度审议会上，对福利这一块内容的切入成了焦点，先后出现了这样的声音：“必须保证社会保障制度是经济与财政相互调和的产物。”“医疗费方面，提高患者自己负担的部分也是重要的课题。”对此，站在社民主义的立场敲响警钟是必要的工作。

还有一点社民党不得不讨论，就是怎样对待公用事业。虽然社民党对逐渐减少浪费这一目的没有任何异议，但原本社民主义的政策十分偏向凯恩斯理论，西欧的社民主义是肩负凯恩斯主义重任的人。

以大藏省为中心进行改革的理论武装如果是“从凯恩斯主义手法中的逃脱”的话，那么社民党作为执政党的一员，在这方面也被迫必须明确自己的姿态。

但是，从被要求“帮助进行财政重建”开始，社会党内就没什么进行过认真争论的迹象。干事长伊藤回忆说：“结果到最后，党全体没有进行过什么讨论。”

社民党暂且得出的结论是：“光说财政重建没有意义，如果好好地进行结构改革的话，就进行协作。”

这是事实上的承诺。至今被称作“财政重建会议”的这一构想也包含了社民党的意向，最终变更为“财政结构改革会议”，社民党的官员们充满自信地说：“我们的主张被采纳了。”不过，社民党针对“应该追求怎样的财政政策、福利预算的费用来源也应进行结构改革吗”等这样深度的讨论，却始终没有被听取过。财政结构改革会议以社民党内部讨论无法跟上的速度向前推行着。

对于社民党含糊加入会议一事，内部也不是没有批判的声音。

过了新年，社民党党内陆续召开了被称为“社会民主主义研究会”的集会，就财政等问题进行了讨论。这个集会的中心人物是议员保坂展人和在总选举中落选的常松裕志等在东京拥有势力的社民党相关者。

据社民党中心成员常松说，对未经党内讨论就将财政结构改革路线囫囵吞枣的这种情况，执行部反对的声音很强烈。

以财政结构改革为借口，强制要求增税和下调社会保障、教育的水准，社民党也从中协助。这样的危机感正在加剧。

截至 4 月，社会民主主义研究会在众议院议员会馆召开了 8 次。

常松等人这样总结道：

“财政重建的目标是使福利、医疗、社会保障、教育等方面资金更充足，反对以财政重建为借口进行福利、医疗、退休金等水平的下调。”

“应当总结社民党的提案。很多学者、研究者、专家等应该为了完成党的提案而不惜余力。最后，很有可能会确立使福利、医疗、社会保障等方面更加充实的财政重建方针。”

但是，据常松所说，社会民主主义研究会的成果并没有能够反映在党的政策上。从社会党时代就在党本部书记局供职的常松这样说道：

“如果是以前的话，是由党大会来决定。但是，现在变成了由国会议员来决定的机制。社民党的政审事务局没有成为政策的中心，国会议员仅仅是公务员。虽然想要反对财政结构改革，但是反对的声音并没有反映在党的政策中。”

在3月18日即将召开第四次财政结构改革会议前，社会民主党财政政策审议会事务局的前田恭宏拜访了干事长伊藤茂。

前田在社民党政审中负责财政结构改革会议。他获得了这样的信息：在这一时期，桥本和与谢野馨定立了“应该把国民负担率控制在50%以下”的原则。当然，这一原则在之前的各种审议会上时常被提出，可以预想到，它无论如何都逃不过财政结构改革会议的研讨。但是，单从财政的观点来看，将国民负担率压制在50%以下，就相当于将来社会保障的存在结构被设定好了。前田等社民党政审事务局的成员们抱有这样的危机感。

社民党曾在《大社会论》中写道关于国民负担率的内容：“很难预先设定、讨论将来公有负担与个人负担的比例”“这个比例是根据制度的内容来决定的，并且存在于抚养儿童和照顾老人等领域的公有负担与个人负担的交替关系中”，反对设定固定的比例。

从解决社会保障问题的角度，对财政改革的单独行动抱有危机感的前田递给伊藤两页纸，这是关于国民负担问题的预设问答。他希望伊藤在18日召开的会议上提出“国民负担率50%以下”的原则时，能够这样说。

关于“国民负担率不是应该控制在50%以下吗”这一问题，写了如下答案。

——不得不对社会保障削减论者说，显著的“预先设定将来比例”的方法本来就行不通。

——在确立社会保障制度的过程中，研讨国民负担率这一问题时，必须在考虑女性、老人的劳动人口变动、家庭抚养机能低下等主要因素的基础上进行。

——没必要停留在“大政府”还是“小政府”的层面上进行讨论。现在不就正在寻求“大政府”形象的确立吗？

写了这页回答的政审事务官前田，原本认为关于如何推进财政结构改革会议的问题，仅凭党内讨论是不够的。

当然，社民党政审事务官所感受到的违和感并不是经济学家从宏观角度所讲的“财政通货紧缩论”。前田认为“作为社民主义，怎样把握有限的财政来源是必须深入讨论的大问题”。但是，结果最后这一问题意识并没有贯彻于全党，前田所写的这页纸也没有在正式场合使用。

社民党终于在5月初总结出了财政结构改革的大纲。① 3月的时候，事务局的前田所主张的、计划让伊藤表述的原则在这里首次出场，但就时机来说，却没有任何意义。

原本社民党是作为执政党三党的一角，处于能够审查政策的立场上，现在却完全没有采取有意义的行动，就这样，财政结构改革开始了。再者，改革从中途开始加速，对于这一动向，社会民主主义者们再也无法跟上了。

3月18日，第四次财政结构改革会议在官邸大食堂召开，开场提出了《基本思路》和五项原则。

---

① 题为《建设创新型福利社会》的大纲中写道“不偏重于简单的削减，重点投资育儿、看护等社会服务，保护环境、教育、科学研究等”“灵活运用国民负担率在50%以下这一财政结构改革的原则”。

武村发言：

“既然把2003年设定为截止时期，那么可不可以理解：这是将内阁会议决定的2005年实际提前两年？”

桥本这样回答：

“到2005年，尽早达成财政改革这一内阁会议决定没有改变。为了能够达成这一决定，会伴随制度修订，但这无论如何也必须在2003年的常会上提出。然而，即使在2003年提出了，也只能显现半年的效果，实际的效果必须要到2004年以后才能显现。因此才将达成时间设置为2003年，这和设置到2005年的内阁会议决定并不冲突。”

为了削减预算，会不断出现法律修订和设立新法律的情况。预算关联法案在1月常会开始审议时就会被提出，但为了首先讨论预算案，这些法律的设立通常被推迟到6月。桥本想说的是：即使在2003年1月向常会递交关联法案，但由于实际成立再到实施要经过半年的滞后，最早开始起效也要等到2004年了。

虽然这意味着达成财政支出与GDP比率在3%以下这件事要拖到2004年，但对桥本来说，作为政治口号，确保2003年更为重要。

宫泽开口了：

“以前就有人指出2005年的目标年是含糊不清的，本来根据阁议决定，如果赤字国债每年下降1万亿日元，到了2005年就应该没有了。先不说这是不是模糊不清，目标值是定好的，增收却无法预估，所以想要达成并不简单。”

宫泽对那些政治上前倾的政治家没有认同感。他多次向大藏省官员问询：“那么激进，真的能实行吗？”

这位老凯恩斯主义者向大藏省的统计局局长小村武这样打听道：

“把2003年赤字国债设为零的话，那么1998年度（平成十年）的赤字国债削减额还是1万亿日元，将会无法达成。如果均分每年需削减的赤字国债额就会这样。”

小村武回答：

“如果要在2003年摆脱赤字国债，那么每年必须削减约1.25万亿日元。”

不过，宫泽没有再深入探讨。

讨论到最后，桥本说道：“我们提出了简单明了的目标。如果可以的话，我想就这么做。”寻求大家同意。最后官房长梶山总结：“虽然尚待讨论，但今天就到这里了。事后是否需要修改基本思路，就交给首相了。”就此结束了会议。

另一方面，受到政审事务局叮嘱的伊藤并没有在这次集会上发言。① 相反，村山富市这样说道：

“前3年集中改革期是很重要的，这段时间将决定胜负。所以，1998年度（平成十年）的预算编制极其重要，就应该下定决心，像首相所说，破釜沉舟。如果三党不团结起来，很难达成目标。”

结果最后社民党并没有对“国民负担率50%以下”表示强烈质疑，②

---

① 事务局的目标没有顺利实现，社民党干事长伊藤茂只能默默地关注着财政结构改革的领域变得越来越大。一年之后，即1998年8月18日，伊藤茂在回答众议院预算委员会问题时，这样说道：“深夜，我自己也回想了许多。说实话，我必须检讨。这是弊政吗？虽然我不使用弊政或其他片面的词语，但是，我认为自己确实应该反省。”

② 1997年4月14日的第五次财政结构改革会议企划委员会的议事记录显示，社民党政务审议会会长及川这样坦诚地说道：“如果是以前的社会党，一开始就会讨论是否参加这种会议。”

这个目标被纳入了桥本政权的招牌——《财政结构改革法》的五项原则。

五项原则发表之后，大多数媒体评价[①]说："大家应该知道，去年以来的行政改革讨论浪潮中，中央省厅、自治体、特殊法人和财政依存业界等处还残存着'到底多大程度上是认真的'这种半信半疑的情绪，目前却在'五项原则'的形式下，下了决断。"

然而，1996年年末财政制度审议会上，财政结构改革特别部门的成员研究成果认为削减目标至2005年达成是妥当的，这些人看到这五项原则十分震惊。

据说3月19日早上，这其中的一人，野村综合研究所的富田俊基，在东京大手町的办公室读报纸时抑制不住愤怒。

"2005年这一时间是我们参考了各种数据并讨论得出的。我认为这些应更为严密考虑的事情，讨论得过于简单，过于迎合舆论。他们一定想过2003年是否真的能实现的问题。提前两年达成看起来很有激情。但是，能否实现终究是个问题，恐怕财政重建路线的可信赖性也会动摇！"

但是，"财政政策成了政治上获取人气的材料"，富田对桥本采取的

---

① 与此相关的经济报道在小盐隆士的《市场的声音》（中公新书）一书中有详细记叙。书中将媒体的基本论调分为两类：第一类是1992年至1996年，财政刺激政策主要是要求扩大公用事业；第二类是1996年下半年至1997年下半年，承认财政结构改革路线，从1997年下半年开始，财政刺激政策主要是要求永久减税，同时将其定位为"配合政府步调的记者"。另外，明治大学高木胜教授在1998年11月27日《读卖新闻》的"媒体时评"中批判当时的报道都被政府的决议牵着走，他这样说道："从1997年4月（经济）衰退开始，以主流报纸为中心，媒体的认识已经大大跑偏……虽说可能是因为记者等级制度存在弊端，但我觉得还是各大媒体的认识有误。"

政治姿态感到愤怒，他也没有想到，在首相换届的会议上已经决定的事会如此轻易地被推翻。

另一方面，一桥大学教授兼财政制度审议会财政结构改革特别部门的部会长石弘光认为，桥本的这一决定是有内幕的。

“当我听到将目标年限提前至2003年的时候，并没有否定，我有一种‘太好了’的感觉。把它作为政治上的口号不是很不错吗？”

3月21日，财政制度审议会召开，确认了五项原则。

财政结构改革会议正在进行之时，通产省产业政策局局长渡边修不由得担心起来。

据渡边描述，通产省在1996年12月19日内阁会议决定财政重建目标时，向大藏省抛出了疑问。

是否应该在经济显著凋敝的情况下，将调整财政重建速度这一条款，列入《财政结构改革法》。通产省想说的就是这件事。

但是，大藏省反对。

“我们只听到这样的意思：即使经济情况恶化也要实行，要显示决心。”

就像之后渡边回顾的这样，在通产省看来，大藏省的姿态很强硬。

美国的OBRA93规定：在经济发展表现出一定的减速状况时，将会减缓赤字削减的速度。这也被称为“弹力条款”和“经济景气调整条款”。

渡边与担任桥本的秘书官、通产省出身的林洋和取得联系，询问他说：“完全不把紧急避险性的条款列进去可以吗？”

但是他却没有想过要全力向大藏省挑起论战。渡边这样回应道：

“虽然在省内讨论过了，但在被批评说‘改革的速度再加快一点’

的时候，‘指摘到那种程度真的有必要吗’这样的想法处于主导地位。”

“还有一种想法是，经济终归会恢复的。我认为，提高消费税税率前会出现猛增的（‘抢购潮’），于是基于最终问题肯定会解决的这一想法，所以才没有认真提出问题。”

不仅仅是通产省意识到了“经济景气调整条款”的必要性。经济企划厅也有和渡边同样的疑问。

经济企划厅事务次官糠谷真平、调整局局长土志田等人议论说：“在经济不景气的时候，有必要切实做好灵活应对的准备。”

尤其让经济企划厅的经济学家们担心的是，实施财政结构改革的第二年（1998年）经济状况恶劣。多年来分析日本经济的这些人知道，企业的设备投资在某个周期内运转，是按照增加设备投资→增产导致产品过剩→暂缓设备投资→减产导致产品不足→增加设备投资……这样的形式循环的。

如果个人消费和支撑着日本经济发展的设备投资增加，那么从大企业至小企业都会增加活力。糠谷和土志田认为这一周期将会在3年左右。1995年、1996年设备投资的增长势头正在持续，1997年也可能保持这样的势头。

不过，问题是1998年以后。一旦进入所谓的“货币存量[①]调整”时期，那么必然会给经济发展带来一定程度的影响。

在这种时候，出现“因为有财政结构改革，所以完全无法进行财政干预”的情况真的可以吗？糠谷和土志田的主张是：为了避免出现这样

---

① 货币存量是指某一时点存在的货币数量。宏观上指货币供给量、外汇储备量等，微观上指资本金、负债余额等。

的事态，制定紧急避险性条款，一旦经济状况恶化，应该运用暂时终止改革等弹性手段。

总之，暂时决定由调整局向大藏省的官房调查企划科提出："我们讨论一下经济调整条款的必要性吧"，但最终大藏省并没有明确回应。

与大藏省沟通的经济企划厅官员说："我们说'来做吧'，那边回应说'好啊'。但是，自那以后就没有安排过具体的商讨。最后就不了了之了。"

对此，与当时这些讨论相关的统计局官员这样说道：

"在那时候'不要逃走'的呼声倒是更高。最主要的论点是如何能够更严格地对待财政改革，实际想法是，如果发生了严重的萧条，再修改法律不就行了吗？"①

这时，经济企划厅内的讨论会上，出现了把"景气调整条款"的方案拿去给官房副长官与谢野的声音。但是糠谷和土志田等官员犹豫了。把政治家，尤其是把官邸的政治家卷进去的情况必须慎重。

他们正在考虑行政改革会议的事。

行政改革和财政结构改革一样，是桥本政权政策的中心。1996 年 11 月开始的行政改革会议计划在 1997 年 9 月得出中期报告，年末时得出最终报告，采取通过省厅的统一废止合并的方式来规划行政组织的格局。对此，中央官厅的官员们为了使自己的机关得以存续而竭尽全力。

经济企划厅是"被盯上的官厅"之一。原来它的职能应当是综合调整机能，而现在要如何做到呢？它在为这个问题困扰之时，其他官厅开

① 实际上，1998 年 5 月修正法设立，目标年份改成了 2005 年，并增加了弹性条款。最终设立了在 1998 年 12 月废止效力的法律。

始谣传："经济企划厅要解散了。"

成为目标的经济企划厅拼命说明他们工作做得有多好，以及为何需要这一机构，而且他们认为有必要拿出成绩来。

如果在这时向官邸提消极议题的话，结果可想而知。

——官邸正因为财政结构改革而气氛高涨，这并不是提消极话题的时机。经济企划厅的官员们这样思量着，于是把问题搁置了。

但是，就算向官邸提了，桥本好像也是不会同意的。

"我听了关于弹性条款的事，比较担心如果加入这样的条款，改革的整体形象会变得模糊。虽然后来明白加入此条款无疑会对经济的变动有影响，但当时却害怕（改革的理念）会一点点后退。"

桥本这样回忆道。

指向美国副总统的反对意见

美国始终对稳步进行的桥本财政结构改革路线抱有怀疑。

1997 年的春天来得比往年早一些。东京气象台在 3 月 22 日报道了樱花开放的信息，这比上一年早了 10 天。

樱花开放两天后的 3 月 24 日，桥本首相在东京赤坂宾馆迎接美国来的贵宾——副总统艾伯特・A. 戈尔（Albert A. Gore）。虽然还有些冷，但是这一天晴朗的市中心被耀眼的阳光照射着，天气好得让人不甘心只待在室内。

戈尔踏上了日本的国土，将这里作为其亚洲历访的一站。冲绳问题是美国对日政策的主要问题，对这一问题的意见调整是必不可少的，在经济问题上戈尔也对日本提了很多要求。戈尔的这次到访还决定了在一个月后的 4 月下旬桥本访美时，要和克林顿总统举行首脑会谈，就个别问题进行深入交谈。

和生于阿肯色州贫民区，爬上总统位子的克林顿不同，戈尔有一个当参议院议员的爸爸，他从年轻时就作为东部权力集团的一员生活在美国上流社会，他精英的外表下隐藏着进军下一届总统的政治野心，这是华盛顿政治界对他的主要评价，但是和被日本政府贴上“对日强硬派”标签的美国贸易代表办公室的代表米基·坎特（Mickey Kantor）不同，他几乎没有在经济问题上向日本施过压。

但是，外务省和大藏省都不敢放松戒备，因为这个时候，已经从各个渠道传来美国对日本的经济政策抱有怀疑的消息。

——提高消费税税率和废除特别减税制，再加上开始实行预算紧缩的财政结构改革，这样真的没问题吗？经济好不容易才开始复苏……

美方的担忧从 1996 年年底开始就加剧了。日本政府分析，戈尔作为克林顿的代表访问东京，在提出冲绳等重要问题的同时，也需要就日本的经济实行紧缩政策一事提出美国的顾虑。

这个分析和美方相关人士的分析相同，从华盛顿来的戈尔的随行助理在经济贸易问题上被认为是对日强硬派，因此，接待戈尔的美国驻东京大使馆相关人士认为这是“来自华盛顿派的信息”。

3 月 24 日，首先开口谈经济问题的是桥本一方。

“昨天在和池田外务大臣的会谈上，我得知了副总统的关心事项，我想就提高消费税税率对日本经济的影响进行说明。

“1997 年第一季度，日本经济因受到消费税税率提高的影响而停滞不前，但是我们是在做好思想准备的基础上提高消费税税率的。民间的设备投资也很平稳，不会出现您担心的那种状况。

“虽然日本国内大范围的改革才刚刚开始，但也得益于我和米基发生的巨大分歧①，使我有机会对日本的行政和经济结构进行认真研讨。由于日本的各种制度设置得非常精细，不管从哪一部分入手，都需要重新评估整体。这一点是可以预见的，因此，我才从整体入手。”

桥本想说的是：必须要除去日本经济残留下来的不需要的规章制度。日本能够意识到这一点，要多亏在日美汽车贸易谈判中的美方主张。我们要做的事就是两年前你们所要求的。

之后桥本再次表明了日本的基本态度：

“改革开始的差不多两年内，日本经济可能会受到影响，日常收支也可能会有波动。但是，在这期间我们不会生硬地继续改革或者采取新的财政措施。如果美国有想要叫停改革的意思，很遗憾，我要说不同意。”

反驳对方的观点时，桥本的说话之道有两个技巧：

第一个技巧是部分承认对方说的话，下结论时则完全不让步。桥本在听取国会答辩时，也经常用“我对那件事并没有全盘否定”“我对议员的讨论没有正面否定”等表达。比起正面起冲突，桥本给人们留下的是温和的印象。

第二个技巧是盯着对方的脸，用“那么你说能怎么做”“那么请问……该怎么办”等问句来表达反击。

---

① 1995年，美国发起的制裁逼迫日本，最终两国达成日美汽车贸易协议。当时的通产大臣桥本和米基·坎特反复进行了激烈的交锋。从那以后，坎特和桥本成了旗鼓相当的竞争对手。据桥本所说，他的记忆中美国对日本的国内政策没有说三道四。

桥本在正式的场合灵活运用这些技巧来推进讨论，他对戈尔说“很遗憾，我要说不同意”，此时语气有些强硬。

对此，还没有提及本质问题的戈尔不得不被动反击：

“我们支持日本的放松管制以及为了金融改革所做的努力，我想明确说明这一点。在此基础上，我们担心的是，财政政策的变动会引起日本经济衰退或停滞。日本国内需求低迷以及日常收支盈余扩大会造成两国间局势紧张，必须尽力避免让这件事成为两国关系的负担。我知道日本改革已经开始了。但是，在出现我们担心的情况之前，最快也许是今年秋天，希望你们重新制定政策。”

如果会引起经济的停滞和黑字的增加，那么就要放弃财政紧缩政策，依据实际状况，采取扩张性财政政策等任何能刺激经济发展的政策——美国的要求直截了当。

根据会议记录，在这之后讨论一下子变得激烈起来。

“就算到了秋天，出现了你们所担心的情况，我们也没有重新制定政策的想法。今后的3年，日本经济不得不承受改革所带来的影响，特别是依赖于公用事业投入的经济运营已经不能再继续了。国债发行也不能维持原有的水平。”

戈尔认为对桥本的反驳自己需要做些补充：

“我希望您能理解，我并没有打算左右您对日本的政策以及这一政策对经济带来的影响的判断。我只是单单从两国关系的角度出发才这样说的。日本对美收支的增加，必定会让两国的关系更加紧张。改革的影响可能表现为经常贸易顺差的增加，请您务必考虑这一要素。我是想避免给和谐的日美关系增加不必要的紧张感。”

像戈尔所说的那样，日本对外黑字的大小和日美间的紧张程度是相关的，这是一直以来的定律。而且，令人记忆犹新的是1994年2月，当时的细川首相和克林顿总统举行了首脑会议，围绕日美一揽子经济协议进行了协商，结果没有达成一致意见，导致日本驻华盛顿大使馆的外交官们和美国政府的高官不能会面等异常情况的发生。

桥本一直到最后也不同意美方的主张：①

“仅用财政政策来支撑日本经济的时代已经结束，我会考虑您的建议，而且也会避免您提到的那些情况。”

之后两个人的话题转移到个别问题协商上，没有再回到宏观经济运行的话题。

桥本对克林顿的代表——美国副总统戈尔以严厉的口吻说“政策不会改变”这件事马上传到了官厅。

外务省、通产省，还有大藏省等，有不少在平时的经济谈判中屈服于美国的官员感到心情舒畅，他们都说“不愧是桥本先生啊”，对首相更加支持了。

而在那些与美方没有直接接触的官员中也流传着“桥本当时是真的满脸怒气”“戈尔在得知首相改革的决心后也低下了头”等说法。

这些年，日本在张口就是“扩大内需”“健全金融体系”的美国那里受了不少挫折。

大藏省统计局的官员表达了愤怒，说：“美国如果没有‘OBRA’，也不可能有今天这样的状况，可一提到其他国家时，就肆意干涉。”桥本的亲信之一也严肃地说：“日本并不是美国的附属国。”

当然，桥本自己在半年后向美国“道歉”这事是谁也没有预料到

① 以强硬的姿态面对美国的桥本回想，当时他感觉日本的媒体一味地推崇美国的主张。

的。一位大藏省高官后来这样评价：

“戈尔在以财政为中心的宏观经济运行问题上对桥本穷追不舍，讨论全部集中在那里，我认为这是美国的失误。因为桥本对外已经不能再做让步了。”

1997 年春天，日本政府认为美国关心的是怎么防止对日赤字的增加。克林顿政权本来就对日本对美黑字极其敏感。1997 年 3 月开始到 4 月，“美国政府要求日本灵活处理美国对日赤字的增加”这一消息从华盛顿的日本大使馆传到了外务省。

通过分析这些消息和戈尔与桥本的会谈，可以得出一个结论，即“美国担心日本的财政政策会使以内需为主导的经济恢复缓慢，从而可能导致美国的对外赤字增加”。

中央官厅的讨论把焦点转移到官员们擅长的专业性很高的“技术论”上。

他们没有考虑日本财政政策的妥当性，而是为了反对美国的主张，反复推敲赤字、黑字的定义等一些细枝末节的问题。

1997 年春，日本政府开始考虑要强调贸易、服务等相关收支。

国际货币基金组织在 1993 年修改了《国际收支手册》，这一手册是规定如何表示各国经常收支（国际收支概念和分类、国际收支平衡表）的入门书，它采用的不是以往的贸易收支概念，而是一种包括了运输、旅游等服务收支的贸易、服务收支的思路。

日本的服务收支是以赤字为主调的，因此相比较以往单纯的贸易收支和经常收支的黑字额，贸易、服务收支的数额要小。

“美国主张的日本黑字并没有明确说明是贸易收支还是经常账目平衡，国际货币基金组织也越来越重视贸易、服务收支。比起讨论黑字容易增加的贸易收支和经常账目平衡，贸易、服务收支的讨论更能正确地反映两国的经济对话，也可以看出日本的黑字并没有那么大。”大藏省高官如是说。

对日本宏观政策的批判不知从什么时候开始，被引到一个“贸易、服务收支”这样一种拗口的修辞中。

1997年4月，美国财政部部长鲁宾在前往宿务岛参加APEC（亚洲太平洋经济合作组织）首脑会议的途中，访问了东京。鲁宾从一名华尔街的金融从业人员转变成为克林顿政权的官员，最开始担任的是国家经济委员会（NEC）的主席，之后成为财政部部长。

来到东京的鲁宾再次表明了对日本政策的担心，他和桥本会谈时转交了克林顿的亲笔信。

这封亲笔信在言及些许在赫尔辛基的美国和俄罗斯首脑会晤情况之后，把焦点转移到经济问题上。

“我们在去年一年中同心协力，为了消除对方的经济担忧而努力。经济方面的成功对稳固大范围战略关系的根基起了积极作用。但是，我担心再次发生日本贸易不均衡、金融市场震荡、保护主义抬头的循环。我意识到首相在削减财政赤字时需要面对中长期课题。但是，我担心日本经济的未来和对外黑字的增加。首相现在的财政计划预计在明年可以大量削减财政赤字，但是，这会阻碍强有力的以内需为主导的经济复苏，同时可能会增加相当一部分经常贸易黑字。我请求您在经济衰退且黑字增加的时候，保持财政重建政策的灵活性。

“我同样对银行体系内存在的问题抱有担忧。我知道这个问题的难度，祈祷能够采取一些必要的措施来解决问题，进而维持金融体系的稳定。这对日本经济再次可持续地健康成长，以及避免金融市场出现意料之外的动向来说是必不可少的。”①

信中不仅仅提及了财政政策，也提及了金融行政。但是，日本政府分析认为：从这封信中可以看出，如果日本向美国说明黑字没有增加，那么还是可以说服美国的。

4 月 7 日在华盛顿和萨默斯副部长会面的大藏省财务官加藤在 4 月 10 日回国后就向相关部门这样报告道：

“萨默斯副部长表达了两个看法：一是放任现状不管的话，日本的经常贸易黑字与 GDP 的比率可能会增加到 2.5% ~3%；二是这种规模的不均衡会导致经济摩擦，当然这只是基于过往经验的推测，因此日本还是应该在现阶段想一些对策。”②

相关者认为美方在 4 月的日美首脑会谈中要求的是现阶段的处理应对，但同时也认为这可能是首脑会谈上一种讨价还价的策略，因此并没有认真地对待。

华盛顿的树木陆续恢复生机，4 月 25 日，桥本和克林顿在白宫举行首脑会谈。

这次会谈中经济问题所占的比重不如以往那样大了，虽然克林顿理解日本在财政削减方面所做的努力，但是这样可能会让经济增长变慢且经常收支顺差扩大，如果这样的话，调整日本的贸易黑字可能会像以前一样变成“难题”。克林顿向桥本阐明了自己的担忧。

根据会议记录，桥本对此是这样回答的：

---

① 摘自 1997 年 4 月 2 日克林顿给桥本的信。因为这封信在桥本访问美国前被报道出来，桥本很生气，斥责了身边的人，相关的省厅也感觉到首相对信息被泄露很愤怒，桥本曾要求他们查出到底是谁泄露了消息。

② 摘自 1997 年 4 月 10 日财务官办公室的记录。

“在日本，以财政结构改革为首，目前有6个领域正在进行改革。在财政结构改革中，政府的财政支出被削减，另外还要求增加国民负担。伴随着消费税税率上涨2%、特别减税制的废除，从这个月开始到5月或是6月，会有一些对经济发展的担忧。这是正常的。”

同时，桥本说明因推进财政结构改革，下半年度预计经济会正式复苏，所以能确保1.9%的GDP增长目标，他认为美方的担心是没必要的。

随后，根据官厅的分析认为“美方担忧的是黑字”，桥本开始对黑字进行说明，以消除克林顿政权的担忧。

“关于黑字问题，我认为拿国际收支黑字来讨论是有问题的。贸易、服务收支的动向是很重要，但是我认为黑字并不会大幅增加。

“经常账目平衡包括国外资产的利息和积累的分红。通过观察除去这部分的贸易、服务收支，就能正确地反映出贸易动向。”

这时桥本向克林顿及其他出席会谈的部下每人分发了7页的资料。首脑会谈中使用这样的资料真是前所未有，资料中甚至包括很多图表。

“关于对外黑字方面，应当留意与他国的生产、雇佣有直接关系的不只是经常收支，而是相当于外需的贸易、服务收支。”

桥本这样说道，并对资料中的图表进行了说明。克林顿也一边翻看图表一边听桥本的说明。

图表有6个，标题分别为：经常收支顺差和贸易、服务收支顺差与GDP的比率的演变，G7各国的比较，对美贸易、服务收支的演变，对外直接投资累计额和海外生产比率，出口和当地生产，进口渗透度。

桥本一边结合图表，一边说明了日本的贸易、服务收支顺差不管是全体还是对美国都大大地缩小了，海外的直接投资和海外生产比率上升了等这些结构性的变化，最后加了一句，他说：

“经济结构变化的趋势是不会变的，我们国家的贸易、服务收支黑字在今后就算一时发生变动，我认为也不会大幅增加。”①

简而言之，桥本的主张是——日本的贸易结构在发生大的变化，对外不均衡不会再次膨胀。因此，担忧日本的黑字增加，对财政政策有怨言是不合理的。

克林顿只是沉默地听着，完全没有像3月戈尔访日时那样进行激烈的争论。

日本政府的相关人士是这样回顾的：

“克林顿在与桥本见面前，和戈尔等政权核心人物商议过了。我们从华盛顿方面得知，在他们商议的过程中，戈尔建议‘姑且先观察日本的经济形势’。我在想美国政府会不会就是想看看日本的能力。”

但是，美国政府似乎对日本的说明并不太认可。

美国财政部部副部长萨默斯向即将晋升为财务官的大藏省国际金融局局长榊原英资指出：“对外均衡扩大的话，日本贸易、服务收支的黑字一定会扩大的。”他向日本传达的是这样一种信息，即不管是要强调贸易、服务收支还是商讨经常账目平衡，最终都是要规规矩矩地减少黑字。

但是美国政府在这时候对日本的批判明显减少了。

美国财政部部长鲁宾被记者团问道“你认为日本的政策是走在正确的道路上吗”时，他满是嘲讽且十分谨慎地回答道：

“我的见解很简单，日本如果决议如此，就采取能达成政策目标的战略。如果目标能达成，问题也就解决了。如果不能达成，到

---

① 摘自1997年4月25日的“日美首脑会议”会议记录。

那时会有其他的方法来达成那个目标吧！总之，我也不能指手画脚说得太多。”①

讨伐凯恩斯派

虽然没有得到国外的支持，但是桥本的财政结构改革还是在慢慢地推进。讨论完了令人难以提出反对意见的总论部分之后，接下来讨论的焦点就集中在各个项目上了，特别是围绕公用事业的投入的讨论成了一个重点。

随着财政结构改革势头的高涨，建设、农水②和运输等省厅对于打算削减公用事业的财政支出一事，非常敏感。

公用事业一直以来都被批判占财政支出的份额多得惊人。各地的公用事业工程很多都被指责没有意义。事实上，1965 年建设、农水、运输三省占财政支出的份额分别是 68.9%、20.1%、7.5%，1997 年该比例分别为 68.5%、20.1%、6.9%，整整 30 年都没有大的变化。

投标中不断出现不正当行为和疑似串通行为。公用事业成为日本官商勾结的象征，公众似乎都知道双方是怎样合作骗取财政预算的。

日本的公用事业在国内被指责占财政支出份额过多，在国际上被批判太过封闭。中央官厅也很清楚，正如这些质疑声所说，对公用事业的投入已经在很大程度上脱离了经济合理性诉求。并且他们深知，即便是很难改变的每个省厅的分配份额，大藏省的统计局只要找到机会，就会

① 摘自 1997 年 6 月 21 日鲁宾参加记者见面会的记录。

② “农水省”是“农林水产省”的简称。

重新分配。只是，把全体手握权力的政治家动员起来，统筹财政分配份额非常难，但这也恰恰能展现政府机构的实力。

“今年我们似乎处于风口浪尖啊。看来有必要认真地出台一些对策了。”作为公用事业官厅的代表，建设省的负责人们常常成为众矢之的，他们早已自动进入了防御状态，开始强调公用事业的经济效果。

确实，日本政府为恢复经济发展，一直采取以公用事业为中心的经济政策。经济企划厅总结出的经济模型显示，公共投资影响效果的乘数为1.32，远远超过减税的乘数0.46。也就是说进行1万亿日元公共投资的情况下，会产生1.32万亿日元的经济效果。①

当然，如果把公用事业的意义只定位于经济恢复对策的话，那么“设法进行滞后的社会资本准备”这一主张就会变弱。因此建设事务次官伴襄等对周围人这样说：“把公用事业投入作为恢复经济的对策，这一点很不合理，因此，要做点必要的改变。”

但是，指责公用事业无用的呼声很高，而且相继有研究指出，公用事业作为恢复经济的对策，它的效果很快就会减弱。② 媒体不断质疑公用事业在恢复经济方面的成果。公用事业投入被认为是无用的，对经济恢复的效果也很微弱，人们失去了对公用事业本身的信任。

1996年11月组阁时，龟井静香出任建设大臣。龟井选举时，在自民党执行部反对提高消费税税率。也许新的建设大臣会做点什么，建设省的官员们暗自期待着。

---

① 1998年10月，经济企划厅开发了“短期日本经济宏观计量模型”，据此计算公共投资影响效果的乘数是1.21。

② 经济企划厅在1998年版的经济白皮书中认可20世纪90年代后半期开始的财政政策的乘数效应变小，景气对策的即时效果也变差。

中央官厅的道路旁，每年4月初都会开出美丽的樱花，形成一条樱花大道。从此路过的人都能感到春天的气息，整个人都觉得神清气爽。但是，1997年春，建设省的官员们却没有欣赏樱花的时间，不得不集中精力做事。

事务次官伴襄、建设省的官员们都认识到财政结构改革会议最引人注意的一点在于对公用事业支出的削减。“4月8日召集建设大臣进行听证”这一通知从首相官邸传来，官员们不得不开始准备。

根据龟井所说，这次听证会是应建设省和厚生省的强烈要求而召开的。

“没有建设大臣和厚生大臣参加的会议本来也没什么意义。我对桥本说‘首相，请等一下。财政结构改革会议侵犯了内阁官员的预算制定权，这可是违犯宪法的’，之后，小泉（厚生大臣）也说‘正如龟井先生所言’，这样才迫使首相召开了听取我们意见的会议。”

这个时候，建设省的官员们在商讨对策，他们总结了两个基本论点：一是申诉削减公用事业支出会给经济带来多大的负面影响；二是日本在社会资本整备①方面已经远远落后于国外各国了。为了跟上其他国家，需要认识到公用事业投入的必要性。

建设省对削减公用事业支出带来的影响做了模拟。计算了10%的公共投资减少额会给经济带来多大的影响，并整理成了报告书。

“假设公用事业投资减少10%的话，建设业产值将减少3.2万亿日元，制造业产值将减少2.5万亿日元，服务业产值将减少1.6万亿日

① 社会资本整备是指由国家或者地方团体在公用事业方面，为道路、港湾、住宅、医院、学校等产业和生活的基础整备的社会资本。

元，再加上其他产业，全国产值总计将减少 7.6 万亿日元。

“假设公共投资减少 10% 的话，全国约有 51 万人将失去就业机会。这个数字相当于（1995 年度）北海道所有产业 278 万从业者的 18%。”①

将公用事业投资的削减额假定为 10% 的原因是，当时有消息称，财政结构改革会议会在削减公用事业支出上提出一个相当惊人的数字。

建设省的官员们对这份报告书相当谨慎。虽说采取了预估预算削减结果，获取民众同情的战略，但是，如果行动过于高调的话，反而怕引起反感。

“对外公布要谨慎。”

这份指出削减公用事业投资存在巨大风险的报告书，只是建设省的“内部资料”。②

在 4 月 8 日听证会不久前，包括龟井在内，建设省内部进行了最后一次商谈。

要说什么，要怎样说才能够赢得与会者的理解呢？怎样才能让他们理解公用事业投资对日本的重要性呢？

事务次官伴襄下属的建设省官员们深知公用事业拥护论“寡不敌众”，他们也知道公用事业投资被逐渐“包围”。此外，他们也知道像这样的会议，虽然名称是叫“听证会”，但是只是双方各自发泄不满、情绪色彩很强的会议罢了。

但是，龟井下令称该说的事情就要好好地说清楚。在他的指导下，

① 摘自建设省编成的《今后财政重建背景下公用事业投资的应有状态》。

② 与外务省的文件多数只在相关部门传看，很多都属于“仅限内部”“对外保密”类似，这次计算结果也只以建设省的相关部门为公布对象。

建设省的官员们首先提出他们的主张，指出如果大幅削减公用事业投资的话会给日本经济带来多大程度的影响，也决定解禁“内部资料”，在会议中当众发表。他们认为这个计算结果已经经过了经济学者的检验，是经得起推敲的。

“大臣，我们打算这样做。”

建设省的官员们就此事征求亀井意见时，他简短地回答说“可以”。

4月8日，下午3点多，在首相官邸的大食堂中召开的关于财政结构改革会议的听证会开始了。

首先，由亀井就公用事业投资做概括性说明，之后他总结道：

“不管财政情况有多不好，经济形势有多严峻，考虑到日本的社会资本整备的水准远落后于其他国家这一现状，为了我们的子孙，必须要切实做好社会资本整备，千万不能忘记这一点。下面由官房长补充。”

坐在亀井旁边的建设省官房长小野邦久开始发言。像这种不仅仅有官员，还有曾任首相、大藏大臣的元老级政治家们围成一桌的会议，非常少见。

小野根据准备好的资料，开始对建设省计算出的削减公用事业投资的模拟实验结果做说明。

不用说，要求削减公用事业投资的大藏省强烈反对小野的说法。大藏大臣三冢对“预测如果公用事业投资削减10%的话，将增加51万失业者”这一部分尤其不满。会议结束后，他生气地对身边的人说：“建设省到底是以什么为依据计算的，怎么会算出这么高的失业率。”

小野讲完后，会议进入疑问解答阶段。第一个发言的是前大藏大臣林义郎。

“我很清楚官房长讲话的主旨，但是现在正处于财政重建时期，必须要考虑如何处理财政赤字问题。在社会资本整备方面，如果能用税收勉强撑下去还不成问题，可是事实上，现在是靠发行建设国债这一借债方式来维持的。”

对此，龟井这样说：

“我并没有局限于建设省的视角，我是从必须要提高国家基础设施建设水平的角度出发才提出这样的主张的。这是为了我们的子孙。而且，从国际经济竞争力中的成本方面来看，交通基础设施建设也是很重要的。要从更加长远的观点出发来考虑我国经济。不扩大经济再生产的话，就无法还债。事实上，过去的公用事业投资发挥了它作为“提神剂”的作用。如果全部交给市场经济的话，经济低迷了，谁对此负责呢?”

龟井威严的声音仿佛对周围的人有一种压迫感。他说的这些话恰恰也是建设省官员们的主张。如果不首先走上刺激经济的正轨的话，财政结构改革不是没有任何意义了吗?当然也有对公用事业投资效果提出质疑的意思，但是，如果不将公共财政结构改革投资作为调节和恢复经济的手段的话，政府就无法采取强有力的经济政策。

对此，龟井所在党派的领导，同时也担任大藏大臣的三冢立即反击:①

三冢首先摆出“财政重建是经执政党三党同意的”这一政治方面的事实，并做了一番说明。之后，他这样说道：

“现在处于非常时期，所以我们不要规定哪些问题不可触碰，而是

---

① 1998 年 8 月，龟井分裂了三冢派，成立了龟井派。

必须要把内阁和政党政治的命运相连，致力于财政结构改革，重新找回财政的活力。”

三冢提到了建设省的说明，尤其是让人头疼的失业问题。他对此提出如下意见：

“雇佣问题由大家一起来解决，不会给建设省添麻烦。”

接下来发言的是社民党干事长伊藤茂。

伊藤在开题时讲道：“听了今天的讨论，我想就我在意的几个方面谈一谈。”他说道：“我不是公用事业投资无用论者。但是，建设省的人说公用事业投资可以作为恢复经济的对策，带动经济发展，我并不认同。包括经济审议会在内，民间也不认同这种想法。”对于建设省提出的公用事业投资在刺激经济恢复方面的作用，他直截了当地提出了异议。

这次讨论结束后，自民党干事长加藤做了如下整理：

“现在有两种意见。也就是说，围绕凯恩斯主义的政策，有人认为它是好的，也有人认为这个政策的效果已经到了极限。”

官房副长官与谢野没有放过发言的机会：

“把好的社会资本留给后世，这是很重要的，但是，现在的问题是借债也留给了后世。泡沫经济之后，公用事业也建设了不少，它的效果已经到了极限。我本来以为今天能够听到削减成本之类的讨论，结果都是关于凯恩斯主义的讨论，真的很失望。建设省也不要坚持社会资本整备这一想法，是不是应该讨论下稍微放缓脚步呢？”

会议开始前，有很多政治家认为“凯恩斯主义已经过时了”，龟井对此很生气。他大骂道：“口口声声说着凯恩斯，明明连一本凯恩斯的书都没有读过。”他认为有必要对与谢野进行反驳：

“经济在变化，活跃经济的方法也会随之改变。从截至目前的经济运行情况来看，进行公用事业建设确实带来了实际效果，这是不可否认的事实。历史经验很重要，预测是靠不住的。要对国民的生活负责的话，就要脚踏实地。”

这一天，农水省也要就农业预算问题进行听证。差不多到了预定的时间。亀井做了如下总结：

“在座的官房长也打算团结一致来致力于财政结构改革。今天只是为了说明社会资本整备的重要性。最后，我希望大家能够理解，把所有的国债余额都归结为是公用事业支出进行讨论，这一方法是存在问题的。”

这番话结束之后，亀井和官房长小野被要求离开首相官邸的大食堂。

在这个会议上，建设省的主张并没有被充分理解。[1]

公用事业领域聚集了很多政治家，因为它直接与地方的利益得失相关。族议员也被细分到道路、下水道、港湾等各个事业领域。

据说，这些与公用事业相关的族议员的统领实际上是前首相竹下登。

此外，曾任国会对策委员长的自民党的村冈兼造在公用事业相关领域也是实权者。

财政结构改革会议中，公用事业投资成了被批判的对象。对此，不仅仅是与建设省等相关的省厅感到了强烈的危机感，它们的议员也打算动用政治力量，改变预算被削减这一事实。

但是，竹下登先生作为财政结构改革会议的一员，已经到了走投无

① 摘自 1997 年 4 月 8 日财政结构改革会议企划委员会记事录集锦。

路的地步，面临这种尴尬的局面，他也束手无策。永田町中流传着“竹下先生说了，对于削减公用事业投资一事他也无能为力”这种说法。

竹下在3月召开的第三次财政结构改革会议中发表了这样的讲话：

“公共投资方面240万亿日元的7年计划也曾被下调至190万亿日元。各个5年计划中并没有100%完成的。”①

听到竹下登特意介绍下调的例子，提及了长期计划没有实现的情况，很多官员和政治家都认为“这是不得不削减公用事业投资的信号”。

建设省也避免和竹下直接接触，因为他们私下认为：“现在再听到我们的进言，竹下先生也会很为难吧。”

官房长小野等经常和村冈联系，他们想要打探公用事业预算的削减率大概为多少。

这期间，建设省认为“公用事业的预算大概不得不被削减3%左右”，然而，他们被党内传来的消息吓到了，“听说要削减15%呢”。

建设省的官员们尽量避免和村冈以外的政治家接触。当然，他们也可以发起运动，反对削减公用事业预算，到访议员会馆等，但是，财政结构改革这事本身是由内阁决定了的。他们认为，发起大规模的运动可能会引起相反的效果。但是，也有不少建设族议员在向大藏省和首相官邸施加压力。

5月15日傍晚，副长官与谢野给建设省相关官员打了电话，说道：

“明天来趟首相官邸吧，和梶山见见面。”

建设省官员觉得纳闷儿，他们想着可能是要问关于公用事业预算最后的想法吧，就准备好了资料。

---

① 摘自第三次《财政结构改革会议记事录》。

第二天，官房长及5位局长级别的建设省官员到了首相官邸。当小野他们想要就公用事业投资的效果做出说明的时候，梶山制止了他们。

“我知道你们要说什么。但是，现在是着手进行财政结构改革的时候。”

梶山说了这句话之后，就滔滔不绝地继续说着。要是谁想插句嘴，就被他以近乎数倍的压迫力给逼回来。

梶山仿佛一个人越说越起劲了：

“你们总在说如果削减公用事业投资的话，会给宏观经济造成这样那样的影响。你们要是这么担心宏观经济的话，那我就让你们来当经济企划厅的局长吧！”

对于官员们来说，被当面指出自己的职责范围并不是什么愉快的事，但是，当对方是自己的顶头上司时，他们除了沉默地听着之外，别无他法。

筹备这次会议的，似乎就是与谢野馨。

“加藤先生给梶山先生打来电话，说建设族议员太飞扬跋扈了，他很为难，能不能让建设省官房长以下的所有局长们来一趟。所以，就把他们叫来首相官邸了。问他们能不能协助进行财政结构改革，他们却说着日本经济这样那样的情况，完全不理解我们。好像说了‘那我把你们调到经济企划厅吧’这句话之后，起了效果。”

结果，财政结构改革会议决定将公用事业预算“削减7%”。

洛克希德事件的阴影

因为桥本首相在自民党内的根基不稳，所以必须要靠实际的政策来显示其政治领导能力。实施财政结构改革、行政改革，同时利用相应政策获得政治向心力，这是桥本采用的战术。

这个战术从某种程度上来说成功的。压制族议员势力，削减国民批判声音不断高涨的公用事业支出、合并统一日本开发银行和北海道东北开发公库等，对行政改革方面也发挥了一定的作用。

另外，桥本用他擅长的外交能力全力改善日俄关系，1997年6月他与叶利钦总统进行会谈，并约定初秋时再次进行首脑会谈。

桥本的亲信团队感觉到“一直顺风顺水”，自民党内也没有任何要把桥本拉下马的迹象。

最重要的是调查结果显示，那个时候桥本内阁的支持率高达50%左右。

对桥本的战术造成微妙影响的是9月11日的内阁改组。

桥本撤销了官房长官梶山的职务，把中曾根派的佐藤孝行提拔到总务厅长官的位子。对“永田町观察员”来说，虽然揣测桥本把梶山放逐朝野的原因很重要，但是，更重要的是值得思索桥本为什么要起用佐藤。佐藤曾因与洛克希德公司（Lockheed）贿赂事件有染，被判了罪行。

不用说，舆论自然沸腾了，有影响力的报纸全都对桥本进行了猛烈的批判。

《朝日新闻》在9月12日登载了官僚名簿，就在同一版面上，以“出格的骄傲的自民党”为大标题进行论述。另外，《日经新闻》也同样在12日的社评中，以“背叛政治信任的佐藤氏进入内阁”为题对桥本的判断进行了猛烈的批判。

同时，像是呼应社会舆论严厉的批判做出回应一般，原本与自民党和桥本联手的社民党也对桥本进行了猛烈的抨击。

佐藤事件在组成内阁后的11天，以佐藤本人自行辞去职位而收场。虽然也可以说是桥本撤回了任命，但是这个事件对桥本的打击就像一点儿一点儿地敲击他政权的稳固性，使他逐渐失去了政权的向心力。①

一个大藏省的官员曾经说道："在行政改革等这些和我们有直接利害关系的问题上，很明显内阁对桥本的评价已经改变了。"

桥本自己也这样说道："关于我的价值观究竟是什么，我究竟有没有政治上的领导力，这样的舆论兴起令人十分痛心。一旦进入政治上的防守战的话，一切就都结束了，必须不断地攻击。政权根基稳的时候，可以进行政策转变，但是如果失去向心力的话，就有失足的危险，所以这时不能转变政策。"

从10月开始到11月，桥本团队切实地感觉到首相的政治向心力正在减弱，因此，被提上国会议程的《财政结构改革法》的确立成为一个重要的筹码。

如果《财政结构改革法》不能通过的话，桥本政权的基础很显然就会崩溃。本来对经济变化必须灵活处理的最高权力者，现在除了一门心思地实现财政结构改革之外已无路可走。

就在桥本为佐藤事件苦恼的时候，经济企划厅感觉到了经济动向的微妙变化。

因为经济企划厅每个月都会撰写判断经济动向的材料，所以会对各行业进行听证。制造、物流、服务等行业的负责人也会以经济企划厅提问、他们回答的形式，对所处行业现状进行说明。

---

① 桥本认为此次内阁改组的骚动是"（政权的）转折点"。政务秘书官江田宪司也说："内阁改组出现这样棘手的问题，对首相进行批判，党内的支持势力在减少等都是事实。"

经济企划厅将听证得到的资料和其他的经济指标结合起来，以《每月经济报告》为题每月发布一次。

从1997年9月开始实施听证制度以来，调查局的负责人对汽车、土木工程、钢铁等行业最近的经济动向进行了听证。

设备投资正在看涨。在8月7日发表的经济状况的先行指数中，作业机械订单增长了两个点，钢铁化学等原材料产业态势看起来也很良好。

但是，在8月29日的矿业生产指数中，出现了不得不判定为“生产横向波动”的情况，而且好像也有一部分库存积压。虽然设备投资能够拉动经济发展，但其究竟能发挥多大程度的作用，似乎仍须观察。

除此之外，经济企划厅的经济专家们担心的是，与经济发展相关的个人消费的恢复有些迟缓。

商场、超市、家电等的销售额由于之前调整消费税带来的“抢购潮”的反作用，在4月份陷入低迷。当初预计到夏天经济就能恢复，但是8月销售额与去年同期相比还是下降了很多。

“消费恢复十分迟缓。”

虽然经济企划厅调查局的负责人们是这样想的，但是依然没有改变他们认为经济会缓慢恢复的想法。

但是，同厅的官员们开始对经济发展的动向有所怀疑了。事务次官糠谷听说产业界有意进行生产调整，觉得“必须要稍微注意下了”。

8月底日经平均股价急剧下跌，市场对于未来有强烈的不安感。

听了9月各业界的说明，日本经济下跌应该是明确的事实了。将9月11日发表的1997年4月到6月的GDP通过年率换算发现，跌幅达11.2%。

虽然也有相关意见认为“跌幅是在预期范围内”，但是对未来经济动向的担忧更加强烈了。

上述GDP数据发布的时间是9月11日，这一天也是桥本进行内阁改组的日子。因为GDP跌落和起用佐藤事件发生在同一天，在社会上引起了很大的轰动。以这一天为分界线，迄今为止一路顺风顺水的桥本，不论在政治上还是经济上都被逼入困境。

经济企划厅事务次官糠谷拜访桥本的日子是9月18日。糠谷觉得有必要向桥本报告一下，在内阁改组的前后“并不只是经济恢复得不错这样的好消息”，所以他要拜访桥本，并拜托了官邸安排时间。糠谷与桥本的交谈从下午4点开始，持续了将近一个半小时。

糠谷对数据进行了说明，指出虽然形势严峻但是总体上经济并没有全部崩溃，可以看看将于12月发表的7月到9月的GDP数值究竟如何变化。

出席了这个会谈的相关人员记得，桥本认真地听完糠谷的说明后，是这样回应的：

“在财政结构改革和放松管制方面，具体应该先做些什么比较好呢?”

9月26日内阁会议将确立并在国会中提出《财政结构改革法》。桥本不想让目前令人不满的经济现状影响该法案的审议。如此一来，经济恢复对策，只有选择不增加财政支出情况下的放松管制以及产业结构改革。虽然经济企划厅不能将桥本的发言作为明确的指示，但是他们已经着手准备作为进一步推进政府管制范围放宽的支柱经济对策了。

但是，经济企划厅每个月必须要诚实地写出政府对经济状况认识的报告。从9月19日发表的报告来看，曾展现全体经济动向的“总体判断”部分有微妙的变动，稍微修正了对经济的整体表述。

8月报告中的“在需求增长的背景下，生产也在增加。虽然经济恢复的速度有些缓慢，但是以民间需求为中心，经济将会不断恢复”这一部分在9月改成了下面的描述：

“现在的情况下，生产增长虽然迟缓但是仍然在横向发展。经济恢复的速度虽然有些缓慢，但是以民间需求为中心，经济情况将会是持续恢复的基调。”

在外行人看来，这只不过是一样的文章，但是在专家眼中，做出这种判断的肯定程度明显降低了。参与报告写作的经济企划厅专家这样说道：

“在8月下旬股价下跌，好像给人们带来了很大的影响。”

桥本为了使经济恢复，命令尽快实行放松政府管制的措施。

9月29日，桥本在国会演讲中这样说道：

“我认为，虽然经济在缓慢地复苏，但并不是像以前那般强有力的恢复，这难道不是显现出了整体结构的问题吗？为了提高民众对经济的信心，必须毫不犹豫地推进财政结构改革。”①

虽然对于经济恢复的判断标准变得更加严格了，但是并没有改变财政结构改革路线的方针。

桥本的演讲是以经济企划厅执笔的原稿为基础的。

经济企划厅的官员回忆道：“虽然有人认为因为部分行业需求不足，必须要刺激需求，但是我们不这么认为。从供给侧（supply side）开始增强经济的力量，把商业机会与雇佣范围的扩大联系起来。我们当时坚信，从长远来看，改革会取得成功的。”

经济是在渐渐恶化吗？

大家都期待着有“经济诊断师”之称的经济企划厅的意见，但是经

① 摘自1997年9月29日众议院会议记录。

济企划厅内部却出现了分歧。调查局内部有这样的意见：“应该看清是实体经济在渐渐变差，还是个别企业主体已不再活跃。”

如果是个别企业主体现象的话，经济再回到恢复的轨道上相对比较容易。

在预测“从下半年开始恢复”的前提下，GDP增长率却没有达到1.9%，经济企划厅是有责任的。身为预测经济走向的专家，却没有预测准确，这对经济企划厅来说也有一种屈辱感。

但是，当时身为经济企划厅长官的糠谷收到了尾身幸次的指示："不要太拘泥于当初的看法比较好。"

关于截止当时的经济判断，经济企划厅内部并不是没有质疑的声音。

比如说关于个人消费的动向问题，当时的月度报告中，千篇一律都是“有缓慢恢复的倾向”，但是从消费趋势的推移和消费税税率的增加来看，难道不是在抑制消费支出吗，消费本身不是并没有高涨吗？既然是这样，还能认为个人消费正在缓慢恢复吗？经济企划厅内部开始出现这样的评价。①

---

① 和个人消费动向有紧密联系的是家庭消费动向。虽然总务厅每个月进行家庭消费调查然后发表调查报告，但是从1997年1月到3月消费需求为73%，在认为消费税影响已经消失了的6月、7月、8月，消费需求却向72%移动。消费需求的统计以可支配收入为分母，消费支出为分子。如果废除特别减税制的话，可支配收入（分母）就会变小；如果消费税税率增长的话，消费支出（分子）的金额就会增加。也就是说，分母变小，分子变大，相除的商就会越来越接近1。如果单纯地从公式上来考虑的话，消费需求应该一定会提高。但是统计显示的结果是，消费需求平稳。因为特别减税制的废除肯定会对分母产生影响，所以大家认为问题出在分子身上，消费税税率明明提高了2%，但是支出金额却没有增加，也就是说购入数量减少了2%但是消费支出的总额没有改变。1997年9月和10月，消费需求跌落到71%，11月和12月又跌落到了70%。1998年1月2日，消费需求下降到了69%。

但是反对经济走弱判断的声音也很强。“顽强派”的经济企划厅官员这样描述道：

“我们主张应该看到经济基础条件。设备投资、收支都没有变差，国外需求也很强劲。说到底只有消费市场变得萧条而已。如果我们不坚持说“基本面并没有变差”的话，会加速基本面的恶化。所以并不想修改我们的判断。”

虽然顽强派在负责判断的经济企划厅调查局内部是很有根基的，但是事务次官糠谷主张应该比调查局的看法再严苛一点。

在厅内的议论中，“顽强派”被说服了。官员们说道：“虽然我们反对修改判断，但是‘理论也好什么也好，如果变差的话直接就写变差’。”

只是，这必须与桥本的正式意见在道理上保持一致。经济企划厅长官尾身幸次在国会中反复这样回答：

“经济恢复的节奏有点缓慢，需要慎重对待企业的状况，以民需为中心的经济恢复的基调应该会这样持续下去。”①

当时，对于经济官厅的官员而言，另一个需要担心的事情发生了。那就是源于泰国的亚洲金融危机。

接收到亚洲各国动荡消息的是大藏省财务官榊原英资。

---

① 摘自 1997 年 10 月 20 日众议院财政结构改革特别委员会会议记录。在 9 月份的月例经济报告文书中尚对经济恢复较为乐观，但 10 月份之后这种乐观逐渐减弱。在 10 月 7 日发表的 10 月份报告文书中，关于个人消费问题采用了如下较为慎重的措辞：“虽然伴随着消费税率的提高，抢购潮的回跌正在减弱，但恢复的节奏还是缓慢的。”而到了 11 月，报告书终于第一次使用了“停滞不前”这一说法，修正了经济呈上升趋势的判断。

和他同样在大藏省国际金融局的官员们提出了“亚洲货币基金”（Asian Monetary Fund，简称 AMF）构想，以“应对区域性金融危机”。大藏省从 8 月下旬开始行动，向亚洲各国，包括韩国、中国等展示这个构想。

虽然韩国等国欢迎 AMF 构想，但是中国对此持慎重态度。

问题是美国。美国财政部是后来才知道这个构想的，对此持强烈的反对意见。财务官榊原从下午一点接到了萨默斯副部长打来的国际电话，到 3 点为止都在进行激烈的讨论。

关于美国的态度，大藏省是这样分析的：

“美国等国家表面上以以下几点理由反对 AMF 构想：如果与 IMF 分别进行金融援助，就会损坏 IMF 维持规范的机能；如果准备大规模的资金，就能更好更简单地运行政策，资金也更容易运作。美国以与亚洲有很大利害关系为由，对在排除美国的情况下讨论 AMF 构想一事表示强烈不满。”

同马来西亚的马哈蒂尔（Mahathir）总理希望在排除美国的情况下建立东亚经济论坛（EAEC）而最终失败的情况一样，日本的 AMF 构想也夭折了。

这个时候日本政府认为，基本上并没有迹象表明“亚洲金融危机会对日本带来影响”。虽然之后桥本对 1997 年的经济崩溃几度强调“夏天之后亚洲的金融危机，秋天之后金融机构的经营破产等影响”，① 但是

① 摘自 1998 年 1 月 13 日众议院会议中桥本的答辩。根据桥本的评价，从以前开始亚洲经济的基础就很脆弱，虽然在 1997 年的丹佛峰会中各国首脑提出了这个问题，但是并没有成功地向大家传达危机意识。而且，感觉对于金融危机，经济企划厅和大藏省的认识多数存在着差错。

至少到深秋为止，日本对于亚洲的金融危机还只是处于一种“隔岸观火”的状态。

为了实现 AMF 而四处奔走的榊原，直到亚洲金融危机波及印度尼西亚还没有明显的危机感，其他的金融团体也是一样。

但是一个支持榊原的大藏省官员这样说道：

“金融危机波及印度尼西亚和韩国时，我认为已经很严重了。那时候是 11 月。但金融危机却不是日本经济负增长的决定性因素。这一危机虽然对民间产生了一定程度上的影响，但是就像桥本所说的，它并不会导致日本经济崩溃。关于财政方面如何应对，他并不想多说，所以才淡化危机的影响。”

有着诊断日本经济体温作用的经济企划厅更为乐观。到 1997 年年末为止，韩国的状况已经非常严重了，他们都没有为这件事忧心。

经济企划厅的官员这样说道：

“虽然注意到了泰铢的下跌，但是完全没有考虑到亚洲金融危机对日本经济的影响。直到韩国债务违约事件发生，我们才开始进行‘万一影响到日本’的探讨。”

第四章

在坡路上跌倒

金融机构为何走入死胡同

北海道银行代表藤田恒郎（左）和拓殖银行代表（河谷祯昌），二人就拓殖银行和北海道银行的合并延期问题进行谈判

（札幌市，拓殖银行总行，1997年9月12日）

三洋证券的陷阱

日本经济在面临转折点时，金融领域发生了震动。即将发生的是桥本、三冢，以及大藏省的官员们都没有预料到的三洋证券的破产危机。

盛夏时节，气温却没有上升，列岛还没有迎来高温。

8 月 15 日，盂兰盆节。一辆白色的丰田凯美瑞从轻井泽出发，穿过望月市，行驶在去往长野县南蓼科的路上。

从轻井泽出发已经两个小时，太阳已经升得很高了，然而晨雾仍未散去，因此，车子无法加速行驶。一晃时间就到了晌午。

开车的是大藏省证券局证券业务科的科长——小手川大助。休假中的小手川离开轻井泽前往南蓼科是有原因的。他的这次访问与一家陷入困境的准大型证券公司——三洋证券的前途有关。

在南蓼科，另外一家同等规模的准大型证券公司的社长——松谷嘉隆正等待着小手川的到来。实际上，昨天小手川已经到访过松谷的别墅，当时因为松谷有其他客人在，他们未能谈及工作上的事。小手川不动声色地暂时返回了轻井泽，并悄悄预约好了第二天的会面。

"不论怎样都要说服松谷先生啊……"

小手川一边在心中酝酿着拯救三洋证券的策略，一边开车穿过了女神湖侧面的高原道路。

提到小手川这趟南蓼科之行，要追溯到7个月之前了，也就是1997年1月20日。

新年伊始，因为股价大幅下跌，日债银和拓殖银行的经营管理问题开始引起不安。正在担忧之时，大藏省4楼证券业务科的小手川接到了一通电话。

"真是非常抱歉，再延长一年无论如何都是不行的！"

对方是人寿保险业界规模最大的公司——日本人寿保险的领导。

"什么？不是说过没问题的吗？"

小手川这样反问后，对话就没能再继续下去。

这通电话传来的是一个坏消息，原本9家人寿保险公司答应给三洋证券的后偿贷款的延长期被缩短了。

1996年年末的一次非正式场合的接触，让小手川认为人寿保险公司可以将三洋证券的后偿贷款延长一年。而现在小手川有种被抛弃的不安感。

三洋证券因为在泡沫经济时期拓展事业，以及非银行系列不良债权问题，正面临着经营管理困难的处境，并于1994年春天发布了经营管理重建计划，主要内容为减免利率和增加资本，具体操作是向东京（现为东京三菱）银行、大和银行以及日债银这3家大银行申请非银系列贷款的利率减免，这3家银行和野村财团也同意为三洋证券增资200亿日元，同时9家人寿保险公司同意提供200亿日元的后偿贷款。

后偿贷款是一种融资手段，是指在借款方倒闭的情况下，可以在优先级贷款被偿还后再进行偿还。而相对来说，这种贷款的利率会比一般贷款高。因为这种贷款的偿还顺序比一般贷款靠后，借款方可以把它算入“自有资本”。[①]

在高额赤字的影响下，三洋证券的自有资本已经处于危险水准之下。对于此时的三洋证券来讲，200 亿日元的后偿贷款可谓维持它不被吊销证券营业执照的救生索。根据《证券交易法》第 54 条第 2 项，[②] 自有资本比率不到 150% 时需要制订经营改善计划，不到 120% 时会被勒令制定彻底的重建策略，比如合并，如果重建策略行不通的话，就会被勒令停业。所以在这个节点，如果没有这 200 亿日元后偿贷款，三洋证券是不可能存活的。

为了确保财务的健全性和安全性，证券公司把后偿贷款算入自有资本时，有很严格的条件。偿还贷款的期限不到一年时，是无法把它算入自有资本的。

9 家人寿保险公司把后偿贷款借给三洋证券的日期是 1995 年 2 月 1 日。当初定下的融资期限为两年，结果到了第二年的 1 月，还款期限被延长了一年，最后还款期限就变为 1998 年 1 月末。

也就是说，对于三洋证券来讲，距离还款期限正好一年的 1997 年 1 月底正是决定三洋证券能否把后偿贷款算入自有资本的决定性时期。而三洋证券也无法靠自己的力量调配更多的资产，除了向人寿保险公司请

---

① 关于后偿贷款的算入方法，在 1999 年至今的大藏省金融监督厅告示的《基于银行法第 14 条第 2 项规定，制定自有资本比率的基准一事》中有明确记载。

② 关于证券公司自有资本的规定参照省令第 16 条。

求延长还款期限之外无路可走。小手川作为证券公司的监督人员，也的确向日本最大的人寿保险公司——日本人寿保险请求了援助。

当初，在非正式场合中，日本人寿保险曾表示至少可以将三洋证券的后偿贷款延期一年，如今却突然要缩短还款期限。关于理由，日本人寿保险的领导称："社长无论如何也不批准。"

这就要提到1995年，在兵库银行的破产处理中，有一部分借给兵库银行的后偿贷款未能收回。所以日本人寿保险的伊藤助成社长对后偿贷款产生了一种强烈的不信任感。基于这样的背景，他才反对延长还款期限。

1995年8月底，为了拯救破产了的兵库银行，大藏省银行局集合了日本央行、金融界以及地方财团的力量，于1996年1月设立了"绿银行"。那时为了减少兵库银行的损失，各家人寿保险公司都放弃了一部分后偿贷款。

当时，位居人寿保险协会会长的伊藤社长在记者见面会现场直接批评了大藏省这样的举措。[①] 他说："为了帮助金融机构达到自有资本比率的基准，我们也（在后偿贷款方面）提供了帮助，但是兵库银行（在法律上）既然不算破产公司，就应该像对待一般贷款一样处理后偿贷款。"

受到日本央行超低利率政策的影响，对于每家人寿保险公司而言，利率很高的后偿贷款可以说是获取利益的一种资本运作手段。但是，前提是要有坚固的行政系统持续护航。既然有了舍弃弱者的可能性，就不能随便接受大藏省提出的条件。所以对于伊藤社长提出的建议——希望

① 摘自1995年9月15日的《朝日新闻》。

有明确的重建计划，小手川也无法反驳。

关于三洋证券的后偿贷款问题，双方最终达成了共识，还款期限不是当时预计的延长一年，而是延长 6 个月。更新后的最后期限变成了 1997 年 7 月 31 日。同时日本人寿保险向小手川要求，在那之前三洋证券需要重新整理重建策略。

对于证券局来讲，三洋证券就像卡在喉咙里的小刺。从 1991 年 3 月开始到 6 月连续赤字，再加上巨额的非银行不良债权，预计有将近 500 亿日元的债务。并且从证券界的一般常识来看，1994 年的重建策略应该也会行不通。

但是，三洋证券一旦破产，事情极易演变到连托管资产都岌岌可危的地步，那么整个证券市场将不可避免地迎来一场大混乱，并给持续低迷的股市带来无法估计的负面影响。

这确实需要问责证券局，因为到目前为止是证券局对银行和人寿保险公司进行指导，也是他们主导证券公司的重建策略。所以三洋证券问题的圆满解决是交给证券业务科科长的任务。

再加上在强行推行银行局局长的消极论之前，证券局局长长野龙士发动了日本版的金融大改革。所以不论是从过去还是从未来考虑，对于长野而言，都不应该放任三洋证券的问题不管。

相关人员记得长野当时说过：“虽然无法强制干预，但是处理一些证券业的闲事正是我们行政机关的妙趣之一”。其他官员也说过：“这是最后的保驾护航行政体制了。”

从 1996 年秋天开始，证券业务科开始讨论后偿贷款的期限延长问题。长野也私下会见过三洋证券的大股东——野村证券的社长酒卷英雄。

“您能考虑一下三洋证券的事吗？”

面对长野的请求，酒卷给出了明确的回答：

“不应该让它破产啊。”

证券业最大公司社长的“认同”给了长野勇气。证券局的官员们也抱有很大的期待，认为酒卷应该会帮助他们解决三洋证券的问题。

但是在1997年3月发生了一件意想不到的事——野村证券涉嫌为股东大会敲诈者提供贿赂。

因为涉嫌违犯《证券交易法》和《商法》，东京地检署特搜部对野村证券进行调查，给予了野村证券严重的行政处分，并且强调不论是正式场合还是私下场合，从长野到证券局的各级官员，都不能与野村证券的首脑进行接触。在此期间，酒卷社长也退任了，以野村证券为主要力量策划的三洋证券重建事宜不得不中止。

接下来证券局把目光放在了三家主要银行中唯一一家还有余力的东京三菱银行身上。但是这家最大的城市银行对自己成为经营重建的主要力量信心不足、犹豫不决。

东京三菱银行从1997年1月开始对三洋证券的财务进行了彻底的调查。3月证券局提出了增加资本和产业重组的重建策略，并请求东京三菱银行协助。但是，东京三菱银行通过自己的调查发现，普通的资本投入根本无法拯救三洋证券，所以在5月中旬正式拒绝了证券局的这个请求。

证券局在那之后也劝说过东京三菱银行，但是在6月中旬就彻底打消了劝服它的念头。从表面上看，这是因为东京三菱银行说：“即使口头答应了协助三洋证券，但是到最后做出决定也要花很长时间。”但实际上还有一个原因，证券业务科掌握了一条消息：能够和东京三菱银行匹敌的另一家大银行——三和银行现在迫切地想要强化证券业务。

三和银行在泡沫经济时期发展迅速，在收益方面以很大的优势超过了它的对手住友银行、富士银行以及第一劝业这些关东金融势力。对于这样的三和银行来讲，唯一不足的地方就是证券业务，在它的整个财团内没有有影响力的证券公司。如果这样下去的话，它在经济金融大改革中将很难健康发展下去。

对于抱有这样想法的三和银行来讲，无论如何都要构建一个体系来强化它的证券业务。

小手川趁这个时机以“学习会”的名义和三和银行的企划负责人频繁接触，表面上是为了拉拢东京三菱银行进行“第二次正面作战”，但实际上目标是三和银行。

三和银行以前就对经营体系健全、处于证券业第二阶梯的国际证券表示过很强的兴趣。但是关于如何将三洋证券的重建与三和银行的想法结合在一起，在当时那个节点，证券局还没有想到绝妙的方案。

到了 6 月底，出现了一个绝佳的机会。

三洋证券的会长与国际证券的会长在以前的旧制高中是前后辈的关系，证券局的官员知道了这个事情之后悄悄安排了两个人的会谈。

6 月 30 日，按照事先安排，三洋证券的会长浦松史郎与国际证券的会长石井大和在东京都进行了商务聚餐。“请帮助我们”，浦松提出了合并的请求。面对浦松的求助，石井说：“改日我们好好说一下这个事。”石井表示了愿意进一步交涉的意向。

小手川从浦松那里听到了会谈成果之后暗自欢喜起来。

虽然都是准大型证券公司，但是国际证券更具备实力。国际证券的大股东与三洋证券一样，都是野村证券。如果能顺利地把三和银行也拉进来，那就不仅可以解决三洋证券的问题，还可能创造出一个可以与野村、大和、日兴、山一这四大证券公司匹敌的超强证券公司。这简直是一石二鸟，不，简直是一石三鸟的主意。这个主意也让证券业务科如释重负。

但是，对于两位会长基本上达成一致的想法，证券局负责人说当时国际证券的社长松谷嘉隆是强烈反对的。原因一是这只是会长之间会谈得出的结果，越过了全权负责公司经营战略的社长；二是松谷认为："本来应该在白天坐下来商谈的问题，怎能轻易在晚上的酒席中就达成一致？"

慌乱的证券局官员在7月18日那天拜访了刚刚从国外出差回来的松谷，正式请求商谈国际证券和三洋证券合并事宜。令人感到意外的是，松谷竟然回复说："如果是监督当局的邀请的话，那我们就讨论一下吧。"

虽然后偿贷款的偿还期限近在眼前，但是证券局感觉到国际证券那边"有希望"，并没有感到特别焦虑。再加上现在这个时期，长野局长下属的大部分官员都忙于野村证券的行政处分问题，所以大家都没有余力像1月那样顾及人寿保险公司。

7月30日，日本人寿保险公司的理事实在坐不住了，来求见证券局的审议官山本晃。这时正好是野村证券因为涉嫌为股东敲诈者提供贿赂一事被行政处分之前。山本走出屋子后，一大批围在大藏省周围的记者一下涌了上来。"我不是负责人。"山本脱身之后，就前往事先准备好的房间去见日本人寿保险公司的理事。

"审议官，如果您这边没有什么消息的话，我们这边也无法做什么。"

拒绝了将还款期限延长一年的请求，一直劝说证券局提出明确的重建策略的日本人寿保险公司其实也感到很焦虑。因为它担心被指责说为了收回后偿贷款，致使准大型证券公司破产。

山本回绝说，“这是你们自己应该判断的事情”，并且说明了在 7 月之后关于三洋证券重建的一些活动。听了这些说明之后，日本人寿保险公司觉得证券局对于三洋证券重建已经成竹在胸，于是在 7 月 31 日决定再延长后偿贷款的还款期限。这次不是半年，而是延长 3 个月，于是还款截止日期就变为 10 月 31 日。和 1 月时的变更一样，附加条件是还款期限不再延长。

第一人寿保险公司也宣布“有确凿的证据证明三洋证券 3 个月之内可以总结好重建策略”并同意延长还款期限。住友人寿保险公司的社长也在记者见面会上表示“得到消息说确实能够归还后偿贷款”。[①] 基于国际证券这边的回应，证券局向各家人寿保险公司保证说如果能给我们 3 个月时间，应该能够总结好重建策略。

虽然证券局做了保证，但是 8 月 7 日国际证券社长松谷告知的结果还是“不通过”。

在 7 月中旬答应要再商谈的松谷，回去之后就抓紧调查三洋证券的资产，但得出的结论是，合并“从经济上看没有合理性”。

山本和小手川在东京都的酒店听到松谷的回复之后，变得忧心忡忡。此时如果国际证券撤出，一切都会功亏一篑。三和银行愿意出资也是以和国际证券一起援助为前提的。所以无论如何都不能让国际证券退出。

---

① 摘自 1997 年 7 月 29 日、1997 年 8 月 1 日的《日本经济新闻》。

“您那边的调查结果或许觉得合并有些强人所难，但是关于预期收益的算法，我们这边仍有一些疑问，请让我们这边也调查一下。”

小手川这样回复之后，暂时把国际证券的调查结果放在了一边，发现了下一个机会。

松谷会在南蓼科度假，第二天掌握了这个消息的小手川决定打开天窗说亮话，直接过去谈判。

证券局迄今为止最大的赌博就这样开始了。

从轻井泽出发的小手川，于 8 月 15 日下午 1 点多到达松谷位于南蓼科的林间别墅。和会客室相连的是一个很宽敞的阳台，从那向外望去视野开阔、景色优美。小手川同松谷简单寒暄之后，就开门见山地拜托松谷说为了整个证券业，希望他出一分力量。

松谷没有轻易地点头，即使这样小手川也没有放弃。

“如果经济上合理的话，您是可以接受的对吧？”

小手川说完这句话之后，想到了能够确保经济合理性的良策，不由得挺了挺身体。

良策之一是债务重组（债务的股份化），即让金融机构放弃收回三洋证券的一部分贷款，取而代之的是这部分贷款可以转化为新公司的股份让金融机构持有。这个策略也可以被用于日本证券信用银行的拯救计划中。

良策之二是计入“无形资产”的策略。虽然说三洋证券持续赤字，但是个人交易业务是它的强项，单凭这一点它就有经营价值。这个策略就是把三洋证券的强项作为无形资产的资本金。关于三洋证券现在欠下的非银行系列贷款，小手川也进行了说明，说通过法律上的处理能够让三洋证券减轻负担。

虽说小手川的秘密策略还没有完全整理好，但是确实构成了重建策略的“重要部分”。根据相关人员的消息，想出这个重要内容的是东京三菱银行。东京三菱银行虽然拒绝了参加重建策略的起草，但是它曾经在非正式的场合中，向证券局建议说，如果想要让三洋证券真的东山再起的话，需要像“债务重组”和“无形资产”这样的策略。

小手川和松谷紧张地交涉了将近5个小时。

松谷不停地说这行不通，小手川则拼命劝说。最后松谷迫于小手川的满腔热情，说道：

“您都说到这个份儿上了，那我们就再认真地讨论一下吧。但是，小手川先生，我们有几个条件。”

松谷停了一下，继续说道：

“第一是负债，希望能完美地解决负债问题。第二是无形资产，希望无形资产不要导致预算过多，如果可能的话，不只是三和银行，希望也能拉拢其他银行参与重建。”

小手川每一项都点头了。

“第三，如果今天的谈话内容被泄漏给媒体的话，这个约定就算作废。以上的条件您觉得可以吗？”

不用说，小手川没有任何异议。虽然没有得到理解，但是小手川坚守立场，取得了谈判的成功。

6点过后，与松谷协商一致的小手川，又返回了轻井泽。和来的时候不同，回去的路上雾已经全散了。

还有一个人和长野、小手川同样有危机感，并且全面援助三洋证券重建，那就是日本央行营业局证券科科长吉泽保幸。

营业局是金融政策的实施部门，观察金融机构的资金交易和短期金融市场的动向，在必要时，对资金不足和剩余进行调节。① 吉泽在这个领域有很长时间的工作经验，精通资金运转，同时也了解金融业内幕。

因为没有结算功能，日本央行长期以来一直处于金融系统的边缘部分。虽然证券公司在黄金市场、金融市场中都是重要的参与者，但是和银行有所不同，对于没有许可权也没有监督权，且非常害怕冒险的日本央行来讲，参与解决证券公司的经营管理问题实在不是明智之举。

即使是这样，吉泽基于自己的判断，还是积极参与解决三洋证券的问题。虽然负责金融系统全部工作的信用机构局颇为担心，也进行了一些讨论，他们表示央行“不应该和这件事扯上关系”，但是责任感很强的吉泽却没有停止。

“想让长野、小手川成为真男人。”这是吉泽的口头禅。

在本应该放假的盂兰盆节的清晨，小手川和吉泽再度评估了债务股份化策略的可行性，并积极和银行方面加强联络，加快制定重建策略。金融检查部门也几乎同时对三洋证券进行了实地考察，对三洋证券的资产进行了彻底调查。

经过检查得出结论——重建三洋证券需要1 000多亿日元，可以说是一场大手术。在法律上需要整理非银行系列贷款，而且即使能够履行担保，为了确保一定的资产充足也需要增资，还要向与国际证券合并的新公司注入资本。换个角度看，这样勉强地让欠下巨额债务的公司合并

① 1998年4月的机构改革进行了《日本央行法》修正，不再保留营业局，将其改编成金融市场局。

只是穷途末路的拯救计划。

9月中旬，证券局整理了3种再建策略，并且和相关金融机构打好了招呼。为了处理三洋证券的损失和恢复资本，以“暖帘金”①的名义，向国际证券请求增资300亿日元；三和银行则因第三方定向增发，而被请求增资四五百亿日元；另外还预计向大股东野村证券募集上百亿日元。

除此之外，还要求三和银行也向合并对象的国际证券增资四五百亿日元。另外还有一个替代方案，就是以债务股份化的名义向东京三菱等主要银行请求将一部分债券融资调整成股份出资。

9月19日，持续低迷的三洋证券的股价终于跌到了85日元。在准大型证券公司中，第一次跌破了100日元。而就在前一天，知名连锁超市——八佰伴②（yaohan）经营困难，已经符合了《公司更生法》的申请条件，至此之后，市场就更倾向于“规避风险”的方向了。

从这时开始，三洋证券的资金运转加速恶化，在市场中的身份从出资人向借款人转变。日本央行的吉泽基本上每天向证券局汇报三洋证券的资金运转情况。于是，小手川的劝说工作就增加了很多，需要向国际证券、三和银行、东京三菱银行逐个进行解释和劝说。

9月23日，秋分日。国际证券的社长松谷秘密地召开了一次董事会，第一次向董事会成员宣布了三洋证券重建策略的基本框架思路。第二天得到了3家主要股东银行中大和银行的谅解，只有大股东野村证券

---

① 老店合用同一字号独立出去营业时，商家给予的资本金。

② 日本八佰伴是以东南亚和中国为中心的，在国际上积极展开分店的八佰伴财团的中心企业。因为国内外投资的失败以及资金周转恶化，于9月18日在静冈县地方法院申请使用《公司更生法》，并破产了。这是有史以来第一次上市连锁超市破产。

表示“希望再给我们一些讨论的时间”。

小手川一开始自信满满，都已经在和吉泽商谈新闻发布会的计划。因为松谷社长预计从10月中旬开始访美，所以新闻发布会的时间预计是在10月10至10月12日的三连休之前。吉泽也提出了意见，认为最好不要影响日债银9月的中期结算，所以希望在10月上旬发布。

然而，在所有的事情都安排好之时，发生了一起事件。

《产经新闻》26日的早间新闻以《三洋证券吸收合并》为标题，把这些秘密工作全都揭示出来了。

> 背负巨额贷款，陷入经营管理困难的准大型证券公司——三洋证券，为了处理非银行系列贷款，于25日向同属于野村财团的准大型证券公司——国际证券全面让渡营业资产，并且已进入最终调整阶段，形成了事实上的吸收合并。附加条件是吸收了三洋证券的国际证券将来要成为三和银行的子公司，并从其他金融伙伴那里接受以第三方股份分配增资或融资等方式进行的资金援助。对于三和银行来讲，这么做能让它成功度过日本版的经济金融大改革，也能影响其他都市银行的证券战略。
>
> 三洋证券让渡给国际证券的营业资产应该有1 000亿日元以上。合并的时候，东京三菱银行等一些援助三洋证券的金融机构应该也会为国际证券出资。
>
> ……而且将来成为三和银行子公司的三洋证券，从明年4月开始，也能实现外汇交易自由化的国际战略……
>
> 关于这次三洋证券的营业权让渡，大藏省是这么对（银行

局）官员们说的："我们知道这是处理非银行贷款的方案（框架）之一……"

凌晨4点，小手川被新闻记者的来电叫醒，震惊地语塞了。吉泽也什么话都说不出来。

"被泄漏给媒体的话，这个约定就算作废。"小手川的脑海里一直回荡着在南萝科别墅里松谷提出的条件，他急忙联络了松谷。松谷也是从天还没亮的时候就在等待小手川。

"小手川先生，您来了。

"新闻内容是怎么回事？"

听松谷说完大致的内容，小手川马上回答道：

"和事实不一样是吧。既然不一样，我们发表声明否定这件事吧。"

三洋证券也建议发表声明来否定这件事，向大众媒体说明"报道弄错了事实"。吉泽也拜托记者们说"是新闻弄错了，你们不要跟风"。

早上10点，出席记者招待会的国际证券和三洋证券的两位理事，按照小手川的指示，一致进行了全面否定。

"关于三洋证券的重建问题还没有和三和银行交涉，也完全没有关于资产让渡的接触。"

"所报道的事件并没有得到相关企业方面的确认，是完全没有事实根据的报道。"

但是，尽管如此，还是没能阻止舆论发酵。晚间新闻的头条也报道了这件事。电视节目、新闻播报组都跟进报道了。拯救三洋证券的事情，以小手川完全没有想到的形式被泄漏出去。

祸不单行，这一天国际证券还开了一个部门长官会议。关于合并之后成为“三和银行的下属公司”这种形式，国际证券内部出现了大量的反对声音。

面对部门长官们的强烈反对，松谷只能明确表示“绝对没有这回事”。在全面否定这件事的同时，松谷也失去了重建的欲望。

这之后的两天，松谷对来拜访的小手川说“已经没用了”，让小手川断了这个念想，“现在还来得及抽身。”小手川一边听着，一边出现一种深深的徒劳感，就像埋头苦干搭起来的积木一瞬间就倒塌了。

银行局的苦闷

大藏省银行局也刚刚送走了一个不安的夏天。

通过筹资，日债银暂时稳定下来。但是，拓殖银行还在苦苦挣扎，其正陷于和北海道银行的合并交涉中。

虽然上层领导统一了意见，但是北海道银行内部出现了强烈的反对声音，关于合并的交涉也没有想象中进行得那么顺利。

拓殖银行方面还留有合并交涉的记录副本。

1997 年 4 月 23 日，在合并委员会第一次交涉中，北海道银行率先投出了牵制球，“从拓殖银行产业重组的进展来看，合并有可能会被延期”。拓殖银行反对道“合并绝对不能被延期”。关于新银行的名称，拓殖银行觉得不能叫“新北海道银行”，想要换别的名称，而北海道银行反击说：“与其考虑银行名称，不如多考虑产业重组比较重要。”

在 5 月 1 日的行长会议上，北海道银行的藤田恒郎给拓殖银行的河谷祯昌看了“关于合并的确认事项”，表示除非同意这些确认事项，否则将中断交涉，以此来逼迫拓殖银行让步。确认事项如下：

（1）合并后新银行名称为“新北海道银行”。

（2）新银行将由“城市银行”改为“地方银行”。

（3）董事会成员双方各出 10 人，总计为 20 人。

（4）极力缩减分支行，从国外全面撤退。

（5）合并的比率按照 1997 年 9 月末的基准，听取会计师事务所的意见，将比率较高的银行视为存续的银行。

……

总之都是对北海道银行有利的内容。

银行局的相关人员回忆说：“藤田先生真的是在认真考虑如何实现合并的事情。但是，我们没有想到的是北海道银行内部竟然有那么强烈的反对声音。”

当初银行局的绝大部分人都非常信赖前大藏省官员藤田处理事情的能力。但是，前大藏省官员的这个身份，并不能给现在身为行长的藤田带来什么便利。反之，如果他要按照银行局的意思办事，就容易招致猜忌，使合并变得更困难，合并风险性也很高。

而且，藤田坚决执行的产业重组，已经使银行职员树立了一个信念：“我们银行靠自己应该也能存活下去。”如此一来，若想让大家消除疑虑，同时整顿银行内部，最终达到合并的目的，除了让大家知道合并是由“北海道银行主导”之外再无他法。如果在合并谈判中表现出弱势的话，只会动摇他的领导地位。

双方决定在 5 月 20 日再通过一次行长会议进行交涉。随后，终于在 30 日这天召开了第二次合并委员会会议。为了交换不良债权的数据和保守机密，双方也交换了有关谈判和会议的有效公文。

但是，6 月之后，两家银行对于不良债权的确定以及需要偿还的金额问题争吵不休，再度加深了对立。在12日的第四次合并委员会交涉中，北海道银行提出："如果合并，将会在不良债权处理上花费很多时间，这样是无法承受股东代表诉讼的，所以在这种情况下，将合并延期6个月如何?"拓殖银行作为防御的一方表示"延期这件事没法妥协"。

拓殖银行也有自己的问题。它在历史上处于北海道金融盟主的地位，所以在话语中时不时透露出优越感。它讨厌在自己的名称上加一个"新"字，也特别在意"城市银行"这个牌子，而在压缩本州分支行数量这件事上也面露难色；甚至在电子计算机系统方面也有自己的主张，希望能够采用自己的系统，即"能够配合小额交易战略的新银行系统"。关于没有定案的不良债权问题，拓殖银行希望延期提案，并称："以后，在大藏省检查中再确定吧。"

拓殖银行的主管部门负责人严厉批评了拓殖银行："明明是因为自己没法经营下去了才进行合并交涉的，却对现状认识过于乐观，深信会得到大藏省的帮助，不会到破产的地步。"

6月16日，拓殖银行发表声明称将与英国的巴克莱银行（Barclays Bank）进行业务合作，这加剧了北海道银行的不快。事前并没有得到拓殖银行方面充分说明的藤田恒郎，冷冰冰地回应："既然拓殖银行单独行动，那关于新银行的事情就再重新处理吧。"负责合并事宜的机构人员听到这个消息有如晴天霹雳一般。①

3天后第五次合并委员会会议召开。"按照现状来看，产业重组的时间会拖得很长，也没有办法向职员解释说明。拓殖银行的不良债款太多了，新银行没有办法经营下去。"北海道银行最后明确表示"合并非

---

① 摘自1997年6月17日的《日本经济新闻》。

常困难，我们4个委员做好了辞职的准备，强烈反对这件事”。在第六次的会谈中，拓殖银行希望先发表合并的合理化方案，但是这让北海道银行一方态度更强硬了，他们表示：“没有解决不良债权问题的话，一切免谈。”7月3日的第七次会议是最后一次，这之后完全终止了合并委员会会议。

7月11日的行长会议中，藤田对河谷下了最后通牒。

“合并作废，到双方条件达成一致为止，我们各自进行合理化改造吧。这是最后一次通知，14日我会单独召开记者见面会。”

第二天召开了高管会谈，会计师事务所在共同审计的问题上暂时达成了一致，但是藤田在14日的记者见面会上仍然表示合并会延期，4月1日的合并计划“变得非常困难”。北海道银行对于拓殖银行的不信任感，已经到了无法消除的地步。

在这期间，负责处理大型银行事宜的银行局银行科，一边努力推进合并的完成，一边尽力保持不直接干预，相关负责人表示“这种紧张的状况”一直持续着。

虽然关于交涉的各个项目，负责审议的中井①也一次次来过电话，但是除了请求双方“控制情绪，从未来的角度考虑，冷静判断”之外，没有其他办法。像护送船队一样的行政机构，对于民间机构的交涉是不可能直接进行干预的。银行局局长山口公生也曾跟部下说“民间的事情行政机构是不应该介入的”。

在这样的情况下，藤田在7月28日的行长会谈中通知河谷说：“因

---

① 中井省，1998年（平成十年）6月成为大藏省国际局次长，1999年（平成十一年）7月成为大藏省财政金融研究所所长。

为合并的事情没有得到组织内部的认可，想要停止合并事宜，并计划于8月4日发表，5日通知相关当局。”

拓殖银行非常慌张，马上联络了中井和日本央行的董事本间忠世。但是中井回绝了，并对相关人员说：“这基本上是银行之间的事情，与银行局无关。”但是，中井还清楚地记得他给藤田打电话的事情。

“如果合并的事情不能进行，拓殖银行无法经营下去，北海道的经济有可能会陷入混乱。二位都是银行负责人，考虑一下北海道未来的经济，希望你们冷静下来，能有再商谈的机会。”①

7月30日，被逼得走投无路的拓殖银行行长河谷，拜访了日本央行的负责人本间和信用机构局局长增渊稔。面对请求后援的河谷，本间他们提示道：“拓殖银行的应对态度是不是有问题？”为了不彻底切断拓殖银行与北海道银行的联系，本间他们建议说，一定要与媒体慎重地交流。

这天夜里，河谷在皇宫酒店里与中井进行了会谈。中井说道：“很辛苦吧，这样的话只能有如‘韩信忍受胯下之辱’一般，全部接受藤田的条件。”劝河谷全面让步。

另外，藤田也在这天夜里给大藏省打了电话。

为了处理野村证券因为涉嫌为股东大会敲诈者提供贿赂被判行政处分的事情，这天夜里只有辅佐科长的银行科还留在大藏省，所以他们接到了藤田的电话。

“我们经过多方讨论，还是决定取消合并。”

银行科的负责人接到电话之后，在慌忙之中联络了中井，中井马上给藤田打了电话。

---

① 摘自1998年2月12日JNN报道专集的西野采访。

“4 日在记者会上发表您的决定是没有问题的，但是如果现在说取消合并的话，拓殖银行马上就会破产。而且目前还没有进行破产的准备，会造成很大混乱。总之，请您再等等。”

中井争取了时间，尽全力说服了藤田，不要着急取消合并，希望能推迟媒体发布。负责人回忆称：“虽然推迟了藤田的决定，但是在 7 月 30 日的时候，他们已经认识到合并是不可能的了。”

银行局进行了劝说，但是很多相关人员认为，从藤田时期开始北海道银行姿态强硬的一个理由是大藏省对“事前约定”——投入公共资金反悔了。

在 6 月 13 日的行长会谈中，藤田暗示大藏省预计会投入公共资金，并称可以收购北海道的分支机构。① 而且，拓殖银行这边也有相关人员表示，藤田说过：“中井审议官提到过投入公共资金的事情。”

关于这点，中井本人否认了计划投入公共资金的事，也断言没有商讨过像拯救日债银那样使用央行资金进行援助。

但是，6 月上旬，藤田和中井的确有过这样的交涉。

在交涉合并事宜期间，抽空来到东京的藤田拜访了中井的家。他们开诚布公地进行了一次谈话。

“我们调查了拓殖银行的不良债权问题，他们的债务金额已经到了无法处理的程度。而且我们银行内部反对的声音也很强烈，无法抑制。”

中井很震惊，拼命劝说藤田：“不能合并的话，拓殖银行就会破产，无论如何请想办法向前看，积极推进这件事。”

但是藤田的态度比想象中顽固。中井预想了最严重的情况，提出了

① 摘自北海道新闻社编“拓殖银行为何消亡”（北海道新闻社）。

以下方案：

“无论如何都不能合并的话，拓殖银行将进行破产处理，只能动用存款保险。但是即使这样也要有接收它的一方，能不能考虑一下接收它？”

藤田对这个方案有兴趣，该方案在当时成为两者之间的“秘密约定”。

对于北海道银行来讲，比起与背负着不良债权的拓殖银行合并，使用存款保险、接收营业权让渡是绝对有利的事情。藤田转变态度是理所应当的。

一直听闻合并事情顺利进行的三冢，有点难以相信银行局的报告。

但是，大藏大臣三冢仍然在7月30日的演讲中提到：“以明年4月的合并为目标，我们在认真地讨论和协调，（合并）这件事突飞猛进地发展是我们完全没有想到的。”然而后来发生的事情很有可能让三冢颜面扫地。

“大臣，实在对不起，我们做了很多，但是无论怎样都没法顺利进行。”

听着事务所的人平淡地汇报着合并交涉的进程，三冢罕见地打断了汇报。

“怎么都不行的话，今后要怎么办？你们再使出全力去处理。”

“不是的，这已经是用尽全力的结果了。”

“所以再尽力啊！”

“我们试过了，但是……”

8月之后，三冢自己也曾秘密地把河谷和藤田叫到大臣室进行中间调和，并请来与北海道未来经济相关的人员介绍情况。

大臣室里除了两家银行的行长之外，还有事务次官、官房长和银行局长。

“请你们认真地、好好地交涉。”

三冢有如讨好一般和他们谈话。

“如果按照你们所说的那样，事情会变得无法解决。北海道经济也会变得萧条。”

面对大臣的直接劝说，两个人只回答：“我知道了。”

在这次调和之后，三冢期待着合并交涉能够进行得顺利一些，然而一旦交涉变得复杂，之后就不能恢复正常了。8 月 14 日、15 日，北海道堀达也的劝解工作以失败告终，合并延期已经是无法更改的既定事实了。

在这个阶段，对于银行局来讲，新的政策目标就是“不能在合并延期的问题上再施加负面影响”。这件事情已经被媒体报道出来了，再这样下去的话，只能被报道“取消合并”，很可能会招致拓殖银行的经营困难。但是，两家银行并没有一种信赖关系来促使他们设定新的合并日期。

中井回顾当时的情况说：

“不顾身处阶段就延期的话，单从市场方面来看可以接受取消合并。但这是非常危险的，会使拓殖银行的存款用户感到不安，也会波及市场。总之，希望将对市场的影响降到最低。”

银行局还留有能够证明这些对话的备忘录。9 月 10 日，两家银行发布合并延期的两天前，银行局备忘录还这样写道：“关于合并延期这件事虽然在局里进行了商讨，但是在 12 日傍晚发表延期声明已是无法阻止的事实。”

——记录上有提到“大约6个月左右”。

也就是说在两天后的记者招待会上，河谷、藤田两位行长发表声明说将延迟双方的合并，延期“大约6个月”，这样新的合并日期就从当初定下的1998年4月1日变为10月1日。

根据相关人员的说法，在12日的记者招待会举行之前，银行局向北海道银行这一方施加了很大压力。而且不只是拓殖银行，北海道银行也同时被纳入检查对象。北海道银行这一方当然是拒绝的。在声明发表前一天晚上，北海道银行换掉了明确标明新合并日期的文件，以行长口头的形式“大约6个月”来收场。

另外，这个备忘录里还写道：“到目前为止，进行拓殖银行的资本增加是很困难的，但是会在可能的范围之内，让它保持对市场积极的形象。”如果在举行发布会之前，有外界人士询问，就要比原来行事更加低调。在发布会之前，有计划地降低大众传媒与市场的“期望值”，可以缓和合并延期带来的震惊，这可谓银行当局“一等一”的战术。

银行局当时实行这个策略是因为还有些许期待：“如果能争取到时间的话，有可能找到别的出路。”

有一个相关负责人证实道：“拓殖银行进入了审查程序，如果审查结果是没有到资本不足的程度，下回再达成协议还是来得及的。”

和日债银的情况一样，银行局没有判定拓殖银行的资本不足，也就是说，即使把四类债务统一处理之后，也有资产剩余，并且批判了北海道银行认为的“按照第二、第三分类债权，预计会有一些损失”这一说法。

因此，如果大藏省明确要求的话，即使通常形式的合并有些强人所难，但是通过存款保险进行救济合并是有可能实现的。

中井也说："通过检查，已经计算出了不良债权具体的数值，对于不良债权要如何处理，估计拓殖银行能够给出具体的解决方案。"

但是，对于拓殖银行问题的解决，中井除了考虑通过北海道银行进行救济合并之外，还想到了别的方法。好几位相关人员仍然记得中井那时候认真地说："难道不能把拓殖银行、日债银和中央信托银行合并成一家吗？"

结果，这个猛然出现的想法因拓殖银行的破产而夭折了，不可思议的是中央信托银行成了拓殖银行本州分行的接收者，1998 年年末，拓殖银行与当时正面临着经营危机的日债银合并一说浮出了水面。虽然不知道这个构想是不是中井提出来的，但是他在银行局的影响力真是随处可见。①

9 月 12 日，拓殖银行和北海道银行分别召开了临时董事会会议，正式决定合并延期的事宜。正如银行局的备忘录所写的那样，在下午 4 点的记者见面会上，河谷口头声明说"以明年 10 月 1 日实现合并为目标"，藤田也表示"如果股东大会通过的话，10 月 1 日实现合并是有可能的"，就这样合并大约被延期了 6 个月。

但是，拓殖银行在那之后发表了以增资 1 500 亿日元为主的独立重建计划。大众媒体报道说拓殖银行没有选择合并，而是开始摸索靠自己存活下去的方法，无疑选择了实质上的"取消合并"。被国会内的记者团围住的三家坚定地表示："请大家理解，基本上是不会改变以新银行

① 大藏省官员证实，拓殖银行破产的几天后，中央信托银行的理事来拜访中井，进行过一次非正式谈话，是关于本州接手拓殖银行的同时，可以和日债银进行三行合并的构想。

为起点重新开始的。”

和日债银一样，转变了市场策略的拓殖银行，仅4个月就又回到了窘迫的境地。中井心中掠过不安，想着“最坏的结果就是破产处理了”。银行科也没有新的筹码了。

这个时候，银行科斜对面的中小金融科，正着手准备着处理关西地区新的金融问题。

1996年秋发布的阪和银行停业指示，使得原本想转变银行行政系统管理模式的构想落空，中小金融科进行了深深的反省。采用清算的方式，关停了一部分金融机构，招致了当地财团和出身于当地的一些议员的反对，出现了员工罢工、申述异议等一系列前所未有的骚乱。从事务次官到大臣官房，都没有合适的处理方式。“对阪和的处理方式，让大家都畏畏缩缩的”，这正是负责审议的官员杉井孝和中小金融科科长石井道远的心声。

从1998年4月开始，相关管理机构不得不重整早期对金融机构做的一些扭转措施，在这个过程中发现的问题更是堆积如山。需要处理的问题较大的4家银行为：以大阪为根据地的第二地方银行、福德银行、难波银行、幸福银行，此外，还有实质上隶属于幸福银行的京都共荣银行。

京都共荣银行已经在大藏省检查中判明为资本不足。剩下的3家银行如果只看第四类债权的处理，并没有达到资本不足，但是从第三类债权的恶化速度来看，恐怕很难渡过1997年9月中期报表这一关。

而且1997年春天阪和银行的处理事宜告一段落，有消息称上述4家银行中有两家以独自生存为目标，开始搜索“通常合并”。就这样放任不管的话，不久就会逼迫金融科做出会否认可合并的行政判断。如果不认可，当时两行就会破产；如果认可，两行也迟早会经营破产，而介时还会被追究责仨。像这样处于灰色地带的银行该怎么处理，中小金融科落入了急需给出对策的状况。

——难道没有什么既能够避免破产处理，又能够彻底清除灰色部分的妙计吗？

中小金融科的科长石井绞尽脑汁，终于在5月想出了方案，那就是修改一部分《存款保险法》。

为了防止经营者出现道德风险①，在当时的《存款保险法》中，严格规定存款保险的出资方为“金融救济机构”。虽然存款保险机构能直接购买不良债权，但是只允许从“破产的金融机构”购买。也就是说银行处于灰色地带，既有不良债权，又没有到破产的地步，即使想要适用于《存款保险法》，鉴于这个制度的界定，只能明确自己的现状，要么破产要么还贷。

中小金融科的方案就是，在秋季的临时国会中，提出修改此规定，取消“保险金融机构”“破产金融机构”的限制，从而使合并的两家银行实现自由买卖不良债权。此外，在《商法》中还有一个规定，事业公司暂时解散再合并的话属于“新设合并（特定合并）”。中小金融科的负责人认为，这一条适用于金融机构，并且如果以“大藏省大臣做中介”“经营责任明确化”为条件，应该能规避道德风险。

对于这个提案，中小金融科内部出现了反对意见。他们认为“救济”“破产”等限制，是防止经营管理者轻易寄希望于存款保险的关键，如果去掉这种限制会招致批判，也会被指责说只不过是换了一种形

① 这里的道德风险是指由于存款保险制度、财产保险制度的完善，反而使投保人对损失产生疏忽和漠不关心，由此带来的风险。

式来拯救银行而已。

虽然话是这么说，但没有人提出其他方案，而且剩余时间有限。审议负责人杉井孝和负责的相关部门虽然也感觉修改法案会有风险，但还是选择了从法案上突破。

当初送来的提案是：福德、难波、幸福 3 家银行进行“特定合并”，把京都共荣银行的营业资产让渡给合并的新银行。而存款保险机构将从 3 家银行那里把不良债权全部买下，如果能够再给予一些资金援助，来弥补营业权让渡带来的损失的话，4 家银行的问题就能一次解决了，将来也能接收其他破产银行。

但是，合并各方的管理者都反对这个提案。难波银行说“我们的经营管理没那么差”，不想和福德、幸福、京都共荣 3 家银行被同等对待。基于福德银行是本地的竞争对手，幸福银行表示并不想和福德银行合并。最后，杉井也放弃了说服他们，而是把合并分开处理。先以福德 - 难波的组合实现特定合并，资本不足的京都共荣银行把营业权让渡给幸福银行。这些都是发生在 8 月的事情。

9 月 1 日，银行局总结了一份题为“面对未来金融风险的应对策略”的秘密资料，隐去了银行的名称，是修改《存款保险法》的基本构想。具体是这样记载的：

——真正的问题不是资本是否不足，有很多金融机构背负着高额的不良债权，问题在于金融机构在很有可能资本不足的情况下，靠自己的力量很难找到营业权让渡的接收方，资金的操控也很难持续运转。这 4 家银行中有一家被判定为资本严重不足，按照阪和银行的方式处理的话，今后会波及母行，而且必然会一个接一个地波及其他金融机构。

机密资料中强调了没有其他的方法可以解决这4家银行的问题，“从现状来看，无法保证这些金融机构能够找到接收方，而且前景也不是很光明”“想要用民间资本来建立永久性的新银行基本上也是不可能的”，所以最终的结论就是“为了解决这些问题，要活用存款保险来处理不良债权，问题银行之间进行合并成为新银行，并要想到一个方法能够使它长久存续下去”。

特别有趣的是资料的后半部分：

——如果事前就明确地说，重点是如何处理个别银行的问题的话，很可能会引起个别银行的信用风险。因此，本着这样的主旨：“今后，预计金融重组会加速的情况下，为了保护存款人的利益，同时建立有助于维持信用秩序的制度化管理是必不可少的。”逐渐对外表明意图非常重要。

资料的后半部分写道：“从整体来看，在国会批准修改法案前，新的修改法都不能用到福德、难波两家银行的合并中。”“而且需要考虑到不能给别人留下随便使用存款保险的印象，也应该警戒来自在野党和大众传媒的批判。”

中小金融科的警示以意想不到的方式被言中了。不光是在野党和大众传媒，自民党的政界大人物，也在等待着法案的提出。

9月29日下午4点之后，在国会议事堂北侧的众议院第二议员会馆的529房间里，银行局局长山口公生和中小金融科科长石井道远来访。

房间的门上贴着一张“爱乡无限”的海报，坐在这扇门对面的是桥本内阁的官房长官梶山静六。

其实刚刚在两周之前的内阁改组中，梶山辞去了他官房长官的职务，但是梶山以自民党的重要总务身份被返聘，继续震慑整个中央官厅。虽说有专职人员全权负责政府提案，但是，在得到党总务的认可前，别说是内阁，就连事务次官会议都通过不了。山口他们为了提前取得金融关联法案的认可，例如《存款保险法》修正等，访问了梶山事务所。

根据准备好的资料，山口以尊敬的口吻诚恳地进行了说明。戴着眼镜的梶山一边浏览着资料，一边听着山口的话，突然，抽出一部分，这样说道：

“到这里为止都是可以的，这个没用。”

梶山抽出的那部分，无疑就是《存款保险法》修正案。

“在没用和没用之间来回折腾，无论如何结果都是零。从没用的出发点跑到没用的目的地无非就是‘白费功夫’，不论是谁，计算一下就知道了。”

梶山的点评很有针对性。他的问题是，靠着自己的力量生存不下去的“没用”的银行互相合并，怎么就能变成优秀的银行呢？

“正因为这样，所以请求修改《存款保险法》……”

拼命想要说服梶山的山口，惹得梶山大发雷霆。

“这个是银行救济法吧，我是绝对不会同意的。”

离开首相官邸以后，梶山那里不断有声音指出现在金融业的严峻状况。对国际金融市场很了解的商社和地方中小企业也来请愿，表明“这样下去的话，日本的金融业将不会有立足之地”“信贷危机已经开始了”。官邸时期，梶山一直操劳于处理住专问题，他还接到报告说“就这样我们翻越了一座大山”。正是因为经历了这些，梶山着实惊讶于官方信息和事实的差异，更加剧了他对大藏省的不信任感。

即使这样，山口还是死死纠缠，不肯罢休地说“事态很严重了”。

并一直说明："您只要做到这项和这项就可以了。"但是，梶山一步也不肯退让地说："大藏省是在威胁我吗?"

"如果存款保险的资金耗光的话怎么办？是提高保险费，还是用公共资金？而且你们是随便判断拯救这家银行，不拯救那家的吗？请明确回答。通过调查重新讨论一遍再来!"

山口等人无话可说，默默地回去了。

梶山在9月30日的自民党总务会①上，说道："允许银行的经营管理者这样任性妄为真的好吗?"并发表了反对修正《存款保险法》的演说。针对这次演说，党内也将在下次会议发布最后的决定。

10月2日，慌张的三冢不请自来地去了梶山的事务所，拼命地说服梶山。梶山在7日的总务会上还是没有接受这个提案，面对三冢等人的请求，他最后说了句"这是武士的仁慈"就中途离开了会议。总务会一贯实行的全会一致通过的惯例被破坏了，而实际上这才是投反对票的唯一手段。

返回会场之后，梶山说："因为不能通过这个法案，引起了一些慌乱，但是总务会不应该承担引起慌乱的责任。"

之后，梶山不再反对，《存款保险法》修正提案经过努力终于在9日早上到了内阁会议决定的阶段。如同一直等待的那样，内阁会议之后，福德银行和难波银行发表声明说："修正法案进入流程，可以进行合并准备了。"在这之后的5天，也就是14日，京都共荣银行放弃继续经营，决定把营业权让渡给幸福银行。

虽然过程像走钢丝一样令人胆战心惊，但是最终所有的事情还是按照中小金融科描绘的方案那样进行，最终以立法的形式制止了金融破

① 自民党总务会是自民党内的常设最高决策会议。

产。这种所谓的“像堂吉诃德一样的尝试”，终于（令金融当局者）看到了成功。

但是，审议负责人杉井孝和中小金融科科长石井，根本不知道旁边的证券局将会发生什么，一场完全想不到的破产大风暴正渐渐逼近。

受11月危机余波的影响，最重要的《存款保险法》修正案，在临时国会上，成为执政党和在野党争论的焦点，它和投入公共资金问题的争论搅在一起，形势莫测，走向绝境。最终以接近强行表决的形式，在12月12日大会结束时通过了这个法案，并于第二个月伊始早早地在国会上进行了再更正。①

福德银行、难波银行的合并案是最早适用于特定合并的案例，也是最后一个。接收了京都共荣银行营业权的幸福银行也于1999年5月破产，由金融再生委员会把资产纳入金融财产整理部门。于1998年秋天成立的，福德、难波银行合并后的“浪速银行”也在1999年8月破产了。中小金融科反复推敲，费劲心力写的方案，只不过“拖延了不到两年的时间”。②

恶魔的剧本

大藏省证券局证券业务科科长小手川，反复修改总结出的三洋证券

---

① 包括《存款保险法》再修改在内的，《金融安定化第二法案》在常会中都是最优先讨论的议题，在2月16日快速通过了。

② 浪速银行在进行破产处理时，金融再生委员会的柳泽伯夫委员长表示“虽然当局（在当时）尽了全力，但是还是现在这个结果，我们感觉到非常抱歉”，并且也对福德银行、难波银行艰难进行特定合并这一点致歉。

的重建构想，9月26日成了产经新闻的独家消息。

产经新闻报道称，参加重建构想的除了三洋证券还有国际证券和三和银行，而且三洋证券要和国际证券进行事实上的吸收合并，已经进入了最终调整阶段等，其实这些新闻很多时候并不准确。但事实是，在当天的晚报中，也有别的报纸刊载了同产经新闻几乎一样的内容。

虽然，事实是三洋证券在向国际证券进行“营业权让渡”，但从交涉的实际情况来看，与报道的内容相差甚远。看到报道，小手川和日本央行证券科科长吉泽之所以都宣称“不符合事实”，也指的是这一部分。

独自挖掘出的头条，严密性和正确性到哪种程度，成为意见产生分歧的地方。就这件事情而言，证券局认为是“令人懊悔的事实误导”（出自相关负责人）。报道错误给后来事情的开展带来了不小的影响。

有股票业务的银行暂且不说，对于以收取交易手续费为经营基础的证券公司而言，基本上不会想到“营业让渡”这样的重建计划。所以，读了新闻的证券局官员一致怀疑，是银行方面把消息泄漏出去的。

新闻的结尾还刊登了这样的评语，仿佛证明了证券局的猜想：

——关于这次三洋证券的营业让渡，大藏省“知道这是处理非银行不良债权的一个总体思路”。

随后，证券局掌握了一个消息，这个新闻是《产经新闻》的记者从银行局官员那里打听到的。① 勃然大怒的证券局官员认定“消息来源绝对是银行局”，于是这样吩咐部下：

“从今以后，不要给银行局任何消息！”

---

① 银行局官员在事后对证券局的官员说明了这件事：“的确有来采访过，但是我们回答说不清楚。”

日本央行证券科在把三洋证券的消息传给信用机构科时，也希望严格保守机密，不要传到银行局那里。结果，在这个微妙的时期，证券局和银行局之间的消息路线被切断了。

更大的问题在于，因为国际证券和三洋证券全面否定了媒体报道的内容，市场和投资家们强烈地意识到三洋证券的问题，瞬间撤回了原来的资金。这使得三洋证券的资金运转不断恶化，速度比证券局预想得还要快。

报道过后的一周，也就是10月3日晚上8点，每天检查三洋证券资金运转的日本央行的吉泽联络了证券业务科的小手川。

“东京三菱无论如何都不肯为下一周提供资金，如此下去，未来6天内资金链可能会断裂。”

10月6日，也就是周一，三洋证券将会结算上百亿资金。但是破产的金融机构已经取不出资金了。如果到了中午还不能结算，不仅是证券市场，连整个金融市场都可能会陷入恐慌。

接到消息的小手川，周六、周日都没有休息，去请求东京三菱帮助，然而并没有得到同意。原三菱银行的若井恒雄会长，对相关人员表示说三洋证券将会成为原东京银行要背负的“包袱”。若井他们认为，对一个没有重建可能性的公司追加融资，将来可能会招致股东代表诉讼，所以无论怎样都不同意。小手川、吉泽他们带着极度焦躁不安的情绪，迎来了周一。

10月6日。从早上开始，审议官山本晃及证券局局长长野庞士就连续接到了包括东京三菱、大和、日债银这3家主要银行的电话，表示协调一事进展缓慢，很难进行。

东京三菱银行的行长高垣佑请求和高层人员交涉，长野给他打电话的时候已经过了正午，当时高垣刚好在丸之内总行的电梯内。下午1点，在银行票据交换差额①结算截止的10分钟之前，高垣做出了决定，由3家银行出资的总额为83亿日元的资金将会以拆借②活期资金③的形式供给三洋。多位负责人证实，假如高垣没有接到长野的电话，或者是他乘坐的电梯停在了途中，在6日的下午可能已引起一场大混乱。

对于三洋证券的资金运作，日本央行总裁松下康雄也扮演了重要的角色。

10日是个休息日，松下在东京都内的音乐会会场偶然遇见了东京三菱的会长若井。松下听说若井对援助三洋证券一事并不积极，他没有放过这个机会，对若井反复叮嘱说“三洋证券的事，拜托你了啊”。没有想到总裁会出现的若井也应承道“我知道了”，表现出一副会支持三洋证券资金运转的样子。

但是到了6日，三洋证券在接受这83亿日元资金的时候，将所有的东西，“包括一些琐碎的没用的东西”，向三行做了担保。这是因为东京三菱提出了要求提供担保的条件，但结果是三洋证券在之后不得不在没有担保的情况下进行资金筹措。

祸不单行。6日傍晚，在三洋证券的资金能够运转的这一天，小手川他们被叫到了事务次官室，在大藏省2楼大臣室的隔壁，受到了严厉的训斥。

① 票据交换差额：银行在票据交换所内，对本行接受的票据和其他银行要求支付的票据进行交换时出现的差额结算。

② 拆借资金是一种临时调剂性借贷业务，是指银行或其他金融机构中间在经营过程中互相调剂头寸资金的信用活动。

③ 活期资金：金融机构之间相互借贷的短期的大额资金。

进入事务次官室的小手川一直看着前面，小村武这样说道：

“你们到底在做什么？在这么重要的时期，必须谨言慎行，特别要注意不能把相关业者的行政行为弄错。”

虽然小村武的说话方式比较沉稳，但是却有一种不允许反驳的威严。次官是真的生气了，小手川他们很紧张。

小村武生气是有理由的。当时，桥本行政改革的焦点之一，就是财政与金融监管的分离问题。

基于8月下旬的集中讨论，9月3日在官邸举办的行政改革会议中，总结好了一府十二省厅编制的中期报告。大藏省一直没有解决的关于财政和金融监管完全分离的问题，事实上也延缓了表决，暂时观望。国税厅的分离也是暂时决定“今后再认真讨论”。

但是，反对简易保险事业民营化的自民党，从9月中旬开始进行了猛烈的反击。同时，作为力图保存邮政三大事业（邮政、邮政储蓄、简易人寿保险）的“替身”，自民党再次讨论财政、金融监管完全分离的时机正慢慢到来。

这个时候小村武和官房长武藤敏郎正在东京三田的公用会议室里召集主要官员，听取秘密召开的行政改革对策会议。会议当中出现了一部分批判的声音，谴责大臣官房处理事情的能力差。另外还有一些过激的意见，例如，“统计局从大藏省分离出去的话怎么样”“如果国税厅分离出去的话，那么主税局也会出去”。小村武的挫折感到达了最高点。这件事情表面上是“证券局主导的救济剧”，实际上却成为组织防卫战中意想不到的干扰因素。

关于证券局成为三洋证券拯救方案的主角的问题，小村武在6日的记者招待会上是这样回答的：

“我认为关于三洋证券的问题，我们是基于过去，并且在时代潮流的变化中进行的，而具体做了些什么我就不加评述了。”

就像大众传媒错误性的报道之后受到事务次官斥责那样，证券局局长长野庞士也从这个时候开始转变了路线。

长野长期放任小手川去接近国际证券。虽然长野自己也见过两次松谷社长，但基本上都是“我们的山本和小手川承蒙您的照顾了”这种寒暄的程度，即使到了9月中旬，方案具体结构已经确定的阶段，长野也只是交代部下“再稍微修改打磨一下”。

据相关人员表示，长野开始真正有所行动的时候，是新闻报道使事情变得复杂的时候，也就是1997年9月底之后。长野一边帮助小手川反反复复地进行说服，一边以防万一，下令研究破产处理。

证券业务科的负责人第一次来到东京地方法院的时候，是资金周转将要出现危机的时候，也就是10月14日。

一开始是负责《破产法》的民事二十庭，然后从负责《公司更生法》的民事八庭开始分别听取大家的意见。相关负责人表示：“在报道被否定的时候，包括局长在内的相关人员都在换个角度考虑破产处理的可能性。”

另一方面，证券局也没有完全放弃和国际证券的交涉。想要把丧失了合并意愿的松谷社长再拉回来，有必要争取大股东野村证券的后援。这样考虑的小手川和相关人员积极地劝说野村证券，“想要从背后推优柔寡断的松谷社长一把”。但是，因为贿赂事件的影响，野村证券领导人酒卷社长已经退任。接受了行政处分后，野村证券已经不是“通义理晓人情”的大证券公司了，完全没什么动静。

10月7日，长野与新任社长氏家纯一进行了2个小时左右的电话会谈。9日夜里，两人在东京都内的旅馆见了面。长野横下一条心做了最坏的打算，都来到这里了，只有给这件事做个了结。

“不能考虑一下整体证券市场的利益吗？”

相关人员回顾到，对于这样试图说服他的长野，氏家的答案非常冷淡。

“对于我们来说，三洋证券即使破产了也是没有办法的事情，如果只是出资的话，我们可以按照信托证券补偿基金的标准出资。”

酒卷前社长时期的野村证券，好歹也是证券业的领导者。面对证券局的请求，即使缺乏经济合理性也都尽力配合。但是氏家是一个彻头彻尾的利益优先者，出资这件事不会给野村带来利益，以信托证券补偿基金的方式（存款保险的证券版）反而更有利。在这个节点，长野对小手川的方案绝望了。

虽然小手川在这之后也尝试过与国际证券和三和银行接触，但是因为松谷社长身体不好，一直没有再次交涉的机会。

后来，松谷在拜访长野的时候曾经说过“如果没有这条新闻的话，我们就可以接受您的要求”，但是，证券局的很多负责人一致表示“松谷是被业务科科长（小手川）的诚意打动的，原本并没有想要出资”。

10月10日天气晴朗，这一天是日本的体育日。长野召集了审议官、科长、科长助手等十余人。

为了不让媒体察觉，因此避开了中央官厅，全员着便衣在九段下的财务局计算中心的3楼集合。在会议室，可以俯瞰皇居的清水濠，旁边就是布置了很多电话和传真机的工作室，并在便利店买好了食物。为了解决三洋证券的问题，长野组织了“封闭式机密讨论”，第一天是官员课程，第二天之后以实际演练的形式，一直进行到12日（周日）。

小手川对外装作已经放弃了国际证券合并。但是，一位参加者证实道，这个活动很明显是为了探讨从法律方面解决问题。

三洋证券资金不足的话怎么办？即使资金周转成功了，但是过了后偿贷款的还款期限怎么办？通过法律手段真的能够实现吗？按照方案能够顺利展开和不能够顺利展开分类，大家一边整理着如同列车运行时刻表那样的表格，一边整日整夜地进行缜密的探讨。虽然还有和国际证券合并以及后偿贷款的还款期限再延长这样的选择，但是相关负责人员说："看当时的氛围，基本上是要按照法律程序解决了。"

关于法律整理的方案，现在这个节点准备了《破产法》和《公司更生法》[①] 两个选择。但是无论选择哪一个，为了让法院下达面向债权债务人的资产保全的确认书，都会暂时停止偿还投资者的投资保证金。严格执行《破产法》债权人平等的原则，是不能把股权所有者与一般债权人同样特殊保护的。

和完全使用存款的银行不同，证券公司的管理方式是把从客户那里预收的有价证券及现金等代管资产与自家公司的账目分开管理。如果这个分账管理执行得比较彻底的话，即使公司破产也不会损害其他证券客户的权利，能够返还代管资产。

但是，在证券界，把代管资产运用到自己公司的资金周转中，这种挪用行为十分常见。所以，为了保护证券客户的资产，防止出现支付停

① 《公司更生法》：在经济案件中，针对有些濒临破产的公司，政府根据各方面的评估给予还有可能起死回生的公司一些帮助和优待政策，帮助公司再度复兴。而评估下来没有复兴希望的公司则进入破产手续。《公司更生法》是以公司重建为目的的法律。而《破产法》是以解散公司，清算债权者剩下的资产为目的的，是规定破产手续的法律。

止带来的混乱，有必要实行债权人平等原则，在下达资产保全传令上下功夫。

参加封闭式机密讨论的一个人记得，长野在会议中透露过这样的话：

“没有什么方法能够使（客户资产）分离开来的吗？

“如果可以的话，《公司更生法》怎么样？”

封闭式机密讨论的第一天，10 日，事务次官小村武也来到了九段下。长野一边注意自己的措辞一边说明现在的状况。“虽然还是有合并的可能性，但是最坏的情况是还有通过法律处理这条路。”

第二天，11 日，周六。长野拜访了位于世田谷的三冢官邸，进行了同样的说明。长野从三冢那里得到指示“准备向首相汇报”，在封闭式机密讨论的最后一天，也就是 12 日，长野一个人拜访了首相官邸。

“我们现在准备了两个计划，和国际证券合并的可能性依然存在，但是，最坏的情况是也有可能进行破产处理。”

对于桥本来讲，长野的报告是出乎预料的。关于银行的经营问题，的确有过事务局的人来报告说“不能把目光移开”“这个困难是能够排除的吧”，但是关于证券公司的报告，认真想想还一次没有过。

桥本说：“你到现在为止说的都是我没有听说过的，我实在是很震惊。”

说这话时的桥本是十分信赖金融专家的能力的，“因为是自己的职责，大家会好好做吧。”因此对于 12 日长野的报告，桥本没有表示出震惊的样子，只是这样回答道：“这样呀。今天就当我没有听过吧。”

相关负责人记得长野收到三洋证券将会按照法律程序处理的指示是

10月17日。①

科长助理在把这个消息传达给三洋证券以后，频繁出入东京地方法院。收到局长的指示，小手川也在23日，第一次前往了法院。

为了保护投资者，必须要在资产保全上打开“缺口”，虽然在这一点上，《破产法》和《公司更生法》是一样的。因为考虑到很难在证券公司运用破产法，小手川首先拜访了管辖《破产法》的13楼的民事二十庭。

在同一层楼的民事八庭也希望小手川顺路来一下他们这里。虽然小手川觉得奇怪，也还是过去拜访了，听了相关负责的审判长的话之后，小手川觉得好像也不是不能使用《公司更生法》。

到最后，审判长也没有承诺说三洋证券能够使用《公司更生法》。但是，通过观察审判长诚恳亲切的一边整理情况一边给意见的样子，小手川很敏锐地理解了其中的含义。究竟怎样做能够使用《公司更生法》呢？

与《破产法》相比，《公司更生法》有一种“重建”的感觉。回到证券局的小手川，马上集合了相关负责人，以《公司更生法》为中心开始准备。三洋证券也马上雇用了破产方面的专业律师，默默地开始准备。

距离后偿贷款属于自有资本的最后期限——10月31日还有10天。

① 三洋证券的应对措施从当初的拯救计划改为按照法律程序处理是有原因的，有说法是受东京地检特搜部检查的影响。东京地检署从1997年的夏天开始就以彻查大藏省官僚的贪污行为为目的，暗中侦查过知名银行。所以，据大藏省首脑人员分析“证券局局长为了恢复自己的清白，消除嫌疑，不得不选择透明性高的按照法律程序处理”。但是，没有证据表明地检署的搜查和大藏省的政策选择之间有关联，当事人也没有证实这个猜想。

恶魔的剧本。

看着证券局准备走法律途经来解决三洋证券的问题，日本央行内部不知道什么时候开始窃窃私语起来。

东京三菱、国际证券、野村证券的求助线一个一个被切断，就像被缠住了一样，三洋证券的事件处理进入了法律处理的程序。金融机构以前没有这样的先例，什么时候会发生什么大家都不知道。日本央行方面直白地说道："这不是恶魔指导的剧本吗"，表示了他们的担心。

总之，进入法律程序之后，三洋证券在银行间交易市场中可以调配的"拆借贷款"也无法偿还，日本央行信用机构局担心市场会陷入混乱。

所谓的短期同业拆借贷款，指的是由于金融机构每日的筹借贷款，而在短期金融市场中来来去去的资金。

虽然有以国债为担保的拆借贷款，但是伴随着金融自由化，交易的中心在向无担保拆借贷款的方向移动。因为专业金融者互相信任，无担保地进行借贷，所以收不回贷款的情况是不可避免的。"即使出现了破产倒闭这样的情况，也要把拆借贷款还上之后再倒闭。"知名短期资金公司领导说道。这是专业的金融机构之间默认的规则。

另外，对于日本央行来讲，为了实行金融政策，拆借贷款市场也是他们重要的主场。日本央行每天调节整体市场的资金不足和剩余情况，在一定范围内指导无担保拆借贷款第二天的利率水准。这里是不论政治家还是大藏省官员都无法进入的金融政策圣地，不应该让它陷入混乱之中。

如果发生债务违约的情况，波及其他问题银行资金周转的话，不就成了整个金融系统的问题了吗？因此信用机构局被不安笼罩着。但是，营业局的想法不同。

——三洋证券在银行间交易市场中并不属于较大的借款方。即使发生了不能履行债务的情况，先偿还较少的金额，使市场免于混乱也不是什么难事。日本央行支持日本的经济金融大改革，所以对于市场混乱要负一定的责任，这不是理所应当的事情吗？

关于三洋证券的处理问题，营业局证券科向大藏省传达了还没有想过使用日本央行特别融资这个方法。因为不使用特别融资这个方法，所以有自信不会给信用机构局带来困扰。

另一方面，大藏省的证券业务科也深信："因为债务违约造成的损失，只要最终没有引发连锁倒闭的话，是没有问题的。另外金融市场本来就是日本央行应该考虑的问题。"

但是，债务违约的事日后却成了大问题。事实上，包括大藏省证券局、日本央行的营业局、信用机构局在内的所有机关，没有任何迹象表明他们有在事前认真集中地讨论过。①

就连当初对这个事情很担心的信用机构局，也觉得如果是范围有限的连锁破产的话，应该能够控制住，至于大藏省银行局那边，在"隔绝消息"的一部分影响下，就连是否有可能发生债务违约的情况都无法掌控。

证券业务科在10月25日、26日这两天的休息日也上班了，细心地调查了如果使用《公司更生法》的话可能会带来的影响，并进行了模拟

① 据相关人员表示，日本央行证券科和上层领导汇报过，有可能会发生债务违约问题，但是上层的反应很迟钝。据相关人员说，到了第二年的春天才修正《日本银行法》，日本央行的上层人员有一种感觉，就是很讨厌处理和证券破产相关的事宜。

实验，到这个时候债务违约所带来的影响还没有成为大家的议题。证券局的一个官员曾向日本央行证券科表示过担心“真的没有问题吗”，却被反问道：“在经济金融大改革的时代，只管自己的责任不是理所当然的吗？”

由于中国香港股价突然暴跌，导致世界范围内出现了股价连锁下跌的情况，注意到这一点的小手川于27日、28日前往了东京地方法院民事八庭，做最后的协调。

证券局已经找到了兼顾保护投资者和实行《公司更生法》的唯一一个“缺口”，那就是让相当于证券版的存款保险机构的委托证券补偿基金来代替承担投资者寄存的资产，这样也就不受资产保全传令的约束了。

要基于债权人平等的原则，但同时应用《公司更生法》就免不了要削减一部分股权投资者的资产，如果被削减的部分全都被转移到委托证券补偿基金上的话，也不会损害到一般债权人的权利。这样的话，也不用成为资产保全传令的对象了。

审判长说，虽然可以以基金来转移损失，但是在基金的资金操作上出了问题该怎么办？审判长向与小手川同席的吉泽严厉地问道，为什么不能动用日本央行特别融资，难道证券公司的破产不会给金融系统带来影响吗？但是，吉泽对于不能特别融资的问题一步不让，结果，最后的条件是东京三菱等3家主要银行将为基金的资金操作负责。

通过29日的交涉，基本确定了路线，长野、小手川做好了充分的准备，迎来了最后期限。虽然市场因为平均股价再次急剧下跌有所波动，但是只有三洋证券的股票因为后偿贷款再延期的传闻实现了当天涨幅最高。

10 月 31 日。到现在为止，所有的事情都拜托给大藏省出身的三洋证券社长池内孝，池内孝拜访了各家人寿保险公司，请求后偿贷款期限再延长。但是，事到如今早已经没有主事能力的池内，也无法说明具体的重建策略。

人寿保险公司对证券局的不信任感加强了，拒绝了两手空空、没有任何准备的池内的邀请。三洋证券的自有资本比率急剧下跌，到 9 月末已从 160% 下降到 60% 左右。虽然到了连休过后的第二天，也就是 11 月 4 日，三洋证券和人寿保险公司再次进行了交涉，但是大型人寿保险公司一概不谈论再延长的事情，毅然决然地要求三洋证券返还贷款。长野和小手川意识到，这时候人寿保险公司是完全没有再援助的意思了。

证券业务科在傍晚时分，打电话说服了池内，如果未来 4 天的交涉都以失败告终的话，将申请使用《公司更生法》。

晚上 10：30，日本央行的吉泽突然打来了电话。

“11 月 4 日的资金周转，不论怎么做都是周转不开了。”

小手川立即与审议官负责人山本晃讨论，向长野请求最终决断。

“好的，这 3 天开始吧!”

时间正好是 11 月 1 日到 3 日的三连休。两天时间进行准备，第三天如果能申请并发布的话，就能防止出现市场混乱。小手川的指示到达了三洋证券和日本央行证券科。和 10 月的紧急封闭式机密讨论一样，在九段下的关东财务局内设置了特别接待室。长野和小手川都没有关于如何处理金融机构进入法律处理阶段的经验，就这样一鼓作气地往前推进。“恶魔的剧本”就这样拉开了序幕。

11 月 3 日，文化日。这天东京天气晴朗。

内堀大道和永代大道交汇处的正对面，坐落着皇宫酒店。从正面玄关进入，乘坐电梯上2楼，向着右边一直走，就能看见“梅之间”。

关于申请使用《公司更生法》的历史性会议，从早上10点在这个小小的会议室内开始了。

出席这个会议的有三洋证券社长池内、律师负责人梶谷玄、大藏省的山本、小手川、日本央行的吉泽以及大股东野村证券，作为主要银行的东京三菱、大和、日本债券信用各行的专务董事。①

池内站起来，深深地鞠了个躬，诚恳地说道：“这回，是关于申请使用《公司更生法》的事情。给大家添了这么大的麻烦，真的十分抱歉。”

因为之前私底下也打过招呼，各行的代表也都知道今天的结论。所有人都一言不发，现场陷入了压抑沉闷的气氛中。忍受不下去的东京三菱代表打破了这个气氛。

“到现在为止大家都想避免这种状况，但是已经发生了……”

使用《公司更生法》的话，股份就成了无用的东西。三洋证券和集团企业借贷的数百亿日元融资，也有相当一部分无法归还了。大家很有可能会质疑股东银行的能力。

对于野村证券和3家股东银行来说，这不是件合算的事情。即使要说合算，也是今后不会再被援助三洋证券的事折磨了。他们还是接受了这一安排。

会议进行到后面，基本上都是梶谷律师一个人的舞台了。接受了东

① 有一个证券局官员说，为了处理三洋证券的问题，证券局局长长野庞士说服了证券领域的存款保险机构——委托证券补偿基金，破例进行资金援助。

京地方法院民事八庭的建议，三洋证券10月下旬和梶谷临时签约，梶谷是《破产法》的专家，只把股东的资产分离开来，使用《公司更生法》的“高难度解决方案”要点，他尽数知晓。

梶谷急迫地表示，如果要使用“高难度解决方案”的话，野村和3家主要银行的全面援助不可或缺，如果没法得到它们援助的话，就不适用于《公司更生法》，那么金融系统就会陷入大乱。

“首先来约定一下谁来对委托证券补偿基金的资金周转负责。因为是要快速解决的紧急事件，不是行长审批，而是请专职人员进行审批。”

但是，3家银行如果不对补偿基金的财产内容进行确认，就很难进行专职审批，利息水准和融资金额的上限要如何设置等也需要后续探讨。

小手川诚恳地请求。

“作为没有直接利害关系的律师，到现在为止所说的，都是出于真心在为金融系统担心。大家理解他的意思吗?”

会议持续了将近2个小时，但是结局是3家银行并没有让步，并想要回去解决这件事，过了中午就散会了。

三洋证券在中午开的临时董事会议上，正式提出了使用《公司更生法》的申请。从下午1：30开了各分部负责人会议，下午4点之后，律师进入了东京地方法院。

与此同时，下午2点召开了委托证券补偿基金的临时董事会，作为特例撤销了“一次20亿日元”的援助上限，决定把损失全额转到补偿基金上。

下午4点，在东京地方法院，民事八庭的审判长把3家银行的专务董事叫了过来，询问有没有对资金运转进行援助的约定。边厅的代表律师手中拿着申请资料，静静地等待“公听会”的结束。

从3家银行那里得到了答复，换到另一间屋子的审判长，开始受理律师的申请书，这时时钟的指针指向了下午5点。

接受了东京地方法院资产保全传令的证券局，马上指示三洋证券停止业务交易。在这一时刻，总资产拥有4 500亿日元，拥有2 700名工作人员的准大型证券公司确定按照“法律程序处理”，其负债总额为3 736亿日元。第一次出现了上市证券公司破产倒闭的情况。

三冢的记者见面会从晚上8点开始在大藏省举行。

刚刚进入三连休，突然听说《公司更生法》的三冢于11月1日下午开始一直在家里等电话，于3日下午6点40分后回到办公室。进入大臣室，从晚上7点开始，50分钟的时间里听长野他们细心的演讲，然后就到了记者见面会。

“今天对关于非银行金融机构经营恶化的特殊情况做个汇报。今后三洋证券要在公开透明的法律监管中，以公司重建为目标开展工作。各位投资者都辛苦了，非常希望今后不再让大家担心，希望大家冷静地采取行动。”

特殊情况和透明性，这是证券局准备好的关键词。

三洋证券破产的原因是非银行金融机构（non-bank）①，所以不会波及其他金融机构。另外，这不是在密室中决定的旧式破产处理，而是依照法律手续进行的公开透明的破产处理，就这样巧妙地美化了破产的事。三冢的旁边是长野和小手川在控制全局。

记者席当即质问：“到现在为止，难道不是大藏省在密室里精心策划这场重建计划吗？”

---

① non-bank，专门进行融资的金融机构的统称。与银行不同，此类金融机构不接受存款业务。

三冢苦笑道："哎，请不要这么说。世界都是以前进、前进、前进，改善、改革、全球化为目标的，请支持三洋今后的努力。"

又有一个记者提问道："关于证券公司的经营没有其他的问题吗？"三冢又把原因归到了"特殊情况"上面，回答说："既然完全没有听说，那我就认为是没有其他经营问题了。"只掌握了有限信息的三冢，应该完全想不到之后会有一场大混乱。

和不怎么了解情况的三冢相比，长野的情绪比较高涨。

"如果这个处理方式能被市场正确理解的话，那么完全不必担心波及其他金融机构。在一般产业中能够使用的方法在证券公司中也能使用，从这一点考虑，意味着可选择的处理方式更多了。"

在这个持续了1个小时的记者见面会上，长野一边故作镇静，一边不断强调实现了全新的解决方法这一点。他不顾证券局局长的立场，评价道："《公司更生法》难道不能在银行中使用的吗？"进行了前人未能做到的法律程序处理，长野沉浸在某种成就感中无法自拔。

当时的负责人清楚地记得这一天长野非常高兴。在记者见面会之后，返回了证券局的长野，慰劳部下说"（在九段下）财务局的这3天将会成为我一生的回忆"，并露出了笑颜。

与三洋证券处理案相关的一个负责人这样说道：

"长野局长自从成为银行局的审议官以来，不是一直在考虑哪一天将《公司更生法》运用在金融机构上试试吗？自他就任证券局局长以来，讨论时话语中处处透露着这种情绪。"①

---

① 基于《公司更生法》的三洋证券重建计划，因为没有援助公司出现，所以以失败告终，从1998年6月开始进入了清算准备。

长野在第二天，11月4日，好像很开心地对一个相关负责人脱口而出："怎么样，进展还顺利吧？"这个"进展顺利"指的是拆借贷款市场的债务违约问题，长野也是很关心这个问题的。

确实，4日的短期金融市场异常安静。

但是，却不是什么都没有发生。史上第一次债务违约的情况已经发生了。只是，市场还没有意识到它的严重性。

事情追溯到10月31日的短期金融市场。

虽然三洋证券拆借贷款资金的收入额逐日在减少，但是这一天，为了弥补资金不足，第二天调配了10亿日元的无担保拆借贷款。群马县的群马中央银行，相信了后偿贷款再延长这个传言，决议提供资金。

同时在债券借贷市场，三洋证券调配了83亿日元。无担保提供信用贷款的是宫崎县都城农协。

日本央行目睹了三洋证券和群马中央银行、都城农协间交易成立的瞬间。证券业务科也知道这个事情。虽然这样会演变为债务违约问题，但是如果插嘴的话，三洋证券的资金会立即减少，市场将会陷入大混乱。相关负责人员回忆道："当时的状况已经不能再做什么了，只能默默看着。"

三洋证券在紧要关头，从这两个市场中筹集来的93亿日元，随着《公司更生法》手续的开始已经无法偿还了。日本央行担心的历史上第一次债务违约问题就要发生，"恶魔的剧本"进入了新的阶段。①

① 桥本说过："关于债务违约这一点，我认为它是从结果上来看的，而并不是说如果选择了这样做，就会导致无法偿还债务。"

第五章

破产及失败

为什么金融机构接连瓦解

因山一证券的经营破产而进行会面的大藏大臣三家博（左）和大藏省证券局局长长野庞士

（东京·大藏省，1997年11月24日）

丧失的神通

三洋证券的破产造成了债务违约，这一消息慢慢传到了银行局和金融市场。

证券局制订了三洋证券重建的方针，并于 11 月 1 日黎明向银行局的一部分领导层人员传达了要点。11 月 3 日，证券局又电话联系了银行局的其余领导。三洋证券的重建会造成债务违约，最终甚至可能导致金融市场萎缩，但是银行局的相关人员称，当时准确意识到这一点的只有极少一部分人。

其间，有领导经由日本央行得知了债务违约这一消息，他们在向证券局提出抗议时，证券局却说“我们很早就已经通知了银行局”。在长野局长决策的刺激下，甚至有领导透露说：“对于大型银行也无法使用《公司更生法》吧。”

因为三洋证券的问题，证券局和银行局的关系明显冷却下来。虽然两者在重建计划上有联系，但是信息一时中断影响了重建计划的进程。

银行局内的意见沟通也不充分。大型银行的负责人和中小金融机构的负责人很少有机会面对面协商，不单单是三洋证券债务违约问题的会议，局内的联合会议也很少召开。

关于债务违约问题，金融市场的反应比预想的还要迟钝。

11月4日，日本央行传达了短期拆借公司发生债务违约的事实，也只有对无担保短期贷款的利息感到些许压力，还没达到引发混乱的程度。日本央行认为“市场麻痹了”，尽管已经做好了应急准备，但还是庆幸不需要用上。

但是，两三天之后，债务违约的现象一点点蔓延开来，报纸对此进行了报道，资金负责人之间也在不停地谈论着传闻。11月7日，东京证券交易所的平均股价急剧下跌，时隔两年四个月跌破了1.6万日元。

金融动荡不断蔓延，以此为背景，11月第二周，市场的氛围一下子改变了。每一个资金交易商都在担心信用风险，向“危险迈进”的资金投放戛然而止。

日本央行的负责人谈道：“短期金融市场的投资者一般是普通公司职员，直到某个时间点之前，他们都还在出资。但是这种投资毫无征兆地停止了，就像是钟摆突然向相反的方向摆去一样。”

北海道拓殖银行是萎缩了的市场中最大的一家。

9月中旬，与北海道银行的合并延期之后，拓殖银行的资金运转迅速恶化。尽管拓殖银行已经隐约预感到会出现“大约6个月程度的延期”，但是存款解约现象不断出现，6万亿日元保底的存款量在9月末减至5.7万亿日元。东京总部的资金负责人不得不连日访问日本央行营业局，协商资金周转问题。

初春，合并敲定时拓殖银行的股价是175日元，合并延期后，9月

17 日其股价跌破 100 日元，10 月 6 日跌破 90 日元，10 月 8 日又跌破 80 日元。增资 1 500 亿日元的预期也没有顺利实现，拓殖银行的评定等级已跌至“投机”水准，银行信誉受到威胁。存款减少和股价下跌这一恶性循环开始了。

拓殖银行行长河谷祯昌当时拜访了负责审议官中井，请求以日本债务信用银行的方式进行援助。河谷提出拓殖银行会在当地筹集资金，同时希望得到行政援助。

但是，中井却拒绝说：“日本债务信用银行能不能使用存款保险的特别资金援助是不透明的。由于没有安全对策，因此不得不那样做。虽然会觉得不平等，但这次情况特殊。”

同时，银行局局长山口公生访问了首相官邸，汇报了拓殖银行面临的严峻情况。但是，有关负责人指出，直到此时，破产处理的准备仍未进行。

在得知拓殖银行和北海道银行合并延期之后，银行局有人提出“以防万一，是不是应该讨论营业转让的可能性”。可是，领导们却一味坚持“只不过是合并延期而已”这一对外声明的方针。如果一方面寻求合并，另一方面进行破产准备的话，对方很容易产生不信任感。当时的判断是“如果私下准备破产方案，消息终究会泄露，一旦泄露，破产就是一瞬间的事情”。

10 月 13 日，大藏省的审查开始了，只要在审查中查清楚拓殖银行不是资本不足，那么就可以进行下一步。当时持这种想法的人占大多数。这次审查关乎拓殖银行的存亡，审查官也非常慎重，因此比平时耗时要长，预计 12 月中旬得出审查结果。在此之前，如果没有出现资金链断裂，就会渡过难关。相关负责人当时尽力维持拓殖银行的资金周转。

11月3日，债务违约事件发生之后，银行科开始向北海道银行打探“营业转让的接收准备”。这个时候，拓殖银行的资金链已经到了随时都有可能断裂的地步。4日，其股价也从78日元开始跌落，票面额跌至近65日元。相关负责人指出：“至少有两次奇迹般地从死亡边缘拉回来。”

11月14日，这一天是向日本央行缴纳存款准备金的截止日期。

存款准备金是指民间银行将存款中一定比例的金额缴纳给日本央行的制度，这一制度和基准利率一样，是重要的金融政策手段。如果每天不按照平均余额基准来储备每月一定的存款金额，就会被依法处以懈怠金（罚金）。因此银行为了保障存款准备金的数额，必须调整日常的资金流动。日本央行也以此为杠杆，引导市场利率变动。

一般来说，存款准备金的储备期间是每月16日至次月15日，而11月14日的这个星期五恰好是10月存款准备金储备的最后一个工作日。

“拓殖银行的存款准备金好像储备不足了。”

日本央行营业局从早上开始就充斥着紧张的氛围。之前，有银行由于存款金额的计算错误，导致没有及时缴纳存款准备金，因此缴纳了懈怠金（罚金），但是没有出现过单纯由于资金运转问题而无法缴纳存款准备金的情况。虽然拓殖银行不断提高筹集资金的利息，但是找不到出资方。

下午3点，拓殖银行还差100亿日元缴纳存款准备金。虽然通过缴纳几百万日元的罚金就可以暂时解决这一问题，但是，无法从市场上取得资金这一问题格外严重。

在迎来资金最终决算之前，拓殖银行的资金负责人尽力提高贷款利息，努力填补资金不足。但是，冷静地观察市场动向的日本央行这样建议道：

“偿付高额利息的话，有可能拿到资金。但是，以这种方式也只能坚持到这周末，还是放弃吧！”

拓殖银行选择放弃，下午5点，确定了存款准备金不足这一事实。①

傍晚，掌控拓殖银行资金运转的日本央行信用机构科科长中曾宏像下定决心一般拿起了电话：

“拓殖银行不行了，资金运转坚持不到下周了。”

接听电话的是大藏省银行科科长内藤纯一。内藤通过这一简短的汇报，完全明白了目前的情况。

资金链断裂这一最糟糕的情况，偏偏出现在20家大型银行中的一家，而这距离三洋证券破产才过了12天。

虽说破产是在意料之中，银行局在接到日本央行的通知时，仍然一片哗然。

拓殖银行接受审查还不到一个月，虽然做好了以防万一的准备，向北海道银行打探了营业转让的可能性，但是，银行局完全没有做任何实质性的准备。

“不需要特别融资，为什么日本央行不能进行普通放贷呢？”

“即便日本央行发放贷款，结果也是一样的。”日本央行指出，市场一旦得到消息，那么3天之后就需要特别融资，很难坚持到下周末。

面对筹集资金这一难题，拓殖银行束手无策，只能默默地准备破产处理了。一旦资金链断裂，必须毫不犹豫地处理问题，负责人也做好了心理准备。

---

① 据相关人士称，14日上午，拓殖银行的职员来到日本央行说明存款准备金不足的情况，日本央行的领导则果断地奉劝拓殖银行放弃经营。

若是如此，对于存款量将近6万亿日元的大银行来说，与其在一周半的时间内逐渐破产，不如在一开始就采取迅速处理的方式，更能减少市场和存款人的损失。出于这样的考虑，银行局立刻成立了企划小组，开始着手进行“冒险的破产处理”，将处理时间集中在15日、16日这两天。

首先需要考虑的是拓殖银行的营业转让方。因为不确定接收银行，就无法使用存款保险。负责审议官中井于6月份和北海道银行行长藤田恒郎进行了“密谈”，他把北海道银行当作最合适的候选。藤田接到通知称，考虑到合并延期引起的抵触情绪，最坏的情况下，希望藤田可以辞去行长职位。

当天晚上，中井迅速赶到东京的巴雷斯宾馆拜访拓殖银行的行长河谷祯昌。面对一筹莫展的河谷，中井指出，拓殖银行想要凭借自己的力量增资是不可能的，所以很遗憾，不得不进行破产处理。考虑到同地区经济的联系以及规模，只有北海道银行最合适作为接收银行。但是，他却从河谷口中听到了意料之外的银行名称。

“如果把北海道银行作为接收银行，无法向行内交代。我们想拜托北洋银行。日本央行也这么建议我们。”

在与北海道银行交涉的过程中，拓殖银行就怀疑对方是不是已经觊觎将要破产的拓殖银行，进而实现对拓殖银行的接收。对方屡次提高交涉条件，最终双方不得不延期合并。由此可见，对方的目的很可能是让拓殖银行破产。因此，如果让北海道银行作为接收方，那不就正合其意吗？河谷认为，为了避免失去银行内部的信任，无论如何也不能让北海道银行作为接收行。

中井虽然想着“事到如今，还想这些干什么”，但是面对拓殖银行

“濒死”的请求，又不能坐视不管。

回到大藏省，中井给北洋银行的行长武井正直打了电话，但是结果不容乐观。中井还是认为北海道银行是唯一的选择，于是他向日本央行信用机构局局长增渊稔寻求帮助，增渊表示“我再问问（武井行长）”。

几小时后，增渊联系中井告知“武井说可以接收”。中井完全不明白这其中的情况。

实际上，两个月前，日本央行就私下与北洋银行行长武井正直开始接触了。

第一次会面是在9月上旬，就是拓殖银行和北海道银行发表合并延期之后。当时，武井来到东京参加第二地方银行协会的会议。日本央行理事本间忠世明确地向他提出：

——再这样下去，拓殖银行很可能破产。但是，从目前的状况来看，很难把北海道银行作为接收银行。本间向武井恳请道，所以我希望你能考虑“万一的”情况。

武井曾就职于日本央行，和本间关系很好。对后辈提出的请求，武井提出一个条件：绝对不要告诉银行局，并表明会就此事进行商讨。

武井作为原日本央行的人，又见证了两家银行合并交涉的过程，他对银行局的手段抱有疑问。本间同意了武井的条件，把这一消息隐瞒了两个月。结果事情进展正如日本央行预想的那样。相关人员提到，给本间做出下一步指示的是央行总裁松下康雄。

银行局局长山口打电话给武井的时间是15日傍晚，当时武井人在札幌。武井和副行长协商了几个小时，最后北洋银行决定只接收拓殖银行北海道以内的资产和负债。

16 日下午，拓殖银行在巴雷斯宾馆召开了临时董事会，针对转让给北洋银行的事宜，进行了秘密协商。

拓殖银行成立于 1900 年，它是为了促进北海道发展而成立的国策银行。这一著名的银行却在它成立 100 周年之际，从金融界消失了。

16 日，周日，三家得知了拓殖银行破产的消息。

尽管是休息日，三家从下午 2：09 开始听取相关负责人的汇报，时间长达一个小时。坐在大臣室里的是银行局局长山口、官房长武藤敏郎等人。

“大臣，非常抱歉。事态很严重。”

听到意料之外的结果，三家的表情愈加沉重。他一直认为 20 家大型银行不会倒闭。之所以这么认为，是因为对相关负责人的经营报以信任。

“为什么会变成这样？”

三家表示难以理解。

“北海道银行接收的那件事怎么样了？”

“无计可施了。双方意见相左，根本原因还是互不信任。为了不给储户制造麻烦，拓殖银行最终选择了北洋银行作为接收方。”

听着山口的汇报，三家心想“这下事情严重了”。

三洋证券破产时，仍有挽救的余地。当时，三家没有预料到事情会发展到这种地步。至此为止，还不到两周的时间。三家意识到周一开始会发生混乱。

“总之，一定要全力应对，以保万全。”

虽然三家做出了指示，但是内心仍然涌现无法发泄的怒火。

金融是三家不熟悉的领域，因此一直以来都盲目听从银行局局长的话。今后不能这样了。三家这时才意识到。

三家回忆道：“银行局的汇报内容从来都是‘实际情况不是报道的那样’，每次都是事情爆发前一天或是迫在眉睫的时候才说事态严重了。”

桥本听到拓殖银行破产的消息，也感到诧异，没想到“来得这么快”。

从初春开始，桥本最在意的问题金融机构就是拓殖银行。

拓殖银行在北海道经济中所占比例很大，万一破产，能否控制影响尚存疑问，桥本十分不安。但是，也不能让其他人看到自己的担忧。

只要外界得知首相对特定的金融机构有特殊照顾，就会招致市场混乱。因此，桥本既没有向秘书打探，也没有和大藏省官员商议。有时，在听取报告时，仍旧装作“什么都不知道”。

听完相关负责人的破产报告之后，桥本连珠炮般地问“地区经济会受到什么影响”“接收事宜如何了”“本州的分支行怎么处理”，除此之外，没有再说什么。

“到了这个时侯，什么指示也没有用了。”桥本也无能为力了。

同一天，寂静的大藏省4楼，拓殖银行的破产准备接近尾声。为了不惊动媒体，银行局内所有的房间都上了锁，在官房金融审查部的一间房内，资料准备及问题应对等工作正在紧锣密鼓地进行着。

虽然确定北洋银行为接收方，但是，转让的只是北海道地区的健康资产和存款。而占据全部资产40%的本州部分资产仍然没有接收方。针对这一前所未有的“不完全破产处理”，负责人很是不安。

中井也承认资金链断裂是最糟糕的结果，他说：“做好充分准备，我认为信息公开披露是最好的选择。从这一角度来说，也很遗憾。”①

① 摘自1998年2月12日JNN报道专集的西野采访。

当时，审查还没有结束。银行局当初计划，如果审查结果不是资本不足，要想好应对方案。负责人们绞尽脑汁，决定在发表文中，不使用“营业让渡”这一词汇，而是使用“业务承继”这一新词。

一旦资本不足得以确认，拓殖银行希望以《存款保险法》中的“救济合并”方式进行处理，而非营业转让。同样是破产处理，相关负责人寄希望于救济合并的原因是这种方式带来的损失会小一些。

经过周五、周六两天一夜的连续工作，全部工作终于在17日上午零点之后完成。

电视上正在播放世界杯的亚洲区预选赛决赛。日本队凭着戏剧性的进球取得了本次世界杯的出线权，而相关负责人只记得自己当时是在极度疲劳的状态下收看这一幕的。

11月17日，日本国内沉浸在世界杯首次出线的喜悦之中。

上午8：20，三冢的记者招待会开始了。同时，在札幌的拓殖银行行长河谷深深地低下头；在日本桥，日本央行总裁松下宣布启动无担保、无保障的日本央行特别融资。

身着浅灰色西装的三冢率领银行局局长山口等人进入记者招待会会场。

在三冢宣读的长达8分钟的大臣意见里，并不是说拓殖银行“营业转让”给北洋银行，而是使用了“业务承继”这一陌生的词汇。但是，记者团并没有在意银行局的这一心思，而是立即追问拓殖银行破产的责任。

“不是说好要保护20家大型银行吗？”

“我们正在竭力维护国内外金融系统的稳定。拓殖银行也已经从国际市场中撤离了。金融职能也已经移交给其他银行，会全力保护储户的利益。”

三家回答道，山口也偶尔在他耳边说些什么。

拓殖银行已经撤离了国际市场，没有给国外造成任何损失；其国内业务也由北洋银行等接手了，因此，不会有任何问题。三家为了解释这两点费尽了口舌。

“保护 20 行这一承诺本身就很难实现。

“政府说过，针对裁员和不良债权削减问题，在银行全力应对的前提下，会给予支持。如果金融机构尽到了自己的责任，那么，以上对策就没有问题。”

也就是说，在银行自救过程中，政府能够给予援助，但并没有说银行不会倒闭。

为了躲避更多的追问，三家只停留了 14 分钟。他声称要和美国财政部副部长萨默斯进行会谈，便匆匆离开了会场。接下来，山口作为发言人解释道：“发言本来的主旨是贯彻始终的，即以某种形式维持 20 家大型银行的职能。”

三洋证券破产，导致发生了 93 亿日元债务违约，而这又是拓殖银行破产的开端。负责审议官中井从 1997 年初春就开始奔走，他这样概括道：

“行政管理既有能做到的事，也有做不到的事。另外，主张遵循市场原理，对经营恶化的金融机构进行破产处理这一呼吁十分强烈。虽然我们应当保护拓殖银行的金融职能，但是拓殖银行本身并不完全是这个问题。”①

中井是在 11 月 4 日得知发生债务违约的。

“在当时那种迫不得已的违约情况下，又出现了资金链断裂，

① 摘自 1998 年 2 月 12 日 JNN 报道专集的西野采访。

这也是无法避免的事情。市场也因此受到了影响，拓殖银行更没有充分的时间做准备。但是，如果说没有出现资金链断裂，拓殖银行的处理就不同于现在了吗？从最终的审查结果来看，虽然提前了一个月，但是结果是同样的。”①

受到市场定位的压力，1995年秋天开始实行的“大型银行不破产”政策轻而易举地落幕了。银行行政的“神通”也在这时消失殆尽。

金融恐慌的深渊

无论如何都要见长野局长一面。

11月14日下午5点多，山一证券社长野泽正平要求紧急会谈，恰好此时，日本央行也向银行局通报了拓殖银行资金短缺这一情况。下午6点，野泽走进了局长室，表情凝重。

野泽坐在沙发上，大声汇报着自己准备好的内容，长野一直在一旁听着。一个小时之前，山一证券的负责常务也在向证券业务科的科长小手川解释同样的内容。

据相关人士称，野泽首先花了好长时间说明已经准备好的裁员计划，其次解释了裁员的原因，即发现了大约2 600亿日元的“账外损失”，最后还提到了山一证券正在寻求和外资系统金融机构合作的可能性。

听取了山一证券的内部调查报告之后，长野说了以下内容：

“我以为你会来得更早一些，情况我已经了解了。你们和三洋证券不同，我们会支持山一证券的。”

---

① 摘自1998年2月12日JNN报道专集的西野采访。

野泽走了之后，长野向部下说“野泽的话支离破碎”，在下令对山一证券进行再调查之后就回家了。审议官山本晃给外出的小手川打电话，指示说：“也许还有隐情，所以你一定要再确认一遍。”晚上 10 点多，小手川给山一证券的负责常务拨通了电话。

“时间太晚了，明天傍晚请和会计一起来。”

同时，长野突然取消了周一前往大阪出差的行程，改派山本作为出差代理人。当时，小手川等人仍未完全理解“账外损失”的严重性。他们认为“账外损失有多种形式，还不至于是违法行为”。另外，山一证券当时保有将近 3 000 亿日元的特定资金信托，向上级机构汇报时，也只是说“多少有些损失，但不要紧”。

事实上，这一天银行局也没有召开政策会议。负责的科长助理甚至连野泽报告的内容都不知道就将这件事搁置一边。

但是，日本央行的反应全然不同。

山一证券会长五月女正治拜访了日本央行的本间理事，和野泽在同一时间做了同样的报告。

同席的证券科科长吉泽脸色苍白，跑到信用机构科科长中曾宏跟前，请求道：

“山一证券快破产了。证券转卖①接收方也遇到了问题。总之，能不能考虑特别融资的方法。”

---

① 这里的“转卖”是指，证券公司隐瞒本公司含有账外损失的有价证券，并通过中介转卖给不同结算期的企业。山一证券的具体情况是：为了维持同客户的交易关系，不断被转卖的有价证券最终落在了自己旗下有名无实的公司之中。这种赔付损失的行为在证券交易法中是被明令禁止的。另外，由于这样的不正当债务没有被写入有价证券报告书（账簿）中，大藏省证券局将其称为“账外债务”。

两周前，在处理三洋证券破产问题时，吉泽还坚持主张不使用特殊融资的解决方法，这次却按捺不住要求融资。此时，信用机构局确定了一点，就是继拓殖银行之后，山一证券也做好了破产准备。

同三洋证券和拓殖银行相比，山一证券的危机正在进一步加深。

这一年5月，大阪小川证券（山一证券的联合公司）没有得到山一证券的援助，陷入了绝境。山一证券的实力明显减弱，日本央行证券科在这时开始审查山一证券的资金运转，进入了初期警戒状态。

同年夏，野村证券向股东大会行贿一事败露。7月30日，野村证券被行政处分。东京地检特搜部进入山一证券本部进行了强制搜查。会长、社长引咎辞职，9月前社长、前副社长相继被捕。同时还发生了客户咨询室室长被杀这一令人痛心的事件。

不幸的事件频发，导致山一证券的信用一落千丈，客户流失严重。10月以后，资金运转已经十分困难了。

然而在这期间，证券业务科和日本央行证券科没有任何帮助山一证券的迹象。为三洋证券奔波的小手川、吉泽两人都对山一证券漠不关心。

大藏省证券局相关人士证实道："大约是7月的时候吧，某人建议我不要和山一证券走得太近。"

关于山一证券转卖的流言不断，也有消息称山一证券的财务状况和对外公布的内容差之千里。而且，因向股东大会行贿，惊动了东京地检特搜部。当局者们意识到，如果帮助了山一证券，很有可能做出"违法行为"，因此，他们决定装作全然不知的样子。

对于三洋证券，证券局已经向各家人寿保险公司申请后偿贷款了。即便是要破产，"最后的努力"在道义上也是不可或缺的。但是，相关负责人认为，对山一证券并没有这样做的必要，一旦出现失误，就容易造成无法挽回的损失。某位领导坦言“山一证券经营规模过大，从而令人害怕审视其中的内容”。山一证券俨然已成为证券行政里的“潘多拉魔盒”。

当时，山一证券为了恢复信誉，入夏以来就一直在拉拢外资。9 月下旬，在中国香港联系到瑞士的综合金融集团、瑞信银行以及德国商业银行。证券局收到山一证券的报告称，德国商业银行提出约 2 000 亿日元的出资方案。

证券局虽说大体掌握了这些动向，但是普遍持悲观态度，认为“山一证券对现状估计太乐观了”。当时山一证券的报告内容全部都是“有应对方法”，但是，根据证券局的切实调查，发现这些报告大都是缺乏依据的乐观论。

10 月 15 日，证券局开始对三洋证券进行依法处理，山一证券野泽的经营团队则与瑞信银行的会长等人在东京都举行了会餐。证券局的人那时已经意识到“和瑞信银行的合作很难实现”，没有做出任何援助。

比起外资，山一证券更加希望接受主要股东银行的援助。富士银行作为其主要股东银行，到最后都没有表明态度。这导致同外资难以达成合作。

10 月 6 日，山一证券的负责常务拜访了富士银行总部，说明了 2 600亿日元的账外损失情况，并提出出资请求。富士银行迅速成立项目组，花了一个月的时间研究对策，然而，在这期间却没有一次提出要全面援助山一证券。尽管如此，山一证券仍然寄希望于富士银行，并没有全心投入同外资的合作交涉中。时间一天一天地流逝了。

11 月 3 日，三洋证券破产之后，山一证券的经营环境急剧恶化。

继拓殖银行之后，日本又一次债务违约事件给山一证券的资金运转再次带来了冲击。债务违约的对象不仅有无担保短期贷款，还包括贷款债务，在这种背景下，农林系统金融机构对山一证券的信任度一下子降低了。

屋漏偏逢连夜雨，6 日，美国评估公司宣布重新评定山一证券的债务等级。11 日，主要股东银行拒绝了山一证券申请援助的请求。针对山一证券提出的延长后偿贷款期限这一要求，富士银行提出了严苛的条件，除此之外，关于已经在实行的面向山一证券的融资的无担保部分，富士银行也要求完全担保。

山一证券一直隐瞒转卖证券[①]这一做法使山一证券失去了主要股东银行的信任。然而，持有巨额不良债券的富士银行已经没有余力援助山一证券了。曾经作为日本第一大行称霸金融界的富士银行已经落到这般境地，银行局官员后来回忆道，这一情形才是日本金融危机的象征。[②]

山一证券的股价一落千丈。从 12 日开始连续 3 天刷新了最低值，14 日某个时刻甚至跌破了 100 日元。股价下跌与资金运转问题互相联动，“山一动荡”一下子轰动了市场内外。

14 日下午，焦头烂额的野泽直接请求富士银行行长山本惠朗给予援助。但是山本冷冷地拒绝了，并说：“虽说我们是主要股东银行，但

① 转卖证券是指：出于决算对策，暂时将带有未记账损失的有价证券转卖给其他公司的做法。

② 受到山一证券破产的影响，富士银行被卷入了经营不善的流言旋涡中，股价低迷。为了恢复信誉，在金融大改革中重整旗鼓，1999 年 8 月，富士银行、日本兴业银行、第一劝业银行三行决议合并。

是我们对股东也有责任，因此，我们不可能承受损失。我们不能给予全面协助，只能尽力而为，希望你能理解。”①

野泽请求同长野会面就是在富士银行行长下了最后通告之后，也就是走投无路的时刻。

听完野泽的报告，第二天即15日傍晚，证券业务科科长小手川从山一证券的负责常务那里听了详尽的说明。

“这个账外损失指的是什么？”

小手川指着资料的中间部分问道。资料上是复杂的图表，表示的是账外损失的去向。听着负责常务的解释，小手川觉得眼前一阵发黑。账外损失也就是被称作“账外债务”的转卖证券的损失。

“请你等一下，这一部分有违犯法律的嫌疑，因此，请向证券交易委员会（SEC）汇报。”

接着，小手川又给日本央行的吉泽打了电话。

从吉泽那里得到详细说明之后，小手川愈发绝望。3 000亿日元特定资金信托被用来隐瞒“账外损失”，而这一做法仍旧是于事无补，损失是不可避免的。如果仍按照这种方式处理账外损失的话，那么山一证券的自有资本比例别说停留在最低值120%了，很有可能出现负值。

16日早上，大藏省的证券业务科和日本央行的证券科召开了紧急联合会议，决定重新调查山一证券的资产内容。这天中午，相关负责人员给休假在家的长野打电话，汇报情况。相关负责人员打探道：“您在第二天的政策会议上这样做总结怎么样？”长野也只是回答道：“这样就可以。”

① 摘自山一证券《社内调查报告书——以所谓的账外债务为中心》。

之后，负责人助理（代理）入驻日本央行，整整两天，彻夜未眠地调查了山一证券的资产和负债情况。结果发现，如果山一证券做统一处理，也有 1 009 亿日元的超额资产，但是，眼下的资金运转是令人绝望的，无论怎样调拨，28 日都会发生资金短缺，已经没有时间寻找根本的解决方法了。

拓殖银行破产的消息是在 17 日傍晚被宣布的。小手川吩咐山一证券的负责常务做好最坏的准备，同时也敦促他向证券监察委员会做紧急报告。野泽社长在晚上 7 点多向监察委员会汇报了存在账外债务的事实。

长野在之后的记者会上称 17 日才得知存在账外债务。他解释说，14 日野泽来银行局，主要是为了汇报资金运转困难的情况，当时没听说存在账外债务。但是，山一证券的内部调查报告上写着，14 日已经说明了账外损失的情况。日本央行的相关人士也证明道："14 日晚上，大致听取了账外债务和转卖证券的去向。"

17 日，小手川等负责人得出了调查结果，正式阐明账外损失存在违法性。可以推测出，结合"信息及时披露"原则，他们尽量延迟公布这一结果的日期，希望能够尽可能地争取处理问题的时间。

17 日，在第一次证券局对策会议上，长野最先指出的是及时披露信息的问题。

信息及时披露是指，关系到企业经营的重要消息，必须刻不容缓地向投资人明示，这是证券交易的基本原则。特别是关系到公司存亡的消息，一旦有意隐瞒，就很有可能引发内幕交易。

但是，长野更加重视的，是 1995 年秋大和银行纽约分行发生的巨额损失事件。当时，由于大和银行长时间隐瞒重大事实，最终遭到美国的驱逐，银行局也因知而不言受到了严厉的指责。

长野在不断推进金融大改革，他站在这一立场上对部下说：

“只有8天的期限。超过8天的话，我们的所作所为很有可能被认定为行政违法行为。我们会像银行局那样遭受牵连。这就是信息披露会被问责的问题。”

根据山一证券的内部报告书显示，长野向野泽等人表示“11月26日是公布结果的截止日”。但是，事实上，长野对外公开存在账外债务这一情况是在听完野泽14日的第一次报告以后，8天后正好是22日。

17日、18日两天，证券局的对策会议一直开到深夜。这次秘密会议只有局长、审议官、总务科科长、证券业务科科长、负责人助理等极少数人参与。

和三洋证券当时召开的紧急会议一样，大家用图表标示出有利情况和不利情况，然后沿着“最糟糕的情况”这条路线依次寻找危机规避策略。

起初，长野等人期望的是日本央行启动特别融资进行全面救助。就像1965年的第一次“山一危机”那样，希望日本央行启动特别融资，再一次拯救山一证券。

长野在17日的紧急会议上给日本央行的本间忠世理事打了电话，打探日本央行是否可以动用特别融资。但是，本间的答复却是：“我不可能让特别融资去救助存在违法行为的对象。”

长野问道：“既然得不到日本央行的救助，那么，能不能像三洋证券那样使用《公司更生法》？”小手川回答道：“山一证券和三洋证券的规模不一样，并且存在违法行为，地方法院是不会受理的。”

正因为明明是证券公司却在欧洲对银行业务亲力亲为，无论如何必须避免债务违约的发生。但是，一旦被查出存在转卖有价证券的事实，那么，山一证券公司将无法存续。所幸，通过和日本央行进行联合调查发现，还有 1 009 亿日元的超额资产，最糟糕的情况下也能确保 482 亿日元的超额资产。出席者回过头来发现，在梳理问题的过程中，依据《证券交易法》，山一证券只剩下“自动停业”这一选择了。但是，长野还没有做出决断。

18 日，参议院召开了预算委员会。下午 4 点多，长野将正在出席会议的三冢请到休息室，向他汇报了山一证券的问题。此时，三冢的问答时间刚刚结束，谁也没有注意到他们的会面。

“山一证券存在账外债务，现在正在调查中。”

事发突然，三冢吃了一惊。

“以前，山一证券就存在过问题。这次存在违法行为，而且还有账外债务。事态紧急，不能坐视不管。”

“到底该怎么办？”

“还没有想好对策。我会再向您汇报的。”

委员会结束后，三冢回到大藏省，晚上 8：00 到 8：20 听长野和小村武说明了具体情况。前几天拓殖银行刚刚进行了破产处理，没想到山一证券的破产也如此之快。随着一个个不幸的消息传来，三冢的心情愈发沉重。

11 月 19 日早上召开了第三次对策会议，听完 5 个部下的意见，又经过长时间的讨论，长野得出结论：

“只能自动停业了。”

证券局局长下了决断。时针定格在上午 10：00。

上午 11：30，山一证券社长野泽再次拜访长野。

长野正襟危坐，说道：

“客套话就免了，我就单刀直入地说了，希望你们自动停业，请你进行决断。作为主管金融机构，不可能许可失信公司继续经营。我很想听听行平先生（前社长）是怎么考虑的。

“启用《公司更生法》也会引发国外市场的动荡，所以无法进行。大臣已经听说了这件事。我非常清楚这是要求你做痛苦的决定，但是，这关乎证券市场的稳定，所以希望你能尽力。”①

5 天前，长野还说“我们会援助山一证券”，现在却突然要求其自动停业。野泽面色苍白，请求道：“局长，无论如何请救救我们。”②

长野向野泽下达冷冰冰的通告之后，接着等待国会审议的结束。下午 5：28 开始，长野在政府委员室向三冢进行了 11 分钟的汇报。

“因为存在转卖有价债券的违法行为，所以法院不会受理《公司更生法》。想要维系山一证券这种规模的公司，只能依靠日本央行，可是，由于存在不当行为，不可能使用公共资金。日本央行也不同意，而且也没有时间使用《公司更生法》了。”

“能不能再等等？明天，我会给首相打电话，仔细向他说明情况。”

傍晚，小手川悄悄地去了东京地方法院。他来向负责《公司更生法》的民事八庭审判长确认山一证券是否可以依法进行整治。但是，正如预想的一样，审判长这次拒绝了小手川的请求。一是因为山一证券的债权人数极多，无法应对这些事务；二是存在账外债务这一违法行为。

---

① 摘自山一证券《社内调查报告书——以所谓的账外债务为中心》。

② 摘自山一证券《社内调查报告书——以所谓的账外债务为中心》。不过，据证券局的知情人士称，当时野泽并没有说“无论如何请救救我们”这句话。

听了小手川的汇报，长野再次把主要人员召集到局长室，说道：

“今天我已经通知山一证券的社长必须进行自动停业。

“接下来事态会更加严峻。但是，我希望你们信任我、跟随我。”

听了一向沉着冷静的长野说的这句话，出席者都不寒而栗。第二天，正如局长所预料的那样，山一证券的股价暴跌，一度跌至每股43日元。

11月20日早上，三家给桥本打了电话：

“今天长野局长会去拜访您。事关重大，请您务必接见他。”

长野抵达首相官邸的时间是中午。

桥本正在首相官邸的地下餐厅和秘书官吃午饭。首相的专职记者也正由2楼的首相办公室前往地下餐厅。长野看准这一时机，从秘书室一侧的门进入了办公室。

“没有遭到专职记者的盘问啊。”

长野说着，一闪进入了秘书室，而这一情形被首相的贴身随从看到了。

过了一会儿，桥本回到办公室。长野向他详细说明了山一证券只能自动停业，以及不是资本不足问题等情况。

桥本安静地听着，备受打击。因为前几天长野汇报时，自己还认为山一证券能够度过这次危机。

长野第一次来汇报时，也是选择了避开记者。

“存在非常严重的问题。”

长野汇报完“山一危机”的主要内容之后，这样说道。

“虽然是铤而走险，但是无论如何都要渡过难关。”

首次听到报告时，桥本隐约记得“在拓殖银行破产之前，还有比较宽裕的时间”。

据桥本的贴身随从称，在大藏省官员中，桥本最相信长野的行政手段。当时，桥本也只是从长野说的“合并或其他方式，正在考虑各种方法”这句话中揣摩情况，最终也没有问“到底怎么做”。[①]

因此，第二次报告中的自动停业这一结论对桥本来说就是晴天霹雳。

“这怎么可能？”桥本下意识地说道，脸上却没有表露任何迹象。

“自动停业也是没办法的事，务必维护市场稳定。

“必须兼顾国内外，包括国外的投资人在内，务必让客户安心。”

到了这个节骨眼上，容不得左顾右盼了。首先是避免动荡。虽然试图这样考虑，但是内心的恐慌却无法遏制。

“这次影响不小啊……”

桥本深感担忧。

上午10：45，大藏省，长野在向桥本申请自动停业的裁决之前，再一次和野泽、负责常务以及山一证券的两名顾问律师进行了会面。

同一天，两名顾问律师赶到东京地方法院试图寻求最后的可能性。他们为了得到《公司更生法》的适用申请资格，请求会见审判长，但是被冷冰冰地拒绝了。

根据山一证券的内部调查报告，顾问律师为了能够申请实行《公司更生法》，希望大藏省全面援助，并且延迟公布账外债务这一事实。长

① 山一证券在最后关头还在寻求与瑞士信贷、美林证券等外资的合作。根据社内调查报告，11月17日，证券业务科科长小手川也向山一证券的负责常务建议，还是有必要与外资合作。证券局局长长野向桥本暗示的“许多解决办法”中，也包含与外资合作这一构想。然而，从结果来看，合作谈判并不顺利。

野反驳道：

“你们作为律师，是怎么看待及时进行信息披露的？”

他认为，延迟信息披露是毫无道理的。

律师答道：“目前处在一个非常时期，为了防止市场混乱，保护投资者，选择自然明了。”他们认为延迟信息披露也具备合理性。

长野冷冷地说：

“昨天我和野泽社长会面时说的话被律师泄漏了，只可能是从山一证券传出去的。大藏省24日发表，所以请做好准备。否则，山一证券的股东就会提出损失赔偿诉讼。”

之后，就出现了有争议的言论。

“关于退还客户资产，大藏省会采取特别的金融措施。这些事情都是内阁决定的。”①

律师紧紧地追问道：“即使这样也不能使用破产法吗？”长野回绝道：“如果进行破产处理，那么就无法采取保全客户资产的措施。24日，大藏省将发表转卖有价证券的事实，并且宣布山一证券将自动停业。”

问题在于，身为大藏省的局长却说出“内阁决定”这句话。这句话在国会上成了争议的焦点。长野解释说：“我说的是‘如果没有内阁，就无法决定’。”对此，在场职员的证词却是“他说的的确是‘内阁决定’。”事实究竟怎样，无从考证。然而，长野正式等待首相裁决是在这次会面之后，至少从当时来看，有些操之过急了。

“特别金融措施”同样也是操之过急了。

为了返还客户资产，资产开始流动之前必须有源源不断的资金供

① 摘自山一证券《社内调查报告书——以所谓的账外债务为中心》。

给。主要股东银行不提供援助，在此基础上，唯有日本央行有能力提供援助，那么很明显，“特别金融措施”来自日本央行。但是，日本央行是否会进行特别融资，这次会面时完全还是未知数。

虽然证券科科长吉泽拼命请求，但是日本央行信用机构局依然反对动用特别融资。证券公司处于金融体系的“外延部分”，没有结算职能。日本央行认为，通过决算系统有可能产生连锁反应，波及其他公司，因此，山一证券和三洋证券的情况一样，不能实行特别融资。

20日下午，也就是长野和野泽会面后，向桥本汇报的时间，在日本桥的日本央行总部召开了非正式的领导会议，商讨特别融资的事宜。

据相关人士称，主持会议的副总裁福井俊彦追问营业局局长竹岛邦彦等人说：“证券公司和系统风险有何联系？”负责金融系统的信用机构局局长增渊稔和福井一样，对特别融资抱有疑问。第一天的会议结果是大多数人都不同意特别融资。

之后，非政府代表的日本央行政策委员和日本央行事务局召开了非正式的“任命恳谈会”，据相关人士称，会上也出现了反对意见。

听了营业局的汇报，长野吃了一惊。

一直以来，从日本央行内部的动态来看，负责理事本间、信用机构局局长增渊等人都持赞成态度，负责《日本银行法》修订的福井和企划局负责领导人由最初的赞成转变为反对，最终顺从了日本央行总裁的决策。但是，在反对派占大多数的情况下，只要日本央行不动用特别融资，自动停业等就无法实现。市场会出现大范围撤资，必然会陷入大动荡。

这天傍晚，长野和日本央行理事本间进行了两个多小时的通话。

“你们真的不动用特别融资吗？既然如此，我会向首相汇报说这是松下总裁的决定。你们也无所谓吗？”

“首相可能会直接打电话给日本央行，这样可以吧？”

长野用半威胁半请求的语气说道。

“如果日本央行不能直接给山一证券融资，那么，通过富士、兴银、东京三菱3家银行间接进行特别融资不就可以了吗？”

但是，本间称自己没办法行动。长野就提出自己去向3家银行的行长打探情况。

长野在进行电话会谈期间，银行局局长山口公生一直坐在旁边的沙发上听着。财务官榊原英资在隔壁休息室忐忑不安地等待电话会谈的结果。下午6点多，榊原到首相官邸汇报亚洲金融危机的情况，却被桥本问到山一证券的状况，他这才慌忙赶到证券局局长室。金融部门的主要官员都屏息以待。

21日，周五，召开了包括日本央行副总裁福井俊彦在内的高层会议，讨论是否应该动用特别融资。

和前天一样，副总裁福井和信用机构局局长增渊等人反对，他们分析得有理有据，证券公司和金融体系有何联系，万一出现了损失应该如何应对。如果因为规模宏大这样的理由就动用特别融资，那么后果将不堪设想。

本间和证券科科长吉泽回应道：如果不动用特别融资，国外市场会陷入混乱；山一证券有1 009亿日元的净资产，特别融资不会成为呆账。而且，根据证券科的消息，吉泽还解释说：“如果出现损失，证券局承担责任。”

央行证券部和证券局证券业务部私下定下“秘密协议”：特别融资

一旦出现损失，会通过增加信托证券补偿基金来弥补；仍然不够的情况下，隶属大藏省的日本联合证券财团、资本市场振兴财团会筹措资金，筹集的最大额度为 1 700 亿日元。

但是，证券部事先根本没有与财团协商，这一口头协议“其实连协议都称不上”（日本央行相关人士称）。正如福井所预料的那样，两年后（1999 年），日本央行便遇到了融资呆账问题。

高层会议持续了很长时间。前几天持反对态度的一个领导开始倾向于实行特别融资，但是，意见仍不统一。时间一分一秒地过去了。

松下康雄总裁一直保持沉默，只在讨论快要结束的时候，开口说道：

“大家的意见，我都明白了。但是，在危机面前，我们不能做实验。我决定实行特别融资。”

总裁的决定一锤定音。

事实上，这天早上，长野请求三家给松下总裁打电话。三家本人也证实道：“因为他提出了请求，于是我就打电话给总裁，请求特别融资。”而松下听了三家的请求，只回答了一句：“我知道了。”

直到 21 日傍晚，山一证券的态势才稳定下来。也是在此时，其债券被美国穆迪评级公司评定为不适合投资的最低级。3 天连休之后的 25 日，山一证券的资金链确实已经无法正常运转了。

为了不给国内外市场造成影响，证券局计划 24 日上午发布账外债务和自动停业的消息。24 日，日本市场关闭，欧美市场刚刚开始交易。他们认为，如果能赶在上午 10 点前（即中国香港、新加坡市场开市的时间）完成消息发布，那么就会最大限度地减少混乱。

22 日黎明，《日本经济报》在晨报上刊登了题为《山一证券走向自动停业》的爆炸性新闻。纽约当局相关人士在该报社的电子信息客户端中得知了这一消息，给东京总部打来了电话，凌晨3点，这一消息已经造成了巨大冲击。

“全面否定。总之，先全面否定!”

日本央行证券部的吉泽不假思索地大声喊道。因为这个时候欧美市场的交易还没有关闭。

吉泽十分焦急，因为在消息走漏的情况下，金融证券市场会陷入混乱，山一证券的国外资产很有可能被冻结。

结果，欧美市场还没有来得及消化这一消息，交易就关闭了。次日一早，日本国内的电视媒体及纸媒开始大肆报道山一证券破产一事。这一“未被证实的消息”传遍了全国乃至全世界，当局到信息公告日之前也无法保持沉默了。

当事公司山一证券仍旧实行“小田原评定”。① 当天上午8点开始召开董事会，野泽首次宣布山一证券只能自动停业的消息，遭到其他董事的强烈反对，没有得出结论。

虽然不做决断就无法收场，但是仍旧没有得出最终结论。在得出能够引导舆论的结论之前，能够填补这段空白的只有长野。

清晨，长野接到部下的电话，并不为曝出的独家新闻所动，说道：

“也许这是件好事。既然这样，我们就召开记者招待会。”

上午10点，长野出现在大藏省的会客室。三家取消了鹿儿岛的政务出差，接到长野的电话之后，在家等待。

此时，长野公布山一证券存在账外债务以及尚未出现自有资本不足

---

① 小田原评定，一种俗语，是指无论到何时都不会得出结论的会议或讨论。

这两点。记者团的问题自然集中在自动停业这一点上。

“会自动停业吗?”

“现在还在协商中，还没有收到最终报告。目前方向也不明确。”

“山一证券的业务目前还可以继续吗?”

“有许多解决方法，我们会研究不同的方法。”

“其中也包括自动停业吗?”

“无可奉告。”

记者团对长野暧昧的答复倍感焦虑。因为就在3周前，精明的局长还在自信满满地阐述三洋证券的处理方式，与今天简直判若两人。

但是，有一个问答仍然可以看出长野的风格。当被问及“市场是否对山一证券施压”时，长野毫不犹豫地答道:

“认为市场责难不良经营，这只是个人看法。我认为，对想要实现金融大改革的人来说，这个发展方向是求之不得的。”

作为金融大改革的发起人，无法否认市场机制的优胜劣汰。但是讽刺的是，饱受淘汰旋风之苦的却是长野本人。

记者招待会结束后，有人看到返回证券局的长野再次小声地说道:

“这样就行了，这就够了。”

11月23日，星期日。

证券局再次在九段下的联合厅成立了项目小组，从周六开始进行准备工作。这次没有选择在3楼的会议室（商讨三洋证券时的地点），而是使用了联合厅顶层的房间，全体人员都在一起商讨对策。

国际金融局和银行局共同商讨：在海外的日本银行出现资金运转困难时，应该如何应对。日本央行、信用机构局迅速联系了各国中央银行；营业局也把富士银行等交易银行的负责人召集过来，下达了面向国内外的细致的汇款计划指示。[①] 金融部门全体人员都严阵以待，迎接“X-day”。[②]

山一证券本部，当天也陆续召集职员开会。野泽提出“明天自动停业”的建议。陷入舆论旋涡的职员们已经失去了反抗的力气。

24 日上午 6 点，山一证券的临时董事会只开了半个小时，最终决定自动停业。山一证券的负责人依据证券交易法，立即向证券局提交了停止营业申请表。为了躲避蜂拥而至的媒体，相关负责人在中央官厅地铁站的出站口提交了材料，而没有交给大藏省。

这一刻，庞大的证券公司倒闭了，连带负债总额为 6.7 万亿日元，托管资产总计 24 万亿日元。其速度和影响的广度是当局者始料未及的。

三冢的记者招待会是上午 10：30，野泽的记者招待会则是上午 11 点开始。大藏省、山一证券总部以及东京证券交易所都聚集了超过百人的记者团，这足以证明了这一事件造成的恐慌。

在记者团的重重包围之下，三冢眉头紧锁地宣读了两份意见。一份是关于山一证券的意见，另外一份则是关于金融系统的意见。

“拓殖银行、山一证券这一连串的事件让大家担心了。”

话语里包含着抱歉，接着，他进一步说道：

“为了确保金融体系的稳定和信誉……灵活运用存款保险制度，迅速启用信托证券补偿基金以及保险的支付保障制度。我认为还需要再研

① 吉泽等日本央行营业门证券部的人连夜下达了向国外汇款的指示，一手承办了这些金融事务。大藏省证券局相关人员异口同声地说：“他们阻止了日本引发的世界金融恐慌。”

② 即重大事件发生的一天。事件发生是肯定的，但是这一重大事件什么时候发生难以预料。

究还有哪些补救措施。”

虽然三家没有明说，但是，他所表达的意思就是：除了现存的金融体系安全网，还在寻找新的对策。也就是说，考虑引入公共资金。之前，大藏省因为向住专公司投入税金，受到了强烈的批判，从此之后，公共资金就成了大藏省的禁忌。短短3个星期，3家主要金融机构接连倒闭，事到如今，也无法顾及禁忌一说了。

事实上，23日傍晚，三家、事务次官小村武、官房长武藤、银行局局长山口等主要领导在东京三田的公用会议室进行了秘密集会。长野也悄悄地从大藏省的局长室赶来汇合。关于金融体系的大臣意见就是在这次集会的最后总结出来的。

“事到如今，最重要的是全心全意地应对危机。我希望大家能够理解我们所做的所有选择。”

针对记者的提问，三家提到“所有选择”，可以理解为“公共资金当然也包含在其中”。三家回答的这些话都是事务人员事前没有想到的内容。

三家说道，当时以政治家的判断来看，除了提到公共资金，没有任何方法能够阻挡混乱。他现在回想那一个星期，就像身处地狱般的骚乱中，事态迅速发酵，而自己也是如坐针毡。

另一方面，对于坚持推行金融大改革的桥本来说，大藏省的行政是值得信赖的，但是，“山一危机”却令他失望了。虽然他很清楚金融问题很残酷，但没想到影响如此恶劣。

桥本回忆道：“我们不可能知道账外债务的存在。我以为大藏省至少需把握这一情况才能在此基础上制定对策。”他还说：“也许会被大家指责，但是我真的认为首相不应窥探个别问题的具体内容。”

桥本的贴身政务秘书江田宪司后来也承认，山一证券破产是改革路线中唯一的失算，他这样回忆道：

“当时还在考虑9万亿日元的负债增额是不是可以勉强吸收的时候，很快就出现了金融破产。这一情况让大藏省措手不及，不禁让人怀疑大藏省是否真的掌握了准确的消息。”

记者会结束之后，长野回到4楼局长室，对贴身的部下说道：

“这是结果责任①，我准备辞职。”②

记者会结束之后的证券局一片沉寂。

但是，骚乱没有就此打住。

11月26日。

山一证券提交停止营业申请两天后。从黎明开始，东京就下起了阴冷的小雨。

上午10点多，银行局局长山口公生接到紧急电话。

“山口局长，我想您都已经听说了，大事不好了！”

对方是日本央行理事本间忠世。

“我收到分行的消息，各个地区都出现了大批取钱的储户。”

出现了挤兑骚乱。提取存款的储户蜂拥而至意味着银行失去信任。担心的事情还是发生了，一瞬间，山口脑中一片空白。

这天早上，宫城县的第二地方银行、德阳城市银行宣布经营破产，仙台银行则宣布营业转让。和拓殖银行、山一证券一样，破产的直接原

---

① 结果责任是指不管有无故意、过失，均对结果负有责任。

② 部下竭力挽留道：“坚持到最后，不是您的职责所在吗？”但是，长野最终在次年4月辞职。不过，辞任的直接原因不是行政上的“结果责任”，而是过度招待。

因是资金周转困难，存款不断流出，并且也无法从银行间市场拆借到资金。

德阳城市银行有大量不良债权，很快就有传闻称其经营已经恶化。虽然仅处理第四类债权不会形成资本不足，但是不断有周刊杂志报道称其为“危险银行”，导致存款迅速减少，依靠银行间市场上的资金调度才勉强支撑着。

不过，德阳城市银行拥有其他问题金融机构没有的靠山。其总部所在的仙台市紧邻三冢的家乡，当地的客户再三请求三冢的帮助，因而大约从 7 月开始，三冢一有机会就寻求银行局局长的支持。

“一直以来，德阳城市银行坚决实行裁员改革，我会尽全力而为。德阳城市银行作为中小企业金融的一环，我希望它能够得以保全。”

对这个来自银行局的报告，三冢也放心了。另外，针对与澳大利亚的金融机构合作的报告，三冢也给予了鼓励和支持。

但是，德阳城市银行突然迎来了破产处理。

实际上，从夏天开始，中小金融科和日本央行的信用机构科就一直在为德阳城市银行破产做准备。据相关人士证实，9 月，仙台银行便已经私下承诺作为接收方。

但是，根据之前三冢提出的要求，负责人认为“大臣会对这一处理进行干涉”，所以尽量将这一计划隐瞒到最后，希望国会闭幕后再进行处理。另外，针对福德和难波两家银行的特定合并，还提出了《存款保险法》修正案。

直到德阳城市银行因为股价下跌，无法维持经营的时候，也就是 11 月 25 日，山口才汇报了德阳城市银行破产的情况。三冢回忆道：“那时已经是破产的前一天晚上。”

“我们也尝试了和澳大利亚银行合作的事情，但是在最后的关头被拒绝了。”在说完一连串的处理对策之后，山口充满歉意地说道。

“在拓殖银行、山一证券接连倒闭的旋涡中，中小金融机构可能会被完全淹没。”

三家沉默了。

在连锁破产不断持续的情况下，完全顾不上地方银行。

三家抬起头，自言自语道：

“万事休矣，引火烧身了。”

上午 8 点之前，德阳城市银行宣布了营业转让的消息。

当事人的道歉画面照例出现在了电视上。这是进入 11 月之后第四次，一周以内的第三次金融破产事件，国民的不安情绪已经达到了顶峰。大家像商量好了一样，各地的银行都挤满了储户，挤兑队伍突然一下子长了好多。

消息第一时间经由日本央行分行飞速送到了营业局，内容是“地方银行前挤满了人”。面临紧急情况的银行和大藏省的派出机构地方财政局也传来了同样的消息。先是宇都宫、和歌山、富山，接着是札幌、名古屋、大阪、福冈，继而是东京，这 8 个地区发生了挤兑。

银行局立即通过财务局下达了指示。

“总之，不能让银行外面排起长队，媒体知道了就完了。”

发生挤兑的银行把聚集在门外的储户依次安排在接待室内，但也是人满为患，有些银行准备的等待券①都不够用。

在和歌山，赔付存款需要大量的现金。根据日本央行内部章程规

① 等待券是指为了不引起混乱，标明顺序的券。

定，可以发行一定数额的日银券，数额为该银行所持有的储备存款，以及可以在第二天早上的资金借贷市场筹措的超短期资金的总额，但需求额一直在膨胀，直到眼见着就要超过这个章程规定的数额了。

某家大型银行最高纪录是一天流出了400亿日元，其他大型银行的负责人每隔一个小时就给银行科打电话，报告危机正在降临。日本央行派职员赶往第一线，并叮嘱他们带好手机。下午，领导也悄悄地去了现场。

调查骚乱的原因时发现，由于竞争银行流出的消息，不知何时，关于北关东地区地方银行的谣言已经满城风雨了。在和歌山，有银行前天晚上给各分行发送了传真，称“××银行的经营恶化状况已经被议论纷纷了，尽可能多准备现金”，这成了谣言的源头。大型银行受山一证券破产的影响，资金大量流出，发生骚乱的原因都是毫无根据的“流言”。

股票市场中的谣言性质更加恶劣。继德阳城市银行之后，大型银行也危险了，其他证券公司也有账外债务。交易开始之后，流言四起，银行、证券、股票全线崩溃。东京证券交易所和日本央行相继召开了辟谣的记者招待会。近畿财务局局长和日本央行大阪分行行长赶往大阪、日本央行的营业局局长也赶到宇都宫，破格召开了记者招待会来辟谣。

银行间短期金融市场也冻结了。

尽管大藏大臣和日本央行总裁的意见里明确指出，全额保障短期拆借贷款等银行间交易，但是出资方还是缩减了向“陷入流言中的银行”投放的资金量。金融市场共有7 700亿日元的资金盈余，但上午9点半，短期贷款的利息又上涨了0.05%，达到了0.65%/年。

日银时隔两年半之后再次实行大幅缓和的金融调节，希望通过追加供给资金来遏制利息的上涨。但上午9点半，隔夜拆借利率还是上涨了0.05%。“陷入流言中的银行”顿时资金紧缺，然而出资的金融机构却舍不得拿钱出来。

日本央行的领导回忆道：“这一天真的是第一次觉得这份工作很可怕。”大藏省领导也陷入了无限的恐慌之中，“仿佛站在地狱的边缘”。

日本央行理事本间在电话里向银行局局长进言道：“局长，既然已经如此了，目前有必要实行强有力的措施。”

虽然没有明确地说出来，但是强有力的措施就是指“公共资金”。仅仅依靠日本央行提供的流动性供给已经很难阻止事态恶化了。只要政府不宣布投入公共资金，公众就会认为日本已经陷入“平成金融恐慌”之中。

但是，山口不同意。他认为本间所说的“强有力的措施”是指大藏大臣和日本央行总裁发表紧急意见。

山口立即下令银行科总结共同意见，向国会出发了。

三冢出席了众议院的大藏委员会会议。

“务必采取万无一失的措施。一旦有什么情况，逐一向我汇报，包括谣言。”

接到三冢的指示，从各地不断寄来记录着各银行分别有多少储户在排队的便条。

“挤兑风波吗？”三冢心里一紧。

大藏省的银行科和日本央行的信用机构科通过电话后，争分夺秒地起草共同意见的文稿。日本央行的总裁松下也出席了国会会议。同席的信用机构科科长一边和本部保持联系，一边请求总裁的指示。松下也利用审议的间隙和山口进行协商。副总裁福井、本间和信用机构局局长增渊在日本央行总部内，共同协商对策。真可谓和时间赛跑。

下午6点，大藏省和日本央行同时发表了遏制恐慌的紧急讲话。

“金融体系是经济社会的基础。大藏省和日本央行都会努力确保金融体系的稳定。因此，为了能够返还储户的存款以及其他形式的资金，大藏省和日本央行会果断地提供充足的资金，同时，我们也恳请大家不要轻信谣言，保持冷静。”

这次讲话和几天前山一证券破产时大藏大臣和日本央行总裁意见的内容基本一致，可以说，只是单纯添加了“不要轻信谣言”这句话。三冢缓缓地宣读完谈话的内容之后，被问到是否还存在新一轮的破产风波时，三冢明确地回答：“据我们分析，目前不会发生。”三冢回忆起当时紧张的情形时说道：“一字一句都需要斟酌，不能有半点纰漏。”

但是，当局者发布的“安全信息”对于缓解民众的恐慌心理几乎没有任何作用。三冢只好不停地说“没事的”“请大家保持冷静”。

那段时间，三冢每天晚上都做噩梦。有时明明没有喝酒，回到家却倒头就睡。他的夫人实在看不下去了，甚至说道：“辞去大臣的职务吧。”

负责审议官中井回忆，11月26日才是真正的金融危机。他这样说道：“危机出现了。我们一直以来都竭力维护存款人和其他债权人的利益。但是，曾经的成绩和大臣的再三声明没有任何作用，市场过度反应。事情变成了那样，是因为我们能力不足，我深感遗憾。”①

这之后，挤兑风波像退潮一样逐渐平静下来。证券交易委员会开始

① 摘自1998年2月12日JNN报道专集的西野采访。

着手调查“散布的谣言”，股票市场的混乱也逐渐稳定。日本经济总算是停在了“平成恐慌”的悬崖边上。

“为什么总裁不开记者招待会?”

三家准备记者招待会时，银行局提出了疑问。虽说进行了共同协商，但是听说日本央行的松下总裁并不打算召开记者招待会。

银行局认为，只有三冢和松下在同一时刻发表相同的声明才有意义。如果可以，两个人并排出席记者招待会更为妥当。于是，银行局请求日本央行也出席记者招待会，但是对方没有同意。松下本人认为“没有必要召开记者招待会”。

据相关人士称，当时事态已经恶化到那种地步，但是大藏省仍然没有决定动用“公共资金”，松下对大藏省的做法感到十分焦急。24 日，山一证券濒临破产的时候，日本央行就已经通过总裁意见，宣布果断地提供流动性供给。因此，没有必要再次宣读相同的内容。据称，松下认为这次该轮到大藏省发愁了。

松下感到焦急是理所当然的。由于前所未有的连续破产，根据《日本银行法》第 25 条计算的特别融资余额已经大大超出了记录水准，开始成为日本央行的财务“负担”。

日本央行的内部资料显示，10 月末，特别融资的余额还是 3 725 亿日元，到了 11 月末，已经达到了 3. 8215 万亿日元。

具体分配明细为：绿色银行（旧兵库银行）1 000 亿日元，阪和银行 2 680 亿日元，拓殖银行 2. 22 万亿日元，山一证券 1. 1 万亿日元，德阳城市银行 1 115 亿日元，京都共荣银行 120 亿日元。

以无担保形式实行的特别融资，不过是破产处理完成之前的“过渡措施”，没有一次性直接用于损失处理。根据当时的存款保险制度，银行一旦破产，处理资金要从金融界征收的保险金里筹集。而只有在信用协同组合①的处理资金不足的情况下，才会投入财政资金。但是，由于金融机构的连续破产，供银行使用的处理资金已经严重短缺。如果政府不下令修订相关制度，那么特别融资很有可能会成为呆账，日本央行焦急万分。

更让日本央行烦恼的是给山一证券的巨额特别融资。

自 1965 年第一次“山一危机”以来，时隔 32 年，松下总裁再度下令给证券公司实行特别融资。但是，除了证券局给出的“山一证券是资产超额”这一说明，没有任何其他证据表明山一证券的偿还能力。

日本央行仍然保留着当时允许山一证券向国外支付的内部资料。

为了以账面价格买入山一澳大利亚（国外子公司）持有的附带“账外损失”的证券，山一证券总部依据《外汇法》，申请了支付许可。

迫使山一证券自动停业的 2 648 亿日元的账外债务中，包括国外 1 615 亿日元的损失，而这些损失就利用这次支付处理了。

山一证券从停止营业的第二天，即 11 月 25 日开始，接着 26 日、28 日和 12 月 1、2、4 日，共计向山一澳大利亚支付 6 次，共 8.28 亿美元。

以下是截至 12 月 1 日，经由山一澳大利亚填补账外损失的金融机构，即“损失转移地”（作为附属文书）的一览表。

11 月25 日 BOC（伦敦）BOC（东京）

26 日 BOC（曼谷）BOC（悉尼）ICBC（东京）

---

① 信用协同组合是中小企业等的协同组合之一，以吸收组合成员存款并对组合成员发放贷款以及票据贴现为主。

28日 BOC（东京）BOC（伦敦）山一英国银行　山一荷兰银行　巴特菲尔德银行

12月1日 BOC（悉尼）

BOC是指中国银行（Bank of China），它是运用中国外币准备的国家政策外汇专门银行。山一证券把巨额的账外损失转换为了“结构性债券（包含高级金融技巧的债券）”，通过和BOC等进行债券回购①这一方式，拖延损失的曝光。②

11月14日，野泽的报告中提到，转卖有价证券的接收方出现了中国主要银行的名字，而这一点日本央行证券部也已经得知了。吉泽向信用机构科提出“动用特别融资”申请的一个理由就是这一问题。证券局的领导也认为：“如果不动用特别融资，亚洲的主要国家都会陷入混乱之中。”

但是，这一交易进行的当时，山一证券的资金运转是由日本央行特别融资全面支持的。如果日本央行特别融资成了呆账，虽说是间接的，但是舆论很可能会指责说特别融资填补了中国银行的损失。不管怎样，为了避免特别融资将来成为呆账，日本央行认为只有让大藏省来承担责任了。

当时，分发给局长、分行行长以及驻外参事部的对外应答方案中这样写道：

——山一证券这一事件中，日本央行认为其具备返还特别融资资金的能力……并且，我们也很清楚：一旦山一证券出现了资本不足的情

---

① 卖出的前提是一段时间后再买回。

② 摘自北泽千秋《谁摧毁了公司》（日经BP社）。

况，政府也会制订出各种方案来保证偿还资金来源……我们也非常期待政府为确保返还特别融资资金所做的努力。

大藏省面临巨大的压力。①

桥本的道歉

墨绿色的针叶林倒映在深深的海湾里——加拿大的西海岸城市温哥华风景优美。1997 年 11 月下旬，这座城市举办了 APEC 首脑会议。同时，日本的金融危机也迎来了高潮。

出席会议的日本政府代表团心情格外沉重。山一证券破产一事已经浮出水面，金融问题日渐严峻，而且日本的经济发展速度也在明显减退。此时此刻，各国首脑都要求日本转变经济发展路线。

他们最在意的还是美国。1997 年年初，克林顿政府就开始对日本的经济运营表示担忧。事到如今，美国强烈地指责道："你看，怎么样，不听我的话就失败了吧！"日本驻美大使齐藤邦彦及驻华盛顿的外交官们都收到了美国发来的公务电报，表达对日本经济政策的不满。

日本政府无视美国的忠告，以至于经济差点到了失控的地步，这让美国十分担心。对于整个亚洲经济来说，日本经济正常运转也有着重大的意义。

---

① 1998 年 6 月讨论自动停业的股东大会未通过议案，1999 年 6 月，山一证券向东京地方法院申请了自动破产。由于处理不及时而且经济低迷，因此其资产不断恶化，结果出现了 1 602 亿日元的资本缺口。同年 8 月 4 日，大藏大臣宫泽喜一在众议院预算委员会会议上提出"大藏大臣有责任，大藏省必须支付给日本央行特别融资"，表明了大藏大臣对偿还日本央行的特别融资这件事情负有责任。

某位日本政府当局者看到了美国的“软肋”。

“当时，泰国、俄罗斯、印度尼西亚相继在国际金融危机中受到了影响，而事实上，还有一方面的原因是美国主导的 IMF 制定的融资条件过于苛刻。美国其实已经意识到了这一点，但是当时美国希望日本经济能够迅速恢复，从而继续充当东南亚的商品输出地。我认为，美国不厌其烦地逼迫日本的原因就在于，美国想把自己在 IMF 里犯的错①嫁祸给日本。”

但是，无论出于什么样的原因，当时外务省都没有认真分析美国送来的信息，更没有和首相就此探讨过。

从美国等国家发来的公务电报标有等级“A”“B”“C”，标有“A”的文件几乎全部都转交出去，包括首相官邸。驻美大使发来的传达美国政府担忧的公务电报自然也传到了桥本的手上。

关于一些重要问题，外务省的高官们会来到首相官邸进行补充说明。但是关于美国对日本经济状况的看法，外务省没有到桥本的办公室汇报过。

如果汇报，肯定要围绕着日本的政策改革进行讨论。但是，这明显不属于外务省的管理范畴。更何况，在桥本竭尽全力攻克难关的时候，讨论这一话题着实需要很大的勇气。

有政府相关人士称，当时操控中央官厅的是“行政改革的恐惧”。2001 年，省厅重新调整，各省、各部门进行了合并重组，当时这一工作

---

① 大藏省前财务官行天丰雄认为：“虽然美国的财政部没有亲口承认自己的过错，但是，他们也在反省……美国自身也已经意识到，他们向日本抛出了许多教条主义的制约条款（融资条件），针对这一点，他们也进行了许多反思。”——摘自 1999 年 2 月的《外交公共论坛》。

已经接近了尾声。外务省的官员们认为，如果在那时不断向桥本传达美国意见的话，很有可能会被以行政改革为由遭到报复。

曾经有人强烈要求过外务省的经济局和通产省的通商政策局应该合并。因为在对外经济交涉中，两省厅曾就相关权属进行过争夺。但是外务省并不想与通产省合并，因此在行政改革的浪潮中，两省的领导们为了阻止这一合并煞费苦心。

外务省一直都提防着桥本，桥本也很讨厌外务省，这一点众人皆知。①

另一方面，通产省的对外经济交涉组与美国商务部部长米奇·坎托（Mickey Kantor）进行了激烈的谈判，其中一揽子经济协议和汽车交易是通产省和桥本共同努力完成的，可谓同甘共苦。而且在这些交涉中，一直支持桥本的渡边修事务次官也有参与。

外务省处于劣势。

“驻华盛顿大使齐藤发来许多公务电报，综合我们得到的信息，可以看出美国的危机感十分强烈。但是当时行政改革的势头正盛，不能否认，外务省的想法是如果轻举妄动，经济局的处境将变糟。”

被问及为何没有向桥本详细说明日本经济状况时，当时的外务省领导这样回答道。

11 月 24 日，在温哥华市一家宾馆里，18 个国家和地区的首脑聚在一起，以不同的排列组合举行了首脑会谈，因此每一个会谈时间都很短，当时日美首脑桥本和克林顿的会谈进行了 45 分钟。

日本的经济状况日益严峻。半年前面对访日的戈尔副总统，桥本畅谈

① 在船桥洋一的《同盟漂流》（岩波书店）一书中，详细记叙了桥本批判外务省的“原始体验”。

了财政重建的必要性，但是同克林顿的会谈中，桥本的心情异常沉重。

会谈中，克林顿在谈到日本经济政策时提出了3点要求，即维护金融系统的稳定、扩大内需、放松监管力度，同时还多次强调了“日本在亚洲的作用很重要”。

对此，桥本回应道：“现在来看，总统、鲁宾部长以及萨默斯副部长等人的预见是正确的。关于这一点，我必须谢罪。”

“什么，谢罪?”

据说同席的日本官员都大吃一惊。

“4 ~6 月，提高消费税税率及废除特别减税制的影响没有全部被消除；7 ~9 月仍有残留，在刚刚开始的时候，又发生了向股东大会行贿的事件。可以说日本经济遭受了重创。”

美国政府官员的“预见”和向股东大会行贿事件等内容完全没有什么逻辑关系。并且，桥本从来没有承认美国一直责难的财政政策中的不当之处。但是，大家没有想到桥本通过“谢罪”这一最高程度的道歉来承认自己的过错，对这一行为，大家都很震惊。

在场的人都极为惊讶，但很快就明白了金融破产的影响非常大。

“去年秋天，日本宣布进行金融体系改革，改变了一直以来的政策。同时保护国内外的存款人和投资人，不给他们造成麻烦。我想财务省和联邦储备银行已经接到了通知，日本央行特别融资包含外汇计价。另外，我们也在努力放松监管制度。”①

日本央行特别融资包含外汇计价是指，支持山一证券的国外当地法

---

① 摘自1997年11月24日日美首脑会谈记录。分发给相关各省厅的会议摘要中，删去了桥本“道歉”这一节的内容。

人的资金运转。可以理解为，桥本这是在表明不能让日本爆发的金融危机引起世界混乱的决心。

然而，一直以来，无论桥本在国会上如何被追究，他都一直坚决维护自己的政策。但是在美国总统面前，他却承认了自己的过错。这一残酷的事实重重地砸在了与会的政府官员心上。

他们认为“不服输的桥本这一谢罪的表现表明了事态已经非常严重了”，同时“也该考虑接下来的政策该怎么实施了”。

实际上，桥本当时已经意识到可以选择的政策已经非常少了。虽然还有舆论推动财政结构改革这一选择，但是，他还是后悔没有准备后路。

就像政府官员们在温哥华察觉到的一样，无论解决方法是多还是少，事态的进展还是要得到桥本的“下一步指示”。

就在桥本向克林顿“谢罪”的1997年11月末，大藏省也感受到了强烈的危机。继三洋证券之后，拓殖银行、山一证券等大型金融机构逐一破产，还有一部分银行发生了挤兑风波，这完全不是正常的情况。

某个领导这样回忆道：“根本不知道日本经济要跌落到哪里。有时甚至会想，也许已经变成无底洞了吧。”

这个领导把当时形容成“令人毛骨悚然的每一天”。

财务官榊原英资和欧美的财政部副部长交流时，感觉到对方对日本现状抱有深深的忧虑。刚提出金融大改革，又批判市场原教旨主义，反对欧美主导的准则制定，与此同时，还主导“英语官方用语教育”。至今为止，榊原发表了许多著作和论文，他已经大大突破了大藏官员的条条框框。当时，在中央官厅和永田町，榊原经常被贴上“美国跟随者”

的标签。而自我定位为“战略性现实主义者”的榊原这样反驳道：“我从来没有因为美国说了什么，就立刻执行。我是独立的。”

接二连三的金融破产，使日本经济开始向消极方向发展，情况愈发严重。

虽然榊原在大藏官僚内属于异类，但是，他的交友范围非常广，包括评论家和财政界人士，这一点也很有名。他向朋友阐述自己的意见：“现在很令人担忧，应当废除《财政结构改革法》，实行减税政策。”

榊原甚至联系了大藏省的前同事，因为这位同事是能联系到桥本的牵线人。榊原要求他“直接向首相进言，必须要减税”，但是这位前同事拒绝了。榊原过激的言行在大藏省内也是非常出名的。而且，榊原的这一行为与大藏省的传统做法相悖，有不少同事厌恶榊原的做法。

对事态深感担忧的是官房长武藤敏郎。

11 月、12 月，官房长几次吩咐局长级的领导深夜返回官厅。通常情况下，如果没有什么紧急事件发生，大藏省的局长级领导下午下班出席完集会和宴会之后，就不再返回官厅。局长们参加深夜的内部会议还是前所未有的事。

白天，大藏省的走廊里人来人往，还有复印机的声音，到了夜晚就格外寂静。这些最高领导穿过走廊，聚集在会议室讨论如何度过“令人毛骨悚然的每一天”。

处于大藏省中枢地位的官房领导，即武藤等人，目标就是“大藏省团结一心，意见统一”。当然这一目标是针对像榊原这样，通过不同形式和外部进行联系的省内领导的。而这个不寻常的会议也不能把财务官这样的二把手排除在外。

那段时期，每个人心中都充满了不安，不知道经济会朝哪个方向发展。大家逐渐意识到“采取哪种政策”这一难题已经摆在了大藏省面前。

在执政方面，“政策的整合性”这一概念已经成了共识。财政改革法实施的过程中，不断有声音提出采取积极财政政策，由公用事业创造出有效需求，以此达到经济复苏的目的，还有声音提出要减税。在实施金融大改革的过程中，又遭遇了金融破产的事实。对统筹全局的武藤等官房长官来说，综合各位领导的认识，保障大藏省的团结才是至关重要的课题。

“局长们很少一起参加讨论，真的是谈到了许多问题。”其中一个与会者这样回忆道。

金融市场的资金调度并不顺利，金融和财政的分离问题应如何处理？甚至一度谈到了降低所得税这一问题。

主税局不同意，认为“这有些强人所难了”。榊原随即强硬地问道：“现在是说这种话的时候吗？”

讨论无果时，武藤有时就越俎代庖，说“让官房来决定吧”，别的局也认为“这是官房主导的会议”。

不过，最终大藏省意见的统一性这一目的没有达成。经常在电视上露面的财务官仍旧继续发表自己寻求转变政策的主张。

牛尾机电的董事长牛尾治朗是经济同友会的代表干事，榊原经常与其协商事情。榊原年轻时曾经立志成为政治家，想要成为候选人。但是，最终他放弃了，就在那时他受到了牛尾的帮助。

1997 年深秋，榊原有时直接去位于大手町的牛尾机电总部，有时打电话，诉说转变政策的重要性。

“目前只能废除财政改革法，然后减税。”

榊原大力宣传的主张和牛尾多年来考虑的经济政策一致。当时的经济同友会提出了带有市场主义色彩的主张，这与寻找经济和政治连接点的经济团体联合会的理念不同。经济同友会认为废除规制以及减税才是日本最需要的经济政策，反对不实行减税的桥本政权的宏观经济政策。

榊原和牛尾交谈时，也不忘附带着说："请把这件事转达给桥本首相。"他明白自己的立场。

"我已经成了省内的异类了。"

榊原的想法是，如果只是他自己说的话，那么大家肯定会说"又是榊原说的吧"。必须让其他重量级人物向桥本提出申请。牛尾是经济团体的代表，经常拜访桥本。因此，让牛尾充当了送信人。

但是，虽然牛尾几次拜见桥本，但讨论总是有分歧，榊原的目的没有达到。榊原仍旧一门心思地认为："总之，如果不改变现在的政策就危险了。"

12月初，IMF专务理事米歇尔·康德苏（Michel Camdessus）访问日本，每到一个地方，他就大力号召降低所得税以及投入用于干预金融体系的公共资金。大藏大臣三冢积极评价了这位法国专务理事的意见。

12月4日，由三冢主持的康德苏欢迎会在赤坂王子饭店的宴会厅举行。晚宴从7点半开始，其间，康德苏阐述了降低所得税的重要性，同时，强调投入公共资金可以保障充足的资金来源进而保护存款人的利益。他还建议道，应当利用公共资金给还能继续运转的银行加强资本投入，同时要清算即将破产的银行。

之后，他又说道："不能只是不断地出台一些小政策，必须实施一揽子政策。政府必须坚定态度，只有这样才能赢回市场的信任。"

三家似乎对康德苏的话印象深刻。晚宴结束之后，他让 IMF 的领导把康德苏的发言整理之后转达给桥本。

加藤隆俊在 1997 年 6 月之前担任财务官，之后他一直以大藏省顾问的身份访问欧洲，并于 12 月 10 日回国。

他每到一个国家，都感到对方对日本经济政策充满了不信任感。针对日本的金融行政，欧洲国家提出恢复日本央行的信誉是至关重要的，同时也要增加自有资本等意见。

在财政方面，欧洲各国认为必须降低所得税。但日方反驳道："即使降低所得税，国民也会选择储蓄，而不是消费。"对此，欧洲各国回应道："国民大多还是会增加一定消费的。"并强势地提出了必须或多或少地提高国民的购买余力这一逻辑。

12 月 11 日中午，加藤拜访了三家，并逐一说明了欧洲各国的主张。听着加藤的说明，三家的脸色越来越难看，周围的人都察觉到了。最终三家打断加藤的话，用强硬的语气说道："日本也在努力地应对。"

这是"无法排遣的焦虑"。

三家身边的人这样认为，当然并不是在苛责加藤，也不是无视欧洲各国的主张。

一年前，三家带着自己的政权战略，意气风发地进入大藏省。然而因为大藏大臣这个保有优先权的位子，这位老牌政治家的梦想却陷入了窘境。

在野党中也有让三家引咎辞职的声音，11 月底甚至有人提交了大藏大臣不信任案。大藏省作为制定经济政策的最高行政机构，却任实体经济随意摆布，这种"无法排遣的焦虑"一直围绕着三家。

来自美国的压力也升级了。

桥本把11月在俄罗斯克拉斯诺亚尔斯克与叶利钦总统的会谈内容转告给了克林顿，克林顿寄给桥本的信落款是1997年12月13日。信中，克林顿称呼桥本为“亲爱的龙”（桥本的全名是桥本龙太郎），他首先针对桥本转达会谈详细内容一事，表达了感谢之情。但是外交辞令到此为止，书信的所有内容都充斥着对日本经济的忧虑。

“对于您在应对亚洲金融危机里发挥的建设性作用，我表示衷心的感谢。我认为想要快速恢复亚洲经济，您能做出的最大贡献恐怕就是迅速实行内需主导型的经济政策，以此来促进经济增长。我再次建议您采取刺激经济发展的政策。如果日本能在下一年度的预算中，采取拉动内需的强有力财政措施的话，那么就能阻止亚洲经济停滞，从而也能够保护世界经济不受危害。”①

接着，12月15日上午，大藏大臣三家博收到了鲁宾财长寄来的信。初冬的早晨，时间落款为11日的信件经由美国驻日大使托马斯・福利（Thomas Foley）带到了大藏省的大臣办公室。

“由于今年财政急剧收缩，日本经济发展大大减速。另外，越来越明确的是：亚洲的形势成了明年日本经济增长的桎梏。”

信的开头就是如此，可见美国对日本经济政策的不信任感非常强烈。

“从这样的发展来看，为了确保日本经济的健全性，必须采取显著的财政刺激政策。另外，从亚洲其他地区关于恢复金融稳定的观点来看，我们坚信，保障日本经济的健康运行尤为重要。

“我们非常认同日本制定的‘减少中期财政赤字’这一目标的重要性。但是，如果日本经济迅速增长，2003年完成削减债务的目标应该更

① 摘自克林顿写给桥本的信（落款日期是1997年12月13日）。

加容易实现。今年财政已经大幅度收缩，即使明年中止财政改革，减少中期财政赤字这一目标也能够实现吧。

“我们得知，最近国会通过的财政结构改革方案确定减免个人及法人税，同意支持短期经济恢复。我们坚信，如果将短期减税与长期减税结合起来，就能改变日本经济当下低迷的情况，同时还能帮助政府实现内需主导的经济复苏。而且，长期减税引起的财政收入减少的份额，可以通过扩大税收的经济基础来慢慢弥补。”

之后，信的内容转变到放宽监管机制这一话题上来，再次寻求刺激日本经济发展的政策。

“我们特别希望看到，为了日本政府管理下的金融体系，特别是为了确保存款人利益，实行公共援助。为了强化金融体系，无论采取何种对策，都需要通过实行财政刺激政策来辅佐。”①

美国的要求非常具体。

决定投入公共资金

11 月，桥本受到来自多方的压力，要求转变财政结构改革路线。同时，为了金融体系的稳定，当局者也决定投入被当作禁忌的公共资金。

主导的不是中央官厅，而是永田町。大藏省害怕陷入解体危机，无法采取行动。提出《财政结构改革法》的桥本也不能采取任何行动，能够自由行动的只有在野的政治家。

拓殖银行破产后的第二天，11 月 19 日晚，位于东京青山的加藤纮

① 摘自鲁宾写给三冢的信（落款日期是 1997 年 12 月 11 日）。

一家里的书房响起了电话声。

“干事长，我是宫泽。”

打电话给干事长加藤纮一的是前首相宫泽喜一。

“明天我想去官邸上书给桥本首相，但是我不知道收信人该写什么，是写桥本首相还是应该委托给您？”

“请您写我的名字，可以吗？”

宫泽仿佛松了一口气，回答道：“好的。这种时候只有政党才可以行动，所以还是写干事长的名字吧。”

宫泽送来的是两张 A4 纸。

这两页纸上讨论的是恢复金融体系的稳定性这一紧迫的问题。依靠民间金融机构的援助，已经无法规避破产风险了，存款保险机构的资金来源也不足。在此基础上，宫泽提出了以下提案：

——在存款保险机构内设立金融基础储备基金（暂称），通过发行政府保证债券实行资金调度，用存款准备金返还政府保证债券，可以让资金运用部担保政府保证债券。

——我们应讨论将金融机构自己承担发行后果的后偿贷款，用以特别运用指定资金信托为首的邮政储蓄金等自主运用资金进行担保。

为了保障用于维护存款人利益的资金充足，存款保险机构发行的政府保证债券由大藏省的资金运用部来担保。为了增强金融机构自身的资本，利用邮政储蓄资金来应对滞贷政策①的影响。虽然不是直接从总账中支出，但这是关于公共资金原型的构想。

28 日上午 8 点，宫泽把这两张纸交到了首相官邸。在“关于处理破

① 滞贷政策是指银行等金融机构对放贷采取谨慎的态度。

产金融机构的方案”这一标题下写着“给加藤纮一干事长”。

“桥本首相能不能下令党执行部和大藏省进行讨论研究?”

宫泽建议不是政府，而是应该党内讨论。桥本同意了这一观点，于是，他立即打电话给加藤，指示“针对金融机构的处理方案、不良债权问题进行广泛讨论”。

为了稳定金融体系而实行的公共资金投入计划，终于在宫泽上书之后确定实施了。

加藤现在仍然小心翼翼地保存着宫泽的这份上书文件，因为“这是金融行政史上的里程碑”。

在宫泽上书之前，也有年轻的众议院议员发声，提议投入公共资金。他就是被称为“经济通”的已故副总理渡边美智雄的大儿子喜美。

当时，渡边喜美只当选了一次议员，还是45岁的新人。三洋证券倒闭7天后的早晨，渡边在自民党的金融问题调查会上发表了演说。

“这已经是金融恐慌了。债务违约不断发生，接下来面临的将是市场萎缩，资金短缺。”

因为有在父亲身边当秘书时期培养起来的信息收集能力和分析能力作为支撑，渡边推敲出独特的构想，于拓殖银行破产前，在大藏委员会提出建议。

渡边的构想是：通过政府的财政投融资或日本央行资金等融资，设立“稳定金融体系机构（暂称）”，担保金融机构的优先股①。和宫泽的方案一样，他认为，金融机构因为不良债权而破产后，应用公共资金充当自有资本，同时，防止出现面向企业的信贷紧缩以及来自市场的意料

① 优先股是指分红或分配剩余财产等时，比普通股票优先领取股息的股票。

之外的冲击。

渡边说："实际上想使用普通结算。但为了不影响《财政结构改革法》的审议，才想了财政投融资这个'苦肉计'。"

但是，同样是关于自有资本的政策，两者的差别在于：宫泽的方案是后偿贷款，渡边的方案是优先股。

大藏省的自有资本比率规定①是这样的：包含国际业务的银行必须要达到8%以上，只有国内业务的银行自有资本要达到4%以上。自有资本包含两类：一类是股东资本等核心资本；另一类是股票账外收益等用来填补自有资本的资产。② 填补资本不能超过核心资本的数额。也就是说，假设核心资本有1 000亿日元，那么，无论有多少账外收益，最多也只有1 000亿日元的填补资本可以被认定为自有资本。

从这一点来看，宫泽主张的后偿贷款属于填补资本，渡边提出的优先股在一定条件下可以变为核心资本。比起有计算额度限制的后偿贷款，以扩大核心资本为目标的渡边方案，在增加资本方面更加有效。

渡边将这一提案总结在一张纸上，交给了金融体系安定化分委会。分委会协商：将渡边的构想作为主干，12月10日之前总结出不良债权的处理方案。

渡边说道："我只是一个'普通的职员'，没有什么能力，因此只能大声疾呼。"大部分银行当局者都很赞赏渡边方案的前瞻性，认为"首先找到了注入资本的源泉"。

准备促进公共资金启动的还有一位大政治家。他就是10月份修正

---

① 摘自《银行法施行规则》第21条的第2点。

② 核心资本称为"层级Ⅰ（TierⅠ）"，填补资本称为"层级Ⅱ（TierⅡ）"。

《存款保险法》时，轰动整个银行局的梶山静六。

从11月初开始，梶山就开始了以经济政策为主题的论文撰写。他认为，如果继续这样放任不管，那么日本的不良债权会被国外的投机资金盯上，金融体系很容易崩溃，于是决定提出根除不良债权的方案。

梶山设想的核心内容是：把政府保有的NTT（日本电信电话股份有限公司）股票等作为担保，发行10万亿日元的国债，然后将这些资金作为金融机构的自有资本。和没有保障的赤字国债不同，这是“新型国债”，因此，这和桥本政权的财政结构改革路线并不矛盾。梶山还在做官房长官时，就发现了政府持有股份这一“隐形财产”，并以此作为冲绳普天间基地的转让资金，这些都是活用经济政策的机会。

当时，这篇论文准备刊载在12月初的月刊《文艺春秋》上。但是，拓殖银行破产几天后，梶山突然说“来不及刊登在月刊杂志上了”，然后随即决定刊登在《周刊文春》上。梶山当时不知道从哪里得知了山一证券经营出现危机的消息，因此他认为必须尽快发表这篇论文。

梶山在东京的体检医院中完善了自己的设想，并于11月21日在飞机上，向刚参加完纪念冲绳回归25周年典礼的桥本，递交了自己的计划。

“您现在很忙吧，请您在出席APEC首脑会议的途中看一看。”然后，梶山一直在议员宿舍中赶稿子，因为马上到周刊杂志的出版时间了。

也许因为梶山的论文发表在山一证券破产之后，这篇论文给了各方面人士出乎意料的冲击。银行局官员说：“这是决定动用公共资金的决定性论文。”

这样，桥本的手上就有“宫泽提案”、“渡边提案”以及“梶山提案”。他们的问题意识是共通的，前两者得到了执行部门①和党政机构的许可。与此相对，剩下的一个设想则是反执行部派、保守派②的重量级人物提出的。政治主导的公共资金议题，冒着路线对立的风险继续进行。

此时，大藏省和日本央行并不是把一切都交给了政治。虽然没有公开，但是仍然有迹象表明，他们和几个提案有联系。

关于宫泽的方案，干事长加藤说：“这是榊原（财务官）的提案。”

“那时，榊原经常跑来进言。他说的和宫泽的提案如出一辙，我当时很惊讶。”

当时，欧美各国都向榊原施压，要求日本改变金融对策，他们也担心亚洲危机是不是也会波及日本。虽然榊原对是否是宫泽提案“原作者”这件事缄默不言，但是他频繁拜访宫泽和加藤这件事，当事人清楚地记得。

此外，日本央行以某种形式参与渡边提案的可能性也很大。大约从11月开始，日本央行就开始讨论公共资金，并准备了几个具体的方案。当局者称，其中有个买进优先股机构的方案和渡边的提案一致。

关于这一提案的萌发，渡边解释为“从家父（已故美智雄先生）生前说过的话中找到了灵感”。但是，11月之后，日本央行领导通过各种各样的路线和政界接触，并且屡次出现在渡边事务所。渡边自己也承认“日本央行的人是最清楚的”，他在策划设想的过程中，受到了日本央行的影响。

---

① 执行部门是指政党、劳动工会等组织团体或国家、地方自治体设立的执行机构的总称。

② 保守派指自民党的右派和在野党的保守势力。在自民党内，保守派以前首相中曾根、前官房长官梶山以及前建设大臣龟井为中心。

但是，直到11月统计局真正开始参与到这一过程之前，这些问题都不是以机构的名义进行的。榊原不是以财务官的身份，而是以个人立场拜访宫泽等人。而日本央行的领导也是以个人名义进行联系的，最后意见成了“政治家”的嘱托。①

但是大藏省的大部分官员对公共资金问题极其反感。回顾之前，1996年处理住专公司的时候，大藏省投入了6 850亿日元的税金。此后遭到了强烈批判，一度发展到了出现组织解体论的地步。大多数领导都想阻止这件事，认为“这次一旦失败了，大藏省就真的要解体了”。

另外，当时的金融界也害怕承担责任，对公共资金的问题闭口不谈，银行局甚至都没有和全国银行协会联合会协商。银行局比其他各局都谨慎，认为“既然金融机构没有一个人赞成，也就没有参与的必要”。

更加糟糕的是：由于政治家的大动作，使得公共资金投入的消息传入了市场之中，市场开始变得动荡不安。如果积极地引入公共资金，股价就会暴涨；如果消极对待，认为其难以实现的话，股价就会暴跌。对当局来说，事态极其危险。

金融部门的某个领导向三冢这样进言道：“大臣，此时一旦失败将覆水难收。请务必三思而后行。”

也就是说，如果是自民党的提案还好，但是，政府发布且遭遇失败之后，便无法挽回了。

三冢也非常清楚。

“得不到舆论支持的大藏省虽说要大刀阔斧地放手一搏，但这绝不

---

① 据日本央行相关人士称，从11月上旬到12月上旬，副总裁福井俊彦也和梶山静六见过几次面，就公共资金交换了意见。

代表着省内意见一致。我认为应当进行全面讨论，观察各方动向，在必要关头再行动。"

在频繁召开的领导会上，三冢指示事务次官以下的官员：

"内容必须全部提交讨论！认真推进党内的辩论！不要做没有必要的事前打探！"

首相官邸的桥本也在烦恼究竟什么时候、以何种形式提出投入公共资金的提议。

与宫泽会面之后、给加藤下达指示时、山一证券停止营业时，他都没有提及"公共资金"，只是暧昧地说道："务必慎重且充分地讨论"①"讨论所有的选项并深入验证"②。

桥本自身也意识到：从"山一危机"开始，总有一天需要投入公共资金。他担任通产大臣一职时，IMF的康德苏专务理事就曾进言说："为了恢复市场的信誉，有必要象征性地投入公共资金。"对这句话，桥本印象极其深刻。

但是，处理住专公司时遭到了国民的批判，大藏省被贴上了"差"的标签，这次无论如何都要避免重蹈覆辙。就像大藏省的官员向三冢进言那样："如果此时政府失败了，那么很容易引起世界性的金融恐慌。"

桥本回忆道："无法预测出（投入公共资金）到底有多大的必要，也不能讲出来。只好顺势而为，不得不非常谨慎。"

---

① 摘自首相于11月20日在参议院行财政改革·税制等特别委员会会议上的答辩。

② 摘自APEC首脑会议结束后，首相于11月25日在温哥华市内记者招待会上的发言。

桥本把决策权交给了执政党，谨慎地等待着在12月1日预算委员会①会议的出场。

11月26日的“挤兑风波”让金融当局陷入了恐慌，几天后，国会对策委员会②副委员长川崎走进了国会的自民党干事长办公室。

12月1日，众议院预算委员会决定就金融问题进行集中审议，参与国会对策的川崎就是来和干事长商量由谁来回答问题。

“民主党选择菅作为回应人。因为事关重大，国民也非常关注。我们党也应该选择合适的人。如果可以，尽量选择干事长、政策调查会会长级别的人。”

起初，川崎去请求干事长，但是加藤认为自己不是合适的人选，拒绝了。他向川崎推荐了几个人，川崎回应道：“宫泽先生不是合适的人选吧，毕竟他是前首相大臣。让他作为预算委员会的一把手出面还是有些不合适。”

“我们两三个人一起去，一起说服他怎样？他连金融体系稳定化对策总部部长一职也接受了，这次或许也会答应我们。”

拓殖银行、山一证券倒闭后，11月25日，自民党成立了金融体系稳定化对策总部。为了实现围绕公共资金的党内调整，执行部门推举精通金融问题、政治中立的宫泽做本部长。

加藤当时犹豫和川崎同时向宫泽提出请求是否合适，于是就与竹下登商量。竹下建议道：“也许他会接受，我们两个都去试试吧！”于是加

① 预算委员会是指就内阁提出的预算案进行审议的国会常务委员会。

② 国会对策委员会：为协商、调整国会运营或议事等国会活动上的各种问题而设置的党机构。除与其他党进行谈判外，还统一管理本党的所属议员执行贯彻党的决议。

藤给宫泽打了电话，宫泽很爽快地答应了，他说“如果能够帮助干事长，我愿意接受。”

正如加藤所预见的那样，川崎等多人前去拜访宫泽，宫泽竟很轻松地接受了预算委员会的一把手职务。

12 月 29 日傍晚，距众议院预算委员会的集中审议还有两天的时间。时隔 24 年再次站到审议位置的宫泽，在首相官邸和桥本进行了细致入微的事前磋商。

宫泽表示“我提出以下问题”，大藏省出身的总理秘书记在纸上，随后分发给银行局等。原地待命的负责部门立刻回复答案纲领，然后再送回桥本的办公室。桥本和宫泽再重新审核这些回复，现场进行一问一答练习。这是经济审议中从来没有过的“预演”。

但是，还存在一个问题。为了保障存款人利益而扩充存款准备金金额这一做法无可厚非，但是通过保障借款人利益和防止滞贷的政策，向金融机构自有资本注入公共资金这一做法，一部分媒体肯定会对此大肆批判。加藤干事长也果断地对宫泽说：“执政党只保护存款人的利益。”

宫泽认为问题是注入资本这一点。他向桥本这样建议道：

“我们在北洋银行实行。这样就一致了。对无法实行的金融机构，我们的态度就保持中立。

“北洋银行接收了比自己规模大许多的拓殖银行，面临着自有资本比率下降的局面。我们首先利用公共资金，拯救那些破产银行的接收行。至于其余的银行应当如何处理，我们看清社会舆论之后再决定也不迟。”深谋远虑的宫泽这样建议道，桥本听了，默默地点了点头。

万事俱备，只等 12 月 1 日上午的预算委员会会议，这将是宫泽一个人的舞台。宫泽深入浅出地讲解了金融体系对策和危机管理的必要性，他的讲解甚至吸引了在野党，没有一个人喝倒彩。

宫泽最大程度地吸引了众人的目光，桥本按照之前排练好的，进行了答辩。

宫泽问："如果最后出现损失，那么政府真的会承担责任吗？"

桥本表示"通过公共资金的援助保护存款人的利益，关于这一点，我本人非常重视。无论发生什么，我们都希望通过公共援助来不断增加可以利用的资金。"①

公共援助——宫泽和桥本互相配合，及其慎重地完成了投入公共资金的开局。

大藏省要求统计局的骨干人员悄悄地把 11 月 28 日确立的《财政结构改革法》加入金融体系对策中。因为在大藏省的计划中，执政党主导的公共资金构想不能偏离财政改革的路线。

对政策小组来说，最令人头疼的是梶山提案。梶山提案的内容是：以 NTT 股票担保发行 10 万亿日元的"改革发展国债"，尽可能地活用金融对策以及经济政策。在统计局官员看来，除去财政重建意图，这很可能是"另有企图的计划"。

统计局立即把针对梶山提案的反对意见总结了 4 页纸，并将其分发给了省内领导。文件的左侧是梶山提案的主旨，右侧则是题为"当局意见"的反对意见。

——如果用一般会计准则发行这改革发展国债的话，需要通过特别立法取得发行权限。根据《日本财政法》第 4 条，它不属于国债，而需

① 摘自 1997 年 12 月 1 日众议院预算委员会的会议记录。

依法发行“赤字国债”，这和《财政结构改革法》规定的发行减额相抵触。

——即使依据特别会计准则发行，也会被批判为隐藏的赤字国债，逃避《财政结构改革法》。

——只要取得了发行权限，事实上不发行，就不会触犯《财政结构改革法》了。针对这一点，统计局认为：不总结预算，即便发行权限得到了法律的认可，也无法发行，不能机动地作为应对紧急事件的资金。而且只要在预算中计算出发行额，就会违犯《财政结构改革法》。

总之，无论怎样做，梶山提案都会违犯《财政结构改革法》。

统计小组把三家的“不准做多余的事前打探”这一命令忘得一干二净，开始向党内说明这份反对意见的内容。这期间，没有一个人去见过梶山。同期因为《存款保险法》的修订，梶山成了大家避之不及的对象。梶山自己也回忆道：“统计局的人没有直接告诉我，而是一直在党内活动，说‘梶山提案是错误的’。”

虽然统计局进行了游说，但是被称作“反执行部派”的议员也开始聚集在梶山的身旁。11月28日，与谢野馨率领的年轻人学习会和麻生太郎等老一辈政治家一起发布了以梶山构想为基础的紧急提案。反执行部派的根据地——总务会也以梶山构想为蓝本开始要求实行有力的经济政策。

12月初，统计局的科长级人员在国会图书馆内试图说服与谢野。因为他们认为，与谢野作为理论家能够说服梶山。

——如果发行10万亿日元的国债，那么，一年的财政支出会因国债费用和固定利率增加4 100亿日元。这样一来，财政结构改革所做的努力将化为泡影了。

统计局的目的是由政府担保日本央行的贷款。即使到了期限，也都可以凭借政府的担保，偿还旧债再借新债，这样就不会给一般会计增加负担。

但是与谢野毫不妥协。他坚持认为："即便是为了维护《财政结构改革法》，梶山构想也是必要的，如果有问题，再修正这套方案就行了。"与谢野的看法与当时的财政结构改革完全不同，统计小组的成员都认为"这不是单纯的政策分歧"。

12 月 2 日，桥本把梶山叫到首相官邸，高度评价了新型国债构想，这使得事态变得更加复杂。梶山异常坚定地对桥本说："如果不实行这一方案，事态就严重了。如果自民党不愿意，那么就让在野党共同提出这一方案。"执行部对此强烈反对。大藏省领导层的脑海中闪过了"政治斗争"这个词。

这不是单纯的政策分歧。如果偏袒一方，将会引火烧身。

12 月 5 日，大藏省事务次官小村武在三田的公用会议室参加完领导会，在车上给官房长武藤敏郎打了电话。

"看来事情难办了。"

"难办"指的是这天会议总结的金融对策方案。政府在应对危机这件事上给予了充分保障，但关于"公共资金"的讨论只是停留在"保障措施"这一层面。

"不用现金，而是选择能够代替现金的东西比较好，还有出资国债[①]这样的方式。明天给大臣的说明要准备两张纸：一张是政府保障；另一张是出资国债。"

---

① 出资国债是交付国债的一种，向 IMF 等国际机构发行时，不是以日元的方式出资或筹款，而是利用发行国债的方式，也被称作"筹资国债"。

小村武认为，必须想办法将宫泽的方案和梶山的方案对接起来。6日，统计局局长涌井洋治向前首相竹下登、小村武向三冢各自做了报告：“我想根据这样的想法来做。”

出资国债是一种交付国债，没有发行债券收入，用于面向国际机构的募资及资金筹集。因为无利息，而且是根据交付对象的请求来转为现金，所以不需要在发行阶段就准备现金。在不违犯《财政结构改革法》的前提下，还能延后解决资金问题的这一“巧妙方案”，是统计局的对策小组在几天内想出来的，作为最后的绝技。据说此前竹下向小村武建议道：“还有贴息金融债券这一选择。”这成了对策小组开始讨论的契机。

但是，这个方案激怒了梶山。因为大藏省领导和党执行部认为“这只不过是为取得对方信任亮给别人看的钱”。

12月12日，梶山在总务会上粗声粗气地说：

“政府一部分人反对我的提案，对此我很愤怒。如果不修正相关法律，那么就交给政治家来做。”①

不是拿钱“给别人看”，而是谋求实实在在的支出，这一点，梶山毫不妥协。事情已经恶化到了官员们无法控制的地步。

12月14日晚，小村武经过东京涩谷NHK（日本放送协会）大楼前的街道。总务审议官沟口善兵卫、统计局法规科科长杉本和行紧随其后。

马上就是圣诞节了，表参道正在紧锣密鼓地添置圣诞节的照明设施。游客众多，街上拥挤不堪，小村武等人的车堵得无法动弹。马上就

① 摘自1997年12月13日的《朝日新闻》。

要到约定的时间了，于是三人下了车，朝着神宫前（东京涩谷区的一个町）的方向走路前进。

三人的目的地是宫泽的私宅。宫泽这天刚访美回来。小村武把总结好的金融体系应对方案交给宫泽，并进行了简单的说明。

宫泽问道："不能通过修正《存款保险法》实行吗？"

"不能，因为这是危机管理。"

大藏省总结好的方案正是后来付诸实施的公共资金构想。在存款保险机构中，新设立"金融危机管理账目"，通过这一账目，买入金融机构的优先股和后偿贷款，从而扩充金融机构自有资本。《存款保险法》的目的是保障存款人的利益，而这一方案大大超越这一基本理念，需要新的法律做支撑。

宫泽问："为什么？"

小村武说道："《存款保险法》的概念太狭窄。这是金融体系的危机，如果不制定新的法律，法制局也无法通过，还是制定危机管理法吧！"

宫泽回复道："维护存款人的利益和危机管理难道不是一回事吗？我还是不理解，请你在《存款保险法》的范围内实行。"

虽然宫泽有异议，但是在小村武等人的坚持下，最后他说道："我明白了。"不过，宫泽还是一如既往地理性，他又说道：

"小村武先生，你认为只要有了10万亿日元就可以松一口气了。对此，我表示不理解。如果是挤兑时期，我也许还能理解。"

所谓的10万亿日元，是政府采取财政措施的总额。大藏省的方案是：交付给存款保险机构10万亿日元的出资国债，根据需求再把这些国债兑换成现金。

“政治方面是中立的。无论如何，请您允许我们加入新型国债这一项。偿还资金方面，我还考虑制定针对 NTT 股票的努力义务规定①。”

10 万亿日元、新型国债、NTT 股票等，都是梶山提案的重要因素。当然这其中也融入了宫泽和渡边提案的精髓。存款保险机构发行政府保障债券、后偿贷款、优先股……为了不卷入“政治斗争”，大藏省制定了全方位的对策方案。

“终归全部要卖掉，那就把 NTT 也写上。”

宫泽这样说道，然后答应了小村武的所有请求，并给三冢的家中打电话。

“小村武等人会把方案总结好，请您亲自提出这一方案。”

这是给没有出场机会的三冢最大程度的照顾，但是三冢坚决地推辞道：

“宫泽先生，您的好意我心领了。请您做最后的收尾工作吧！一直以来，我都全力支持您。现在不是身为大藏大臣的我出面的时候。除此之外，我会尽我所能。”

11 月下旬开始讨论公共资金之后，大藏省的领导层再三叮嘱三冢“不要有任何动作”。他们认为，目前的情况不容许出现任何差错，同时还出现了政治斗争的苗头，此时大藏大臣按兵不动才是最好的选择。

三冢接受了部下的进言，一直保持沉默，结果受到了在野党和媒体的强烈批判。

三冢称：“决定国家大事的紧要关头，必须以这种方式解决。因为

---

① 努力义务规定是指：日本的法制中规定“必须努力做到”。即使违犯，也不会受到法律的制裁，即作为义务和不作为义务。

国内不能再出现更加糟糕的事情了，所以就算牺牲自己，我也决定一个人承受这些批判的声音。”

12 月 15 日，宫泽为了最后的事前磋商，在东京的事务所内和梶山见了面。第二天，自民党就要发布紧急对策了。

梶山表示：“交付国债或出资国债都不行。”虽然和自己的提案相似，但他坚持认为“本质却相差甚远”。

一番争论之后，宫泽提议道：“梶山先生，下放国债这种方式如何？”

如此巧妙的方案可谓是艺术品了。宫泽提出：“不是发行交付国债，而是将国债交付，这就没什么问题了。”而且国债的资金来源是抛售 NTT 股票的收入。宫泽甚至还提议说：“我们还可以令这个国债什么时候都可以兑换为现金。”这几乎和梶山的构想一致，最后，梶山也不得不同意了。

实际上，在和宫泽见面之前，竹下也试图来说服过梶山。

梶山说道：“竹下说：‘包围网已经形成了。他们（执行部）也同意了，这就够了。’而且他认为，如果还要继续反对的话，可能会被国外的投机资金钻了空子。”

16 日，由宫泽任部长的紧急金融体系安定化对策总部，发表了 9 项政策提议。文末这样写道：

——下放 10 万亿日元的国债。存款保险机构可以要求政府将国债兑换为现金。

——政府优先把售卖 NTT 股票的收入，充当现金化的资金来源。

12 月中旬，围绕着梶山提案产生的混乱仍在持续。

此时，加藤纮一正在宫城六区众议院补缺选举的声援演说的途中，他要在仙台车站搭乘最后一班新干线。在赶去仙台车站的车上，他给银行局局长山口公生打了电话。当时恰逢寒潮来袭，雨变成了雨夹雪。

“金融体系真的没问题吗？”

面对加藤的质问，山口很罕见地说了泄气话。

“干事长，我们现在感觉就像是行走在湿滑的落叶上。”

也就是说，什么时候滑倒，都不奇怪。

11月26日，挤兑风波之后，日本国内有关大型银行破产的流言一直没有停止过；国外针对日本央行的追加利率[①]一度增加至1.1%。虽说日本经济停在了恐慌的悬崖边缘，但是金融体系已经摇摇欲坠了。

加藤对此非常担忧，问道：“此时难道不是决定动用公共资金的时刻吗？”但是山口仍旧非常谨慎。他认为，仅单纯地向金融机构注资是不够的，他希望采取更加严谨的措施。

统计局钻了政治局势的空子，全权接管了公共资金实施方案的制定，对此山口内心非常不满。

特别是为了扩充金融机构的自有资本而利用公共资金这一点，山口直到最后都认为，这一做法远远背离了一直以来银行行政管理的原则。

关于启动存款保险的目的，在1995年12月的金融制度调查会报告中，明确写道：“应该保护的是存款人、信用秩序，而不是破产金融机

---

① 追加利率即日本升水（Japan premium），是指日本央行在国外市场筹措资金时，由于信用力低下，欧美银行要求的追加利率。

构、经营者、股东、投资人、从业人员。”虽说是为了避免滞贷或连锁破产，但是，金融机构真的应该被保护吗？这能得到国民的理解吗？

即使政治上意见统一，制定法案，经受国会审议质疑，实行资本注入这些事情仍旧是银行局来执行。也许会受到舆论的批判，还有可能被自民党孤立。因此，山口不得不十分慎重。

12 月 14 日，小村武等人在去往位于神宫前的宫泽官邸之前，山口在事务次官办公室做最后的反抗：“我难以想象大藏省会制定那样的法律。”

小村武面带怒色，说道：“金融体系全盘崩溃的时候，你还要坚持反对吗?”

停顿了一刻，山口回答道：“那时我会同意。但是我不会出面。”

延迟处理不良债权是以前行政管理蒙混过关的权宜之计，如今，这些问题带来的后果都需要山口来处理。一边说着银行不会破产，另一边却疲于应对危机、准备安全网。山口在感到不满和困惑的同时，也成了提出法案的实质性责任人。

公共资金讨论在此之后，也围绕着将“框架”分为几部分等细节问题，逐渐脱离了原来的路线。

接受了党内的政策提议，大藏省的方案也逐渐成形：直到 2001 年 3 月末，用于全额保护存款等的“特别账目”与用于实行资本注入的“金融危机管理账目”分别筹集 10 万亿日元，设立合计 20 万亿日元的借入项，请求日本央行进行融资。

最初，大藏省和日本央行就是这样考虑的：公共资金总额为 20 万亿日元，作为偿还资金来源，交付 10 万亿日元的国债。但是，自民党却擅自将其理解为除了10万亿日元的国债，另外还会准备由政府担保的20万亿日元。

年末股票价格再次跌落，因此，首相官邸和党内执行部决定“还是动静大些比较好”。尽管银行局不同意，但是在这紧要关头，公共资金的总额还是扩大到了30万亿日元。

回过头来，加藤纮一证明道：“榊原（财务官）前来打探说‘如果不说30万亿日元这么庞大的数额，国外也不会放心的’。”

30万亿日元的数额让银行局感到惊慌失措。因为当时公布的全体银行的不良债权数额才21.73万亿日元。这样下去，在年初的国会例会上他将难以解释。

但是，这个数字的矛盾之处在于：并不是公共资金的总额太过庞大，而是由于当时的公布数额过小。与美国相比，银行局确立的不良债权的基准过于宽松，无法正确反映财务实况。山口认为既然事已至此，有必要毫不隐瞒地清算总额，于是决定年末公布“自查债权”。年初清算的总额，仅银行不良债权就已达到76.7万亿日元，是之前公布数额的3.5倍。①

金融安定化二法案②收入了公共资金制度，于1998年2月16日生效。但是，经历了如此严重的危机，3月末的第一次资本注入无法全面维持金融体系。

结果，日本丧失了国内外的信任。下半年又发生了新一轮的金融危机，日本长期信用银行和日本债券信用银行破产，而银行局和证券局也

① 关于金融机构的不良债权问题，国内外流传着各种各样的揣测，这又加剧了民众的不信任感，因此，陷入了恶性循环中。而且，当局内部又向媒体泄露了不良债权比率的数值，银行局就面临着不得不对外发布的局面。

② 金融安定化二法案是为了实现金融系统稳定化的两个法案。

在此时销声匿迹。

政策转变

金融行政迎来了启用公共资金这一转折点，日本经济发展急剧减速，因此，财政结构改革路线又面临着抉择。

大藏省 2 楼，依次经过大臣办公室和事务次官办公室，主税局就在走廊尽头的拐角处。

1997 年 12 月，主税局的官员们都处于紧张状态。

编纂预算时期，主税局本来就会因为制定下一年度的税制忙得不可开交。大约是在 12 月 14 日时，主税局的官员接到了桥本亲信的一通电话：

“首相决定降低所得税。他希望你们尽早总结出实施办法。”

重点并不是说首相想要降低所得税，而是“总结出实施办法”。

对于主税局来说，这无异于“通告”，但是他们并不感到意外。

当时，大藏省也通过领导会议，讨论了关于降低所得税的问题，并多次模拟了减税的可行性。

——现阶段实施的经济政策应该是减税。

——恐怕规模应该是 2 万亿日元。因为，从过去的例子来看，只能是这样。

——“尽可能早地”也就是要求 1997 年度中期实施。这时如果计算税率，使用“固定利率减税法”会耗费时间，因此，只能一律采取降低定额的“定额减税法”。

另外，这一政策与 11 月末刚刚确立的《财政结构改革法》的整合也很重要。很难想象桥本会推翻这个刚刚出台的法律。这样一来，就必须在《财政结构改革法》这一框架内制定新的政策。

假如，所得税的减税额是2万亿日元，也并不代表这些钱直接影响国家的预算。因为税收包含国税和地方税两部分。如果是2万亿日元，那么国税基本上占1.4万亿日元。这1.4万亿日元应当如何分化？首先，在截至1998年3月的1997年这一年度中，将不到1万亿日元的减税额划分到修订预算①中。1997年度的修订预算不属于《财政结构改革法》的范围，因此减税可以促进赤字国债逐渐增加。进入1998年度，追加实施剩下的4 000多亿日元。这样一来，就可以实现与《财政结构改革法》的整合。

主税局领导认为“接下来就是政治上决断的时刻”。

统计局、主税局的领导们致力于专业法案的制定。细微的专业性修辞支撑了桥本的“财政结构改革路线没有改变”这一理念。

当然，进行模拟这件事本身就意味着绝对保密。降低所得税这一消息是加密事项，需要严密的信息管理，只有主税局、统计局以及官房的一小部分官员知道。

他们担心降低所得税会使财政重建受挫。但是，这是首相的“指示”，又不能违抗。于是，包括事务次官小村武在内，他们召开了好几次秘密会议，共同研讨实施办法。

对桥本来说，眼下也是破釜沉舟。他清楚地知道，经济发展已经明显减速，而且发展前景不容乐观。

---

① 修订预算是指在国家预算中，基于经费不足及预算后发生的变动，为进行追加和变更而重新编成的预算。

需要进行政策上的调整。

进入12月，桥本的脑海中就开始出现“减税”这两个字。在《财政结构改革法》的范围内，而且是作为紧急措施采取的政策，只有年度内实行2万亿日元的特别减税——桥本边想边寻找发布的时机。

必须考虑的因素有以下几点：

首先，不能在自民党税制调查会得出结论之前公布这一消息。自民党税制调查会拥有税制决定权，在其得出结论前，如果降低所得税这一重大消息泄漏了，一定会引发混乱，议题就会重新调整，恐怕就不能顺利地做出决断了。

其次，也要考虑和编纂预算日程之间的关系。为了在《财政结构改革法》的框架内实行，必须将降低所得税纳入1997年度的修订预算中。这样一来，也会对1998年度预算的财政收入产生影响。编纂预算工作已经接近尾声，发布时间还是越早越好。

最后，以什么名目发布是个问题。一直以来，桥本在国会论战中，都坚决拒绝在野党的这一要求，同时也无视这来自自民党内部“必须实行降低所得税政策”的呼声。然而为什么现在又要实行减税政策？桥本的自相矛盾必然会出现政治反弹。

为了避免出现这种后果，必须寻求一个合理的说法。因此，日本把在吉隆坡召开的ASEAN首脑会议定位为重要事件。在该会议上，桥本和马来西亚的马哈蒂尔总理等多国首脑交换了意见。

——ASEAN的各国首脑对日本经济有多种多样的要求。在这种严峻的形势下，日本决定实施减税。

桥本决定在从马来西亚回国的第二天发表减税决定，也就是12月17日早上。考虑到多种因素，选在这一天最合适。

桥本决定将这一设想付诸实践。实际上，在吉隆坡，各国针对日本确实提出了各种各样的要求，这样一来，也具备了实施减税的合理说法。

在马来西亚停留 3 天之后，桥本乘坐的专机从马来西亚一路向北出发了。此时是 12 月 16 日，在日本国内，自民党税制调查会也应当已经确定了 1998 年度的税制修订大纲。

返回日本的途中，大藏省出身的秘书官坂走到事务办公室的一个区域，那里拉着窗帘，正在进行着秘密工作。桥本回忆称，12 月 14 日，在飞往吉隆坡的飞机上，他对江田、坂等亲信小组表示了“打算实行减税政策”的想法。

在飞机上的这个空间里，坂作为秘书官，正在着手进行一件非常重要的工作，即桥本的减税政策究竟以何种方式传达给谁，包括政府的相关人员、以大藏大臣为首的相关官员，另外也不能忘了政务调查会会长和干事长等自民党的相关人员。坂谨慎地将人员列表。

桥本抵达羽田机场的时间是 12 月 16 日晚上 10 点 14 分。

晚上 11 点多，桥本到达官邸。此时，在官邸附近宾馆的一间屋子里正在进行“六人协议”，即自民党、社民党、先驱新党三党的干事长、政策责任人联合会。

直到这一天傍晚，自民党税制调查会已经完成了 1998 年度的税制修订大纲，大纲的主干包括降低法人税的基本税率和冻结地价税等。国税和地方税共计减税 8 500 亿日元，但是，社民党以及自民党的一部分人员主张的降低所得税被延迟表决了。

这次“六人协议”的主要内容是：自民党总结的税制修订在各党之间进行确认。但是，社民党并不让步。据出席协议的政审会会长及川称，为了体现社民党的存在，也有必要强烈主张降低所得税。因此，社民党强烈要求自民党的加藤干事长和政务调查会的山崎会长增加减税政策。

“如果考虑经济状况，必须减少 2 万亿日元的所得税。虽然今年 4 月刚刚废除，但是必须重新实行。”

对此加藤和山崎认为，预算的大框架已经定型，另外考虑到刚刚确立的《财政结构改革法》，根本无法大幅降低所得税额，并以此来说服社民党放弃减税的想法。与此同时，他们又讨论了社民党提出的特别发放金这一方案，这是面向低收入者的提案。

但是，社民党并不让步。

自民党称，你们应该清楚，在《财政结构改革法》中，发行赤字国债是受限的。社民党毫不妥协地回答：“如果精简一般计算中的浪费，那么 2 万亿日元能很轻易地得到。”

会谈进入了胶着状态。这时，与会人员得出了一个妥协方案：关于降低所得税问题，今后再谈，结论等到 3 月份发布。

“等到 3 月份”也就代表延迟 1998 年度最初预算的实施。自民党表面上的态度是和社民党还有商谈的余地，实质则是暧昧地处理问题并延迟决定，这种做法对于打破会谈的胶着状态很有效。

就在大家准备商讨协议的具体要点时，加藤收到了一张纸条。

加藤看完纸条，就拿起挂在椅背上的外套，准备离开。

山崎问道：“怎么了？要回去了吗？”加藤答道：“不是，我出去一下就回来。”说着就走了出去。会谈马上就要得出结论了，加藤却抽身离开，大家都有些泄气。

出席者中有一个人记得，当时山崎开了个玩笑，缓和了当时的气氛：“肯定是桥本首相找他。想当首相的人在和首相通电话时，会穿着外套。”

加藤穿上西装的上衣就出去了，把这个细节看在眼里的山崎的猜测是正确的。给加藤打电话的确实是首相官邸的主人——桥本。

隔壁房间的宴会已经结束，白色的桌布已经被撤下——在加藤的印象中，“仿佛尸骨一般”——桌子密密麻麻的，十分肃杀。

加藤接过电话，听到桥本说：

“我刚从吉隆坡回来。亚洲各国都发出了几近悲鸣的呼声。我准备实行 2 万亿日元的特别减税。”

加藤不禁沉吟了一声。

进入 12 月，首相官邸的态度确实有些模糊不清，加藤也感受到了这种异样。

但是，这不是单纯的减税。这是沿着改革路线不停前进的桥本政权的一大政策转变。

“我必须和政务调查会会长商量。我需要一点时间。”

加藤终于说道。

加藤记得桥本在结束电话之前，叮嘱他千万不要告诉其他人。

加藤也不是不理解桥本的难处，但是，挂完电话，他的脑子里只冒出两个字——“辞职”。

自己一直以来全力支持的桥本却轻易地改变了态度，那么，我是不是也需要辞去干事长这一职务？

“这真是可怕的事情。

“这是剧烈的政策变化，为此辞职是值得的。”

一直以来，加藤和山崎都全力支持《财政结构改革法》，他们坚持在各党之间主张“不能减税”，转变政策并不是那么容易的事。

这样一想，加藤马上冷静下来，他开始思考对策。

如果加藤因为桥本的态度转变选择辞职，那么，政局很有可能一下子动荡起来。如果桥本遭到抵抗，自民党内也会出现混乱。这样就不得不考虑下任首相和总裁。如果这时辞职，那么，内阁就会垮台吧？

加藤考虑到辞职所带来的政治影响，决定将这一决定埋在心里，没有向任何人吐露，包括桥本。

据出席“六人协议”的人回忆，当时加藤离开了将近半个小时。在此期间，剩下的人接着进行共同文书的调整，但是，主事人不在使得讨论有些冷场。

加藤回来之后，明显有些心不在焉。当其他人把总结好的文件给他看时，他只是草草地看了一遍，然后说了一句：“这就可以了。”因为加藤的态度太过随意了，及川感到非常意外，他认为，一定是有其他事情在困扰着加藤。

会议结束后，社民党、先驱新党的代表都急忙回家了，加藤则把刚才的电话内容告诉了山崎。

“什么？你没有听错吧？”

山崎最初不敢相信。

这和自己一直以来主张的基本方针完全不同，即把《财政结构改革法》放在优先位置，同时，实行监管放松的经济政策。

《财政结构改革法》本来就是以桥本为中心的官邸提出的。就在刚刚，会议还拒绝了社民党减税的要求。

山崎看出加藤也很震惊，而加藤也发现自己盟友的表情越来越难看。

山崎开始思考和《财政结构改革法》的关系。法律上规定了赤字国债的发行额需要控制在上一年度以下这一义务。山崎决定就具体事宜咨询大藏省的相关部门。

另一方面，加藤想要再劝说桥本一次。

“明天早上，我再找桥本首相谈一谈。”

“还有其他的选择。”

两个人这样说道。

虽然是半夜，但山崎立即给大藏省的官员打电话：“在《财政结构改革法》的框架内，这种做法能实现吗？”

但是，这位大藏省的官员却答道：“请您再等一等。”

几天前，这位领导已经得知了实行减税的消息。但是对于他们来说，最重要的还是假装第一次听说这一消息。与自民党的最高官员相比，从官邸那里更早地得知了这一消息这件事绝对不能让其他人知道。

大藏大臣三冢和加藤两人几乎是同时得知减税的事情。而三冢并不清楚大藏省的官员几天前就已经被告知了这件事。大藏省的领导辩解说：“我们认为官邸‘会另行通知三冢大臣’，于是没有擅作主张告知大臣。”

不过，三冢并不感到意外。据这个老牌政治家称，桥本在去吉隆坡之前，和他有过简短的交流。

“接下来该怎么办，我们都考虑考虑吧。”

三冢曾向事务次官小村武及其属下说过：“不允许事后后悔不已。至于政治责任，以后再考虑，目前要把所有的可能性都照顾到。”

三冢的态度与加藤、山崎二人的态度截然不同。

“很好。”

三冢在电话里欣然接受了桥本的提议，并赞同了他的政策转变。

然而，三冢得知这一消息之后意识到，自民党税制调查会的研讨已经结束了，必须重视党内的决议过程。三冢立即打电话给税制调查会的领导，通报了这一政策突变，对方回答道：“这也是没有办法的事。”

“作为紧急措施，现阶段必须尽可能地寻找对策。自民党的税制调查确实已经结束了，但是，我们必须坚定决心，也就是说，一定要阻止金融危机继续恶化，重建经济基础，这是首相的决定。我们明白桥本首相的用心。”

三冢这样回忆道。

这件事在相关人员之间秘密进行。直到第二天早上桥本亲自发布消息之前，要绝对保密，否则会给市场造成很大的冲击。

只是有一点不能让步。那就是桥本政权并不是实行了政策转变，而是在《财政结构改革法》的框架内，实施减税政策。这 2 万亿日元足够给经济带来积极讯息。为了维护政权，这样的说明是必不可少的。

12 月 17 日早晨，山崎家中的电话响了。

对方是昨晚那位大藏省官员。山崎得知减税通知之后，曾打电话给大藏省的官员，询问应该如何实施减税政策。

据山崎称，那位大藏省官员是这样解释的：

如果国家和地方共同分担这 2 万亿日元减税额的话，那么国家负担 1.4 万亿日元。减税政策从 2 月开始实施，列入 1997 年度的减税实行。国家的费用支出基本上会增加 1 万亿日元，而这 1 万亿日元可以通过 1997 年度的修订预算来处理。因此，从《财政结构改革法》来看也没有什么问题。

山崎听完这一解释，说道：“勉强能够实施，但是真的能实现吗?”

另一方面，加藤想最后劝说桥本一次，于是，他给首相官邸打了电话。但是，桥本的语气不容商量。

“这是经所有人同意并决定实行的事情，别无选择。”

加藤挂了电话，脑中只有一个想法："这下再也无能为力了吧。"

社民党的政策审议会会长及川在麴町的议员宿舍里接到了山崎的电话。

这一天，及川为了将前天会谈的内容传达给社民党事务局，把政策审议会的事务局人员召集到了议员宿舍的会议室中。由于会议开始的时间很早，同时前天的审议会也开到半夜，及川已经疲惫不堪了。

而山崎仍旧对及川说："10点来官邸一趟。"

及川心里认为桥本还在东南亚，但他仍然问道："桥本首相回来了吗？"

同时，他又想起前天关于减税政策的讨论，胡乱猜测：可能"再讨论"并没有得到认可，所以这次首相亲自要求大家放弃减税的念头。

"具体是什么事？"

但是，山崎并不打算回答这个问题。

"如果你想借助首相的力量，来寻求社民党理解的话，我是不会去的。"

及川表达了抗议。

山崎只是不停地说道："总之，你来官邸一趟。""拜托了，你来吧！"

这天早上，大藏省内部也都得知了实施减税政策这一决定。

财务官榊原也是这天一大早被通知的。这位与众不同的官员爱憎分明，同时在省内也树敌过多。当时，他毫不吝啬针对事务次官小村武的批判。

当然，小村武也看不惯榊原四处打探。在他看来，榊原的语言和行动一点儿都不稳重。

"我没有把消息告诉榊原。因为他很有可能泄露出去。"某个相关人员称，小村武曾向他提到这样的担忧。

一方面，榊原是高调的、偏离大藏省主流的一个人；另一方面，小村武是典型的统计官员，主张稳妥的行政方式。大藏省的两位地位最高的官员，行政风格却恰恰相反。在这种上下级关系中，部下的反应也很敏感。

榊原接到实施减税政策的正式通知是 17 日早上，这是一个标志性的事件。

榊原则对这一消息感到欢呼雀跃。

原本，他就主张必须降低所得税。

他曾经拜访桥本身边的一位官员，这位官员曾是大藏省的一个中坚力量。榊原曾向他提出："我会让美国协助，请你劝说桥本一定要实行减税政策。"

当时，美元兑日元汇率在 130 日元上下浮动。

虽然没有美国的协助，但是这绝对是实行减税政策的绝好时机。在公布减税之后，根据榊原的指示，大藏省立即决定介入日元买入、美元卖出，国际金融局的负责人也开始着手准备给日本央行执行小组的通告。这一天，大藏省卖出大量美元，日元汇率一下子上涨了 5 日元，对此，股票市场也升高了 500 多日元。

国际上对日本的经济状况日渐担忧，榊原把这一情况都看在眼里，因此榊原对现状并不满足。特别是政府和自民党的重要人物强调新政策都是在《财政结构改革法》内实行的，并不断声称"这不是政策转变"，对此，榊原并不认同。

他作为电视节目嘉宾，这样说道："日本转变了政策。"

当然，这一言论引发了强烈的反对。然而，榊原仍然毫无忌惮地称，否认实质上的政策转变这种做法无异于颠倒黑白。

经济企划厅事务次官糠谷因为工作很早来到省厅内，接着就听说“尾身长官被叫到官邸去了”。

当时，关于减税的报告还没有送到经济企划厅次官办公室内。

糠谷觉得十分诧异：“究竟发生什么事了？”另外，大藏大臣、自治大臣也都被叫去了。召集自治大臣是因为他管辖着地方自治体，而地方自治体正是地方税的纳税主体。

因此，糠谷突然想到：“难道说要实行减税了吗？”他想到了政策转变。

经济企划厅已经出现了“战败处理”的氛围。某个官员这样回忆道：

“股价下跌，金融机构破产；投资者的精神已经非常紧张了。大家都很清楚，再这样下去，只能进入两难的境地。”

——从财政层面来说，经营负担增加，金融机构的破产对经济复苏是致命的打击。

官厅的经济学家们都意识到，经济政策的运营并不是太顺利。①

1977～1978年期间，宫泽喜一任经济企划厅长官，糠谷任秘书官。糠谷认为那时是“经济企划厅的全盛期”。在石油危机之后，当时的福田首相对宫泽说“交给你了”，让宫泽做了经济掌舵人。

桥本政权统治下的经济企划厅与那时相比差距较大。经济企划厅的大多数人都是传统的凯恩斯学派的经济学家，糠谷一直接受的是“传统凯恩斯学派经济学家”的熏陶。12月17日早上，他静静地听完了减税决议的通告。

---

① 1997年12月29日，经济企划厅发表了《1997年经济的回顾与课题》，即迷你经济白皮书，正式承认了这一说法。

首相官邸，上午10点，收到通知赶来的是政府和三党的主要官员。加藤纮一、山崎拓、森喜朗、村上正邦、野中广务、及川一夫、园田博之、三家博、尾身幸次……

桥本一落座就开口说道："我做好决定了。"

"实行2万亿日元的特别减税政策。我昨天才从吉隆坡回来，亚洲经济的状况比想象中还要糟糕。日本必须有所行动。因此，我做了这个决定。"

桥本发言的逻辑十分巧妙，他先把亚洲的经济危机放在前面，因此，逻辑就变成了：因为亚洲经济日渐衰落，所以日本必须实行减税政策。

但是，事实并非如此。日本之所以实行减税政策，是为了挽救深陷危机中的日本经济。

某位出席者认为"桥本总是这样"。即便桥本没有强调过日本的经济在日益恶化，但是到了这一时期，他仍旧装作若无其事的样子。

不过，在和与会者交流的过程中，桥本却推翻了这一逻辑。

与会的一名人员写下了一份会议记录，自民党政务调查会会长山崎首先说道：

"我高度评价首相的这一决议。因为执政三党是用补正（预算）来实行保护弱者政策的，那么这也应该算在2万亿日元中实行。"

桥本："那是在2万亿日元范围之外的。"

尾身："因为经济非常低迷，您的决议非常正确。"

伊藤："我高度评价您的决议。希望大家积极地研讨和《财政结构改革法》的关系。"

三冢："事发突然，但是，大藏省会认真研讨。"

村上："大藏省如何考虑这件事？说一些'来不及了'的泄气话？"

三冢："我们已经做好心理准备了，大藏官员必将竭尽所能。"

加藤："和《财政结构改革法》的整合是个问题，因为特别减税政策不是长久的，因此和2003年前的《财政结构改革法》理论上是没有关系的。形式上这是经济对策，相当于紧急时期的整顿。"

桥本听了大家的讨论，说道：

"大家联系我的时候，就告诉我这是关乎政权命运的决策。即便如此，也要实行。否则，日本将不复存在。"①

1997年1月，财政结构改革会议就"今后的危机"进行过讨论，至此还不到一年的时间。但是，大型金融机构相继破产，经济急剧恶化，危机就存在于此时此刻。

"日本将不复存在"——桥本的话实质上是失败宣言。

---

① 摘自参加1997年12月17日上午10点在首相官邸召开的会议的官员的会议记录。

1997年当时大藏省金融监管部门结构图

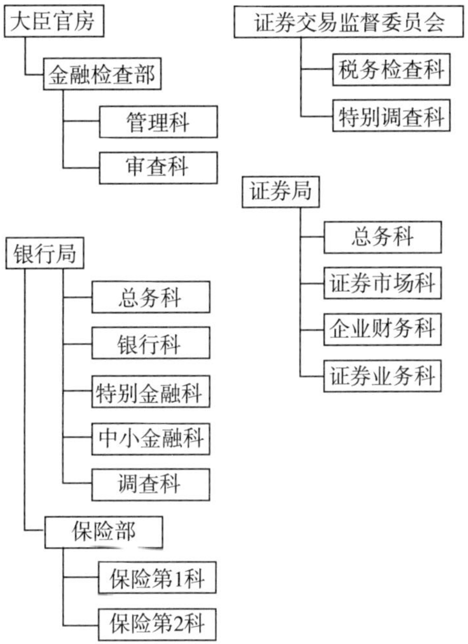

1999年9月至今金融行政当局组织图

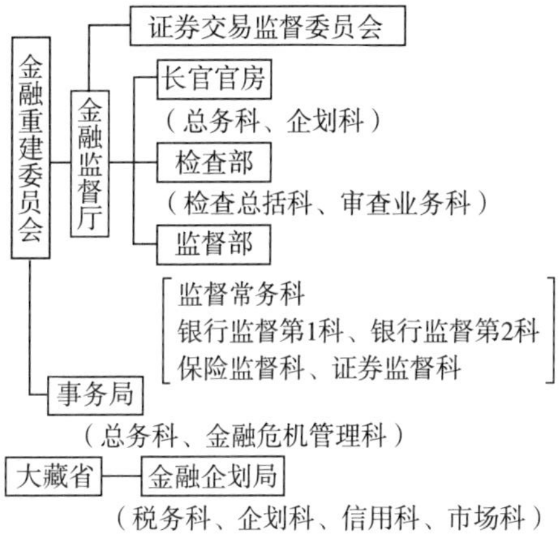

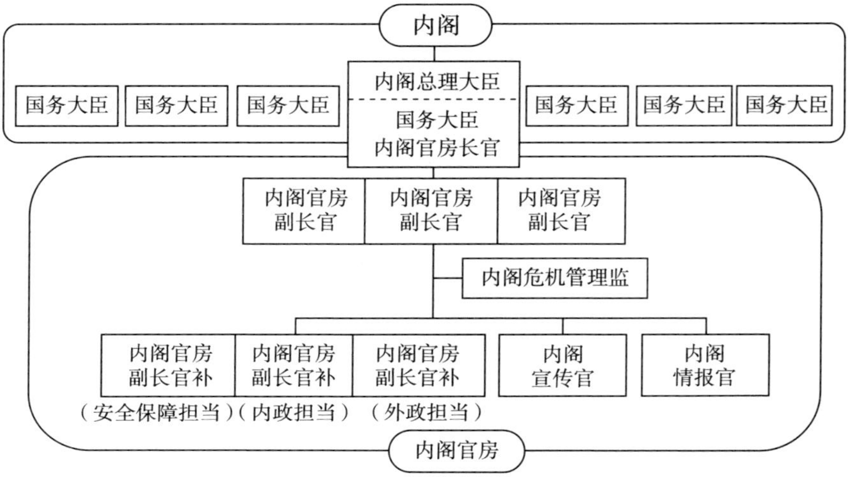

省厅重组后内阁官房的定位与组织图

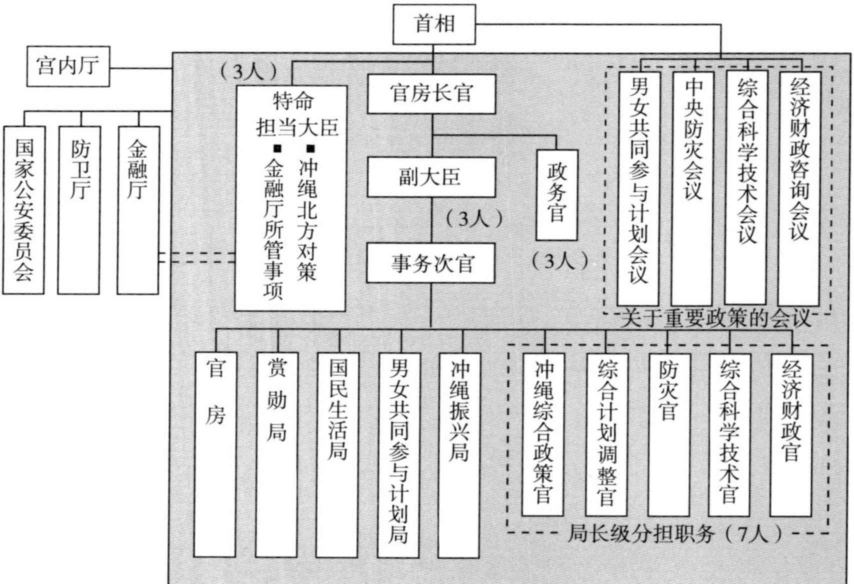

省厅重组后的内阁府的组织

资料来源：中央省厅等改革推进本部的《省厅改革四支柱》等。

«« 尾声

探寻经济政策的指挥部

对于之后的形势，我想稍做补充。

即使会威胁到政权，桥本也主张实行 2 万亿日元的减税。但是，这次减税却没有成为日本经济救助的转折点。日本经济依然在减速，桥本不得不进一步采取举措。

因为他曾坚称"不会改变政策"，因此无法消除国外对他的批判和不信任感。1998 年 1 月访问华盛顿的官房副长官额贺福志郎交给政府内部的报告上这样写道：

"（美国）对日本的一揽子紧缩性计划感到失望，他们认为应扩大内需，给经济更大的刺激。萨默斯表达了以下两点意思：第一，维持金融系统稳定是最重要的，国际上并不信任日本政府的政策；第二，如果日本继续实施现在的财政政策，这与日本扩大内需的承诺不相符，这是不合适的。日本需要更多的财政刺激，最重要的是要实行特别减税制。"

这一时期，日本的经济政策被国外批判为“too little，too late（太少太慢）”。

此外，对日本财政、金融运行发挥巨大作用的大藏省，在金融检查时涉及的接待、贪污事件被揭发了。大藏省受到重挫。大藏大臣三冢、事务次官小村武、证券局局长长野等纷纷辞职。在1997年春被救助的日本债券信用银行，两年后被揭露有粉饰财报[①]的嫌疑，从政界隐退的经营主管被逮捕了，银行局的官员也遭到了猛烈的批判。

1996年11月，谋划夺取政权，进入到外务省中央机构的三冢也失败了。大藏省组织崩裂前，试图坚守的大藏省官员和三冢之间似乎发生了争执。1998年1月的一个寒冷的夜晚，东京地检特搜部开始搜查大藏省官员的家。大藏省官员为了挺过此次危机，打算削减官员薪酬。三冢对此强烈责备。

之后，首相桥本并没有成功恢复日本经济，并在1998年7月的参议院大选中失败，被迫辞职。在他两年半的任期中，这个首相不断地强调“不得不加快”财政重建。可是，讽刺的是，财政重建随着他倡导实施的经济政策的展开，变成了一个更加遥远的政策课题。

美国虽然一直在批判日本，但事实上，他们也为维持经济景气而进行过财政重建的尝试。

1993年1月开始的克林顿政权，政府任命经济学家、学者和商业人士为政策领导，反复讨论如何才能使经济平稳运行。

根据鲍伯·伍德沃德（Bob Woodward）精心写作的《总统班底》一书，克林顿政权建立不久前，讨论甚至延伸到了债券市场的动向，以

---

① 粉饰财报是指通过在会计方面进行内部操作，夸大或缩小公司的实际业绩。

及为了削减财政赤字和恢复经济，应该采取怎样的对策与如何搭配组合的问题。

总统的讨论对象是著名的经济学者和经济学家，之后这些人进入政府部门工作并支持克林顿的经济政策。

美国是总统制，日本是议会内阁制，两者属不同的政治系统，不能单纯地比较。但是，从选举战时就毫不避讳地说“It’s the economy, stupid（经济才是一切）”的克林顿阵营的参谋们深知，想要维持政权，最主要的还是搞好经济。

结果是，美国经济恢复，成功减少了财政赤字，克林顿也在1996年的总统大选中再次当选。

在应对金融危机方面，美国和日本的方法也有些细微的差别。1998年秋，应对大型对冲基金美国长期资本管理公司（LTCM）的危机时，美国财政部和美国联邦准备制度理事会（FRB）采用了史无前例的不使用公共资金的救助政策。这与1997年春的日本债券信用银行的救济方式相似，但是当涌现出对这种“密室处理”的批判的时候，美国当局者马上出席国会，对“谁，何时，以什么理由，做了什么，没有做什么”这些问题一一做了说明。这一点，与只有一小部分当局者掌握真相，在国会无法明查的日本有所不同。

到底是哪里不同呢?

美国在应对金融危机时，有明确的讨论场所、有明确的责任、有以领导者为中心的经济方面的专家团体，克林顿总统多次和“经济团体”进行讨论，再加上金融当权者深知国民的信赖是他们自身权力的源泉。

日本的当权者们是怎样看待当时的经济政策的呢?

时任政调会会长的山崎反省说财政结构改革的时机不对：

“改革缺乏综合战略，就像太平洋战争之前，野心勃勃，得意忘形。虽说必须要进行财政结构改革，但为时尚早，这一点是不可否认的。不可能同时进行制动（紧缩财政）和加速（恢复经济），但桥本政权怀着要把财政重建坚持到底的心情，我也被影响了。”

对此，官房副长官与谢野至今仍坚信财政结构改革不是经济衰退的原因。

“如果说是经济政策失败的话，问题也不在于《财政结构改革法》，应该在于金融大改革和不良债权处理同时进行这一点。梶山也好，我也好，对于金融大改革一事，我们完全不知道，消息是从桥本方面突然传来的。不知道是谁提出来的，但是这一政策选择是错误的。”

但是桥本却回顾道，在金融问题方面，大藏省的讨论过程总是“不是特别重要的议题的话，通常不会专程来（官邸）”。而且他不知道不良债权的整个局面，直到最后都非常不安，甚至连金融当局的负责人三家，都是在正式演讲的不久前被告知危机。对此他很不满。

在这一点上，桥本也一样。似乎自民党内部存在着不能干涉个别具体金融问题这一潜规则。

干事长加藤纮一说：“他们常说金融是专业的世界，政治家不能过问。如果问得不好，会被认为是利益相关者的。”因此，直到11月份的危机之前，他一次也没有过问。

三冢也认为：“反正，专家团体会好好做的吧。”桥本也说：“按照惯例，都是由大藏省来处理的吧。”

因此，很多政治家得出了这样一个结论：金融危机不是他们的责任，而是因官员们的失败导致的。这一结论的背后，隐藏的意思是如果霞关判断失败的话，就会使国民陷入危机。

桥本也好，三家也好，他们都认为这一系列的危机有“机缘巧合”的一面。桥本还辩解道：“如果继续实施跟以前一样的行政措施的话，危机可能不会在我的任期中出现。但是，之后可能会变得更糟糕。”

成为众矢之的的金融当局者们也有他们的理由。

多数当局官员固执地认为，如果宏观经济政策运行良好的话，就不会显现出不良债权问题，也不会出现经济破产。他们坚信，是增税和财政结构改革等紧缩性财政政策导致了金融危机。

唯有一个年轻的当局者说：“当时的出发点是好的，也提出了各种好的想法，但是，结果还是造成了巨额损失，增加了国民负担。被批判说是合成谬误也是没有办法的。”但是，像这样的带有反省意味的说法却非常少。

为什么日本会没有“全局战略”，出现政策选择错误呢？

是不是因为日本经济政策的制定过程有一些缺陷呢？通过书中举出的各种事例，我们是否清楚地表达了我们的意思，这有待读者评价。但是，事实上，参与政策制定的官员和政治家们似乎有不少人对于这种制度上的缺陷有危机感。

在大藏省内部也有这样的人。“非主流派”财务官榊原也在他的著作中这样写道：

“我在大藏省的时候，就深刻地感觉到，日本绝对缺少一个通过统筹日本经济全局后，来进行政策决断的机制。”

榊原补充道：

“不仅要综合考虑国内政策，还必须综合考虑国内和国外的市场，需要世界性的视野。需要有真正意义上的专业领域出身的官员，比如像萨默斯那样的人才。政治任用也好，官员也好，需要的不仅仅是政治家，还要有最好的和最聪明的人才。需要有搜集信息并从全球观点出发看待事物的制度。”

桥本是经济运营的最终责任人，事实上，他也感到了体制上的不完善。他解释说，从2001年开始设立的与内阁直接联系的经济财政咨询会议就是他“反省的结果”。

“日本的政府体制完全是领导主义的行政方式，仅从领导处发出指示，是无法制订综合调整计划的。

“正是因为行政系统有缺陷，才在内阁中设置了经济财政咨询会议。主要是为了能够设定一个总方向。”

自民党的干事长加藤认为日本缺少经济政策方面的参谋本部，他说：“仅由政治这一方来制定综合战略，检查日本经济全身的体温和血流，可以说，至少在过去30年都没有出现过这种情况。”

从某种意义上来说，受国民委托，制定综合战略的政治家在制定没有具体说明，或者说无法具体说明的国家政策时，没有指挥部这一情况，也不是无法想象的。

那么我们来具体化一下超越外务省和官邸之间关系的经济政策指挥部的样子。

“首相还是不得不负全责，也就是他能否招集到周围最好、最聪明的人，能否建立团队合作的问题。以政治任命的形式，随后下达指令：官邸是这样决定的，请你们执行。官员的世界只是他的执行部队而已。”

大概有人会指出，日本内阁官员的平均任期过短，政治任用并不适合，此外，可能还会遭到霞关官员的强烈反对，而且不管采取怎样的决策机制，在实施政策时都有可能失败。

但是，至少应该明确其原因和结果的关系、拟定草案和责任的关系。我认为不管是议会内阁制还是总统制，在这一点上，都是相同的。

取代桥本上任的是小渊惠三，他把财政结构改革路线来了个180度大转变，上台时主张实施积极的扩张性财政政策。在财政结构改革中失败的大藏省，经历了大臣、次官相继辞职等诸多非同寻常的事情之后，尽量不高调参与政策决定。

小渊政权中，另一个值得瞩目的措施是通过经济战略会议、产业竞争力会议等，比较直接地听取经济界的意见。随着以大藏省为中心的霞关地位的下降，以经济团体联合会为中心的经济界看起来似乎有了更多提出建议的机会。但是，和自民党各部门一样，他们的地位非常不明确，不确定在日本的统治结构流程中处于怎样的位置。不禁让人怀疑，这样的做法在日本的经济政策决定过程中是否真的可行。

从2001年开始，日本的行政组织有了很大的改变。许多政治家来到霞关担任副大臣、政务官等职，民间人士被录用的可能性也增加了。此外，为充实内阁官房，对首相的辅佐体制也进行了调整。

但是，实力增强的官邸真的能发挥它的领导力吗？经过桥本“反省”后设置的经济财政咨询会议真的能很好地发挥作用吗？官员的职责在哪方面有了变化？和政治家是怎样的关系？是不是能够消除责任分界模糊的日本式的“多层权力结构”？这一切都是未知数。

小渊政权否定了桥本政权的中心思想，那么他将怎样筹划日本的政策立案呢？它未来的方向并不明晰。

不管是导入政治任用制度，还是在副大臣制度中寻找方向，对于通过选举受民众委托的政治家来说，在决定政策时，最重要的是要守住两个原则，即要有明确的决策过程和清楚的责任分配。我认为这样才能够唤起官员们的政策最终决定权在国民手中这一认识，也会对强化日本的民主主义有促进作用。

后记

平成金融危机至此遭遇了3次大风波。从1994年年末的东京协和、两个安全信用社的破产到1995年夏的连锁破产是第一波，从1996年秋天的阪和银行破产到1997年秋天的大型银行连锁破产是第二波，随后1998年夏天的长银危机到同年年底的日债银破产是第三波。

第一波危机涉及住专处理中的税金投入，金融当局自信地认为这样就可以解决这个难题了。但是，这并没能封锁危机。

在威力增加的第二波危机中，当局准备了30万亿日元的公共资金，却没有能充分利用这笔资金的方法和智慧，于是迎来了第三波危机。日本经济再次站在恐慌的边缘，公共资金空前膨胀到60万亿日元。

当局隐瞒实情，推后处理，并低估面临的危机报应，最后却变成了巨额的公共资金支出（税金），报应在国民身上。这是平成金融危机的始末。

我在1994年春到1999年春负责收集大藏省和日银三波危机的材料和采访。作为证人之一，我在强烈反省自己没能敲响警钟的同时，至少想把知道的事实记录下来。

1998年2月的日本新闻网报道特辑中放映的文献“查证大藏省陷落的背后”是本书描述的第二波危机的基础，加上基于因时间限制没能播放的访问以及在那之后的采访中所得知的事实、材料，汇总成为本书。

追加采访时，我得到了政治家、大藏省、日银相关人士等多方宝贵的证词。为了使记录准确无误，不少相关人士给我提供并让我阅读内部资料。也有当局者假日不休息来帮我校对拙稿，因不能公布他们的名字，借此对他们表示深深的感谢。

我从日本新闻网系列的北海道电视台（HBC）的松崎泰弘记者那儿知道了有关拓银问题的现场情报，也得到了很多公司内外知名记者的建议。我从心底感谢给我长期采访的机会并给予我作为记者的自豪感的东京广播公司（TBS）电视台。

此外，虽然尝试过很多次，但是没能翻过金融行政的机密之墙的内容也不在少数。关于事实，虽然努力得到几个相关人士的证言和内部资料，但是最后也有几点无法确认。报告的不完整和模糊不清都是我取材不足导致的，若读者能指点一二则是荣幸之至。

日夜沉浸于报道的我和提出出版计划的轻部谦介有10多年的交情。对我而言，轻部是一个最值得尊敬和信赖的合作伙伴。我们二人组成搭档，常在深夜为小小的独家报道而欢呼雀跃。

1995年年末，我告别了工作了10多年的通讯社，转而成为电视新闻记者。从那时起，轻部就变成了我最有力的竞争对手之一。和这样的竞争对手共同执笔是我意料之外的，也是无上的荣光。如果没有他的提案，写这本书可能会要花费几年，不，要花费10年以上吧！

另外，必须要向岩波书店的上田麻里表达谢意，她的智慧的好奇心是深究采访的重要原因。她的指点也帮我打磨了拙稿。

一边是电视报道的工作，另外还要写几百篇的原稿，真是超乎想象的辛苦。我的节假日都花费在写作上，这是不得不以牺牲家庭生活为代价的，本书相当一部分内容都是以一时失去玩伴的小儿子的怒气和忍耐为代价完成的。

西野智彦

请允许我提一些个人的事。

那已经是10年前的事了。深夜，在去采访对象家里拜访结束之后的回家的路上，我常常和西野记者在目黑的饭店里碰头。

当时，作为一同追踪金融、财政主题的时事通信经济部的记者伙伴，我们一边碰着啤酒杯一边讨论能写出怎样的稿件。我不仅觉得和他共事是十分开心的事，还感到从他那学会了揭开隐匿事实的面纱的妙趣。

“什么时候我们一起写一部逼近权力深处的实录吧？”

虽然现在我已经忘记这句话是谁先说的了，但依旧记得在深夜结束采访后做下的这个约定。

自那之后，发生了很多事，现在我们各自走在不同的路上。但我觉得能实现昔日的约定十分高兴，像是总算了却了一桩心事。

还有一事。1997年时，我正负责大藏省的报道。在我还没搞清楚状况时，事态就迅速发展，我仅仅为了跟上节奏就已经全力以赴了。当时真想向那样的状态做个了断。急剧恶化的日本经济，相继发生的金融机构破产。就在我开始不再负责大藏省报道之时，却产生了“再挑战一次”的想法。

在出这本书时，我得到了各方的协助。本书的情节是通过采访和得到的议事录与备注（包括注解）构成的。除了公开给予见解的之外，其余提供消息的人员的名字一概隐去。还有，文中出现的总理的日程信息是参考了报纸上的《首相消息》。其余资料是由各方提供的，很多都是非公开的内容。其中有些虽然是已经报道过的，但将它们统合起来而不是零零碎碎地做出报告，是为本书执笔的理由。对于这在多大程度上很好地表达了我们的意图，我没什么自信。不过我自认为，至少为了让读者能“看出些什么”，而拼命地收集了材料。

站在采访部主任的立场上，为了取材和执笔，我不得不利用下班、休息日或是深夜、清晨这些非工作时间。借此对那些为了满足我的非工作时间采访而抽出时间的人们深表歉意。另外，承蒙安藤博、寺岛实郎、萩原慎一郎、田崎史郎、加藤清隆、村田纯一的鼎力相助，我想在此致谢。还有，时事通信的两位上司——编辑局局长小黑国司、产业部部长石井正爽快地同意了出版本书的尝试。对此我十分感激。

本书的工作从开始到最后都承蒙岩波书店上田麻里女士的帮助。有时她提出不同见解，有时她又是给出恰当建议的有胆识的领航者。如果没有她的耐心工作，我们的尝试也无法问世。

还想一并记一下在临近截稿日期之时，我不慎发高烧到 38 度，我的妻子和儿子帮助做口述记录。感谢！

1999 年早秋

轻部谦介